國家社科基金重大項目（10&ZD104）

上海師範大學古籍整理研究所編
項目首席專家、主編　戴建國
主編　朱易安　傅璇琮　周常林

全宋筆記

第七編 十

国家出版基金项目
NATIONAL PUBLICATION FOUNDATION

大象出版社

顧　　問　王水照　朱瑞熙　徐　規　李裕民

項目首席專家、主編　戴建國

主　　編　朱易安　傅璇琮　周常林

編纂委員會（以姓氏筆劃爲序）

王劉純　朱易安　李亞娜　周常林　俞　鋼　查清華

徐時儀　陳　新　張劍光　傅璇琮　虞雲國　戴建國

目録

齊東野語　周密撰

⊙周　密撰

齊東野語

俞　鋼　王燕華　整理

點校説明

《齊東野語》二十卷，周密撰。周密（一二三二——一二九八），字公謹，號草窗、蘋洲、弁陽老人、四水潛夫、華不注老人等。先世濟南人，曾祖父時南渡，流寓吴興（今浙江湖州）。南宋理宗景定年間，爲臨安府幕屬，後曾監和劑局、豐儲倉，官至義烏令，宋亡不仕。一生交游廣泛，藏書豐贍，善詩文，工詞畫。著述頗多，除本書外，還有筆記《武林舊事》、《癸辛雜識》、《浩然齋雜談》、《雲煙過眼録》、《志雅堂雜鈔》、《澄懷録》、《浩然齋意抄》、《浩然齋視聽抄》等，有詩集《草窗韻語》、詞集《蘋洲漁笛譜》和《草窗詞》等，又曾選南宋詞人佳作爲《絶妙好詞》。

《齊東野語》是作者留意家傳、長期積累之作，其自序明言嘗親見曾祖父、祖父手澤數十大帙，外祖父日録及諸老雜書等，多有「某事與世俗之言殊，某事與國史之論異」者，又取材於隨軍幕府日記、襄州和順化老卒之説等第一手資料，以及其他文獻的記述。因此，内容極爲豐富，包括朝章國典、軼聞逸事、品藻詩文、文物鑒賞等，頗具識見和雅趣。其中採録的南宋史料最爲珍貴，如述張浚三戰本末、紹熙内禪事、誅韓侂冑本末、端平入洛本末、李全事蹟、岳武穆逸事等，翔實可信，見解獨到，「皆足以補史傳之闕」（《四庫全書總目》）。

此書的版本，現所知最早有元刻本，今已不存。其後則有明正德十年（一五一五）胡文璧重較善的二十卷本有明萬曆商維睿的《稗海》本，此本一度混入《癸辛雜識》，《四庫全書總目》云：「明商維睿嘗刻入《稗海》，删去此書之半，而與《癸辛雜識》混合爲一，殊爲乖謬。後毛晉得舊本重刻，其書乃完。」涵芬樓《宋元人説部書》本，此本據元刻明補本精校而成，流傳廣泛；《學津討原》本，此本由清張海鵬校刻，雖所據底本不明，但内容文字互有短長；明汲古閣毛晉《津逮秘書》本，此本源出於正德十年本，版刻精良，《四庫全書》本即出於此。一卷本則主要有《歷代小史》本、宛委山堂《説郛》本、《宋人百家小説》本等，皆爲節録。本次整理，以《津逮秘書》本爲底本，校以《稗海》本、《學津討原》本、涵芬樓《宋元人説部書》本（簡稱涵芬樓本）等，以及其他文獻，并參考了中華書局點校本成果。林雲鶴協助參與了部分整理工作。

目録

序

《齊東野語》者，吴興周子自名其所編書也。周子，吴人，而名其書齊語，何也？周子其先本齊人也。周子之客讀其書而疑之曰：「周子之辭謙爾，非實也。」蓋昔學廢兵起，而天下談客坐聚於齊【一】。臨淄、稷下之徒，車雷鳴，袂雲摩，學者翕然以談相宗。雖孟子亦嘗爲齊學也，然而能非之。今之所傳齊東之云者【二】，非之之辭也【三】。故莊周目《齊諧》爲滑稽，漢高責齊虜以口舌，如斯而已矣。今夫周子之書，其言覈，其事確；其詢官名，精乎其欲似郯子也；其訂輿圖，審乎其欲似晉伯宗也；其涉詞章禮樂，瞻乎其欲似吴公子札也。他所稱舉【四】，旁聞曲證【五】，如歸泰山之顛而記封丘之壇，過矍相之圃而數射夫之序。凡若是，不苟然也，而豈齊東云哉？故曰：「周子之辭謙爾，非實也。」周子曰：「我自實其爲齊，非也；然客謂我非齊，亦非也。我家中丞公實自齊遷吴【六】，及今四世，於吴爲家【七】。先公嘗言：『我雖居吴，心未嘗一飯不在齊也。』豈其子孫而遂忘齊哉！而又大父侍郎公踐敭六曹，外大父參預文莊章公出入兩制【八】，臺閣之舊章，宫府之故事，汎濫淹注【九】，童而受之，白首未忘。失今弗圖，恐遂廢軼。古人有言：『人窮則反本。』若我者，今非窮乎？苟反其本，則當爲齊。故吾編吾書，而係之齊，

校勘記

【一】而天下談客坐聚於齊　「坐」，戴表元《剡源戴先生文集》卷七《齊東野語序》作「悉」。

【二】今之所傳齊東之云者　「傳」，《齊東野語序》作「謂」。

【三】非之之辭也　「之之」，《齊東野語序》作「實」。

【四】他所稱舉　「所」，《齊東野語序》作「如」。

【五】旁聞曲證　「聞」，《齊東野語序》作「引」。

何不可乎？」客曰：「唯！唯！」則次第其言【一〇】，以附於一本少「於」字。其書之末。周子名密，字公謹。至元辛卯孟春，剡源戴表元序。

【六】我家中丞公實自齊遷吴　《齊東野語序》作「我家曾大父中丞公實始自齊遷吴」。

【七】於吴爲家　「家」，《齊東野語序》作「客」。

【八】外大父參預文莊章公出入兩制　「文莊章公」，《齊東野語序》作「文章之事」。

【九】汎濫淹注　「注」，《齊東野語序》作「貫」。

【一〇】則次第其言　「言」，《齊東野語序》作「辭」。

自序

余世爲齊人，居歷山下，或居華不注之陽。五世祖同州府君而上，種學績文，代有聞人。曾大父扈蹕南來，受高皇帝特知，遍歷三院，徑躋中司。泰、禧之間，大父從屬車，外大父掌帝制。朝野之故，耳聞目接，歲編日紀，可信不誣。我先君博極羣書，習聞臺閣舊事，每對客語，音吐洪暢，纚纚不得休。坐人傾聳敬嘆，知爲故家文獻也。

余齠侍膝下，竊剽緒餘，已有敘次意。嘗疑某事與世俗之言殊，某事與國史之論異。他日，過庭質之，先子出曾大父、大父手澤數十大帙示之曰：「某事然也。」又出外大父目録及諸老襍書示之曰：「某事與若祖所記同然也。其世俗之言殊，傳諞也，國史之論異，私意也。小子識之。」又曰：「定、哀多微詞，有所辟也。牛、李有異議，有所黨也。愛憎一衰，論議乃公。國史凡幾修，是非凡幾易，而吾家乘不可删也。小子識之。」

洊遭多故，遺編鉅帙悉皆散亡。老病日至，忽忽漫不省憶爲大恨。閒居追念，得一二於十百，懼復墜逸爲先人羞。廼參之史傳諸書，博以近聞脞説，務求一本無「求」字。事之實，不計言之野也。異時展余卷者，噱曰：「野哉言乎，子真齊人也。」余對曰：「客知言哉！

余故齊，欲不齊不可。雖然，余何言哉？何言，亦言也，無所言也，無所不言，烏乎言。」

客大笑，吾因以名其書。歷山周密公謹父書。

卷一

孝宗聖政

阜陵天縱睿聖，英武果斷，古今之所鮮儷。聖政彰彰者，備載金匱玉牒之書，嘗得以竊窺之矣。其或一時史臣有所避忌，采訪遺落，失於紀載者，不一而足。茲以先世見聞，及當時諸公之所記録數事，謹書于此。庶乎美盛德之形容，備良史之采録云。

帝嘗禁諸司官非時會合，以其族談不修職業故也。李安國爲郎官，一日，有薦術士至部中，同省因會集言命。翼日，御批問故，同省窘甚，咸欲飾辭自解。安國獨曰：「以實告，其過小；爲欺，其罪大。」因援魯肅簡市飲故事，引咎以聞，同省從之。既而事寢不行，越三日，李遂除吏部侍郎。

李處全嘗論匠監韓玉，玉乃廟堂客也，凡三疏。而玉亦以處全請託私書爲言。上既重違臺論，且以忌器，遂令玉補外，既而與祠。而玉留北闕，作書投匭，訴匠簿張權譖己。檢院不敢納，遂潛入闕，伏闕投之。上就書批云：「韓玉曾任卿監，理當靖共，乃敢伏闕，妄有陳訴，鼓惑衆聽，漸不可長。可送潭州居住。」

女真使烏林答天錫到闕，要上降榻問金主一本無「主」字。起居。贍軍酒官丁逢上書乞斬之，即日引對，遂極論前侍御李處全及故諫議大夫單時貪污事。即與改命入官，陞擢差遣。

舊法，未經任人不許堂差。時相欲示私恩，則取部闕而堂除之。上知其故，遂令根刷姓名進呈。降旨云：「宰執當守法度，以正百官。梁克家違戾差過員數最多，候服闋日落職；曾懷可降觀文殿學士。」

丁婁明之子，常任明州倅。以舊學之故，力附曾覿。其後，魏王出一本無「出」字。判明州，尤昵近之。既而入奏，與之求貼職。上批答云：「朕於吾子無所愛。第爵禄，天下之公器，不可私也。」未幾，臺臣論罷之。

程泰之以天官兼經筵，進、講《禹貢》，闕文疑義，疏説甚詳，且多引外國幽奥地理。上頗厭之，宣諭宰執云：「六經斷簡，缺疑可也，何必强爲之説？且地理既非親歷，雖聖賢有所不知，朕殊不曉其説。想其治銓曹亦如此也。」既而補外。

庚子九月，上宣諭宰執云：「已有一本無「有」字。指揮閤門令，今後常朝，宰臣免宣名，他朝會則否。」且云：「朕記得老蘇議論，贊儀之臣，呼名如胥吏，非禮貌之意也。」

上一日與宰執言：「伯圭不甚教子，各使之治生，何以爲清白之傳？且其下尚有三弟，若皆作郡，則近地州郡皆自家占了，何以用人？莫若以高爵厚禄，使之就閑可也。」

趙丞相贊曰：「凡好事，古所難者，盡出陛下之意，臣等畧無萬一可以補助。」後秀邸諸子弟，悉歸班焉。

辛丑六月，臨安士人以不預補試，羣詣臺諫宅陳詞。臺諫畏其勢，以好語諭之。是夜，集吏部侍郎鄭丙之門，詬駡無禮。或疑京尹王宣子怒丙，激使然也。鄭遂徙家避之。次日入奏，待罪乞去。上已密知其故，遂批出：「鄭丙無罪可待。令臨安府將爲首作鬧人重作行遣。」既而宣子頗回護之，上怒云：「設使鄭丙容私，自當訟之朝廷，安可無禮如此。若不得爲首人，王佐亦當坐罪。」且令宰執宣諭。宣子越一日奏，勘到作鬧士人府學生丁如植爲首，其次許斗權、羅𪏭。御批並編管鄰州。如植仍杖八十科斷。

嘗秋旱，上問執政，禱雨於天地宗廟社稷，合用牲否？周益公奏，止用酒脯、幣帛。上曰：「《雲漢》詩云：『靡神不舉，靡愛斯牲。』則是合用牲矣。可更與禮官等攷訂之。」

淳熙九年，明堂大禮，以曾覿爲鹵簿使，李彦頴頓遞使。習儀之際，曾以李爲參預，漫爾遜之居前。李以五使有序，毅然不敢當者久之。在列悉以顧忌，皆不敢有所決擇。太常寺禮直官某人者，忽進曰：「參政，宰執也，觀瞻所繫，開府之遜良是。」徑揖李以前。時曾方有盛眷，翌日入愬其事。上默然久之曰：「朕幾誤矣！」即日批出：「李彦頴改充鹵簿使，伯圭充頓遞使，禮直官某人，特轉一官。」其改過不吝，蓋如此云。

淳熙中，張説頗用事，爲都承旨。一日，奏欲置酒延衆侍從。上許之，且曰：「當致酒餚爲汝助。」説拜謝。退而約客，客至期畢集，獨兵部侍郎陳良祐不至，説殊不平。已而，中使以上樽珍膳至，説爲表謝，因附奏：「臣嘗奉旨而後敢集客，陳良祐獨不至，是違聖意也。」既奏，上忽顧小黄門言：「張説會未散否？」對曰：「彼既取旨召客，當必卜夜。」乃命再賜。説大喜，復附奏：「臣再三速良祐，迄不肯來。」夜漏將止，忽報中批陳良祐除諫議大夫。坐客方盡歡，聞之，憮然而罷。其用人也又如此。

上聖孝出於天性。居高宗喪，百日後，尚食進素饍，毁瘠特甚。吴夫人者，潛邸舊人也，屢以過損爲言，上堅不從。一日，密諭尚食内侍云：「官家食素多時，甚覺清瘦，汝輩可自作商量。」於是密令苑中，以雞汁等雜之素饌中以進。上食之覺異【一】，詢所以然，内侍恐甚，以實告。上大怒，即欲見之施行。皇太后聞之，亟過宫力解之。乃出吴夫人於外【二】，内侍等罷職有差。

温泉寒火

邵康節曰：「世有温泉，而無寒火。」昭德晁氏解云：「陰能順陽，而陽不能順陰也。水爲火爨，則沸而熟物；火爲水沃，則滅矣。」晉紀瞻舉秀才，陸機策之曰：「陰陽不調，則大數不得不否；一氣偏廢，則萬物不能獨成。今有温泉，而無寒火，其故何也？」白虎殿諸儒講論，班固纂爲《白虎通》，《五行篇》亦曰：「有温水，無寒火。」

【一】上食之覺異　「異」，涵芬樓本作「爽」。
【二】乃出吴夫人於外　「夫人」，涵芬樓本作「差户」。

然今湯泉，往往有之。如驪山、尉氏、駱谷、汝水、黄山、佛迹、匡盧、閩中等處，皆表表在人耳目。坡詩云：「自憐耳目隘，未測陰陽故。鬱攸火山烈，觱沸湯泉注。安能長魚鼈，僅可燖狐兔。」朱氏晦菴詩云：「誰然丹黄燄，爨此玉池水。」葢或爲温泉之下，必有硫黄、礬石故耳。獨未見所謂寒火。

按《西京雜記》載董仲舒曰：「水極陰而有温泉，火至陽而有涼燄。」又《抱朴子》曰：「水主純冷，而有温谷之湯泉；火體宜熾，而有蕭丘之寒燄。」又劉子《從化篇》曰：「水性宜冷，而有華陽温泉，猶曰泉冷，冷者多也。火性宜熱，而有蕭丘寒燄，猶曰火熱，熱者多也。」然則寒火亦有之矣，特以耳目所未及，故以爲無耳。

段干木

《唐書·宗室世系表》敘云：「李耳，字伯陽，一字聃。其後有李宗者，魏封於段，爲干木大夫。」按《史記》，聃之子宗，爲魏將，封於段干。《抱朴子》亦云：「伯陽有子名宗，仕魏有功，封於段干。」審此，段干乃邑名耳。

然《孟子》有段干木，《列子》有段干生，《史記·魏世家》有段干子，《田敬仲世家》有段干朋，《戰國策》有段干綸、段干崇、段干越人。意者，因邑以爲姓；故木與朋，綸與崇、越人，皆其名，而子與生，則男子之通稱耳。《风俗通姓氏註》以爲姓段名干木，恐或失之。

蓋戰國時，自有段規。疑段與段干自别。若如唐史之説，則段干木姓李名宗，爲魏將有功，封於段干。若如史遷、葛洪之言，則段干木之賢，魏侯所以師而敬之者，恐别一人耳。姑書其説，以俟博識者訂之。

表答用先世語

范文正公《岳陽樓記》有云：「先天下之憂而憂，後天下之樂而樂。」其後，東坡行忠宣公辭免批答，徑用此語云：「吾聞之乃烈攷曰：『君子先天下之憂而憂，後天下之樂而樂。』雖聖人復起，不易斯言。卿將書之紳，銘之盤盂，以爲一言而可以終身行之者歟！則今兹爰立之命，乃所以委重投艱而已，又何辭乎？」其後忠宣上遺表，亦用之云：「蓋嘗先天下之憂，期不負聖人之學。此先臣所以教子，而微臣所以事君。」此又述批答之意，亦前所未見也。

蜜章密章

密章二字，見《晉書》山濤等傳，然其義殊不能深曉。自唐以來，文士多用之。近世若洪舜俞行《喬行簡贈祖母制》，亦云：「欲報食飴之德，可稽制蜜之章。」蜜字皆從虫。

相傳謂贈典既不刻印，而以蠟爲之。蜜即蠟，所以謂之蜜章。然劉禹錫爲《杜司徒謝追贈表》云：「紫書忽降於九重，密印加榮於後夜。」《李國長神道碑》云：「煌煌密章，肅肅終言。」《王崇述神道碑》云：「没代流慶，密章下賁。」宋祁《孫奭謚議》云：「密章加等，昭飾下泉。」又《祭文》云：「恤恩告第，踬書密章。」密字乃並從山，莫知其義爲孰是。豈古字可通用乎？或他别有所出也。

三蘇不取孔明

老泉《權書·强弱篇》云：「管仲曰：『攻堅則瑕者堅，攻瑕則堅者瑕。』嗚呼！不從其瑕而攻之，天下皆强敵也。漢高帝所憂在項籍，而先取九江、取魏、取代、取趙、取齊，然後取籍。秦之憂在六國，蜀最僻最小，最先取；楚最强，最後取。諸葛孔明一出其兵，乃與魏氏角，其亡宜也。」又論曰：「古之取天下者，常先圖所守。諸葛孔明棄荆州取西蜀，吾知其無能爲也。」

東坡論曰：「取之以仁義，守之以仁義者，周也；取之以詐力，守之以詐力者，秦也。以秦之所以取取之，以周之所以守守之者，漢也。仁義詐力雜用以取天下者，此孔明之所以失也。孔明之所恃以勝者，獨以其區區之忠信，有以激天下之心耳。劉表之喪，先主在荆州，孔明欲襲殺其孤，先主不忍也。其後，劉璋以好逆之至蜀，不數月，扼其吭、拊其背而奪之國，此其與曹操異者幾希矣！乃治兵振旅，爲仁義之師，長驅東嚮，而欲天下響應，蓋亦難矣。」

潁濱論曰：「劉備棄荆州而入蜀，則非其地；用諸葛孔明治國之才，而當紛紛之衝，則非其將；不忍忿忿之氣以攻人，則是其器不足尚也。」其説蓋用陳壽所謂「應變將略，非其所長」之語耳。雖然，孔明豈可少哉！

詩用史論

劉貢父《詠史》詩云：「自古邊功緣底事，多因嬖倖欲封侯，不如直與黄金印，惜取沙場萬髑髏。」其意蓋指當時王韶、李憲輩耳。而其説則出於温公論李廣利曰：「武帝欲侯寵姬李氏，而使廣利將兵伐宛。其意以爲非有功不侯，不欲負高帝之約也。夫軍旅大事，國之安危，民之生死繫焉。苟爲不擇賢愚，欲徼倖咫尺之功，藉以爲名，而私其所愛，不若無功而侯之爲愈也。然則武帝有見於封國，無見於置將，謂之能守先帝之約，臣曰過矣！」蓋全用之。

然胡明仲論留侯則云：「善乎子房之能納説也，不先事而强聒，不後事而失機。不問則不言，有言則必當其可。故聽之易，而用不難也。評者曰：『漢業存亡在俯仰間，而留侯於此每從容焉。諸侯失固陵之期，始分信、越之地；複道見沙中之聚，始言雍齒之侯。』善言子房矣。」此論全用荆公詩：「漢業存亡俯仰中，留侯於此每從容。固陵始議韓、彭地，複道方圖雍齒封。」此則史論用詩也。

近世劉潛夫詩云：「身屬嫖姚性命輕，君看一蟻尚貪生【三】。無因喚取談兵者，來此橋邊聽哭聲。」而東坡《諫用兵之疏》云：「且夫戰勝之後，陛下可得而知者，凱旋捷奏，拜表稱賀，赫然耳目之觀矣。至於遠方之民，肝腦塗於白刃，筋骨絶於餽餉，流離破産，鬻賣男女，薰眼折臂，自經之狀，陛下必不得而見也。慈父孝子，孤臣寡婦之哭聲，陛下必不得而聞也。」其意亦出此。

馮必大詩云：「亭長何曾識帝王，入關便解約三章。只消一勺清冷水，冷却秦鍋百沸湯。」亦用黄公度《漢高祖論》曰：「傷弓之鳥驚曲木，挽萬石之弓以射之，寧無所懼；奔渴之牛急濁泥，飲以清冷之水，寧無所喜。項驚天下以弓，而帝飲天下以水。」

葉紹翁詩云：「殿號長秋花寂寂，臺名思子草茫茫。尚無人世團圞樂，枉認蓬萊作帝鄉。」亦出於林少頴《武帝論》云：「武帝好長生不死之術，聚方士於京師，由是禱祠之俗興，以成巫蠱之禍。陽邑、朱昌二公主俱以此誅，而皇后、太子亦皆不免。其始也，欲求長生不死之術而不可得，徒使敗亡之禍橫及骨肉，可笑也。」

錢舜選詩云：「項羽天資自不仁，那堪亞父作謀臣。鴻門若遂樽前計，又一商君又一秦。」亦祖陳傅良之論羽云：「羽之戮子嬰、弑義帝、斬彭生，坑秦二十萬衆，亞父獨不

【三】君看一蟻尚貪生　「蟻」原作「議」，據稗海本、學津討原本、涵芬樓本改。

當試曉之邪？使楚果亡漢，則羽又一秦，增又一商鞅也。」

此類甚多，不暇枚舉，豈所謂脱胎者耶？

漢租最輕

自井田之法廢，賦名日繁，民幾不聊生。余嘗夷攷，在昔獨兩漢爲最輕，非惟後世不可及，雖三代亦所不及焉。自高、惠以來，十五税一。文帝再行賜半租之令，二年、十二年，至十三年，乃盡除而不收。景帝元年，亦嘗賜半租，至明年，乃三十而税一，即所謂半租耳。蓋先是十五税一，則三十合征其二，今乃止税其一，乃所謂半租之制也。自是之後，守之不易。故光武詔曰：「頃者，師旅未解，故行什一之税。今糧儲差積，其令三十税一如舊制。」是知三十税一，漢家經常之制也。

以武帝南征北伐，東巡西幸，奢靡無度，大司農告竭。當時言利者析秋毫，至於賣爵、更幣、算車船、租六畜、告緡、均輸、鹽鐵、榷酤，凡可以佐用者，一孔不遺。獨於田租，不敢增益。

雖至季世，此意未泯。田有災害，吏趣其租，于定國以是報罷；用度不足，奏請增賦，翟方進以是受責。重之以災傷免租，始元二，本始三，建始元、元康二，初元元，鴻嘉四。初郡無税，《食貨志》。行軍勞苦者給復，高二年。陂、湖、園、池假貧民者勿租賦，初元元年。又至於即位免，祥瑞免，行幸免，文帝三。武帝元封元、四年，五年；永始四；天漢三。宣帝神爵元。元帝初元四。民資不滿三萬免，平帝元始二年。而逋租之民，又時貸焉，何與民之多耶！此三代而下，享國所以獨久者，蓋有以也。

真西山

真文忠公，建寧府浦城縣人，起自白屋。先是，有道人於山間結菴，煉丹將成。忽一日入定，語童子曰：「我去後，或十日、五日即還，謹勿輕動我屋子。」後數日，忽有扣門者，童子語以師出未還。其人曰：「我知汝師死久矣【四】！今已爲冥司所録，不可歸。留之無益，徒臭腐耳。」童子村朴，不悟爲魔，遂舉而焚之。道者旋歸，已無及。繞菴呼號云：「我在何處？」如此月餘不絶聲，鄉落爲之不安。適有老僧聞其説，厲聲答之曰：「你説尋『我』，你却是誰？」於是其聲乃絶。

時真母方娠，忽見道者入室，遂産西山。幼，穎悟絶人。家貧，無從得書，往往假之他人及剽里學儒，爲舉子業。未幾登第，初任爲延平郡掾。

時倪文節喜奬借後進，且知其才，意欲以詞科衣鉢傳之。每假以私淑之文，輒一二日即歸，若手未觸者。文節殊不平曰：「老夫固不學，然賢者亦何所見，遽不觀耶？」西山悚然對曰：「先生善誘後學，何敢自棄。其書皆嘗竊觀，特不敢久留耳。」文節謾扣一二，

【四】我知汝師死久矣　「死」原闕，據稗海本補。

皆能成誦，文節始大驚喜。於是與之延譽於朝，而繼中詞科，遂爲世儒宗焉。

書史載箕子比干不同

《書·微子篇》曰：「父師、少師，殷其弗或亂正四方。」孔註：「父師、太師三公，箕子也。少師、孤卿，比干也。」《史記·殷紀》乃云：「紂淫亂不止，微子數諫不聽，與太師、少師謀，遂去。比干曰：『爲人臣者，不得不以死爭。』乃强諫。紂剖比干心，箕子懼，乃佯狂爲奴，紂又囚之。殷之太師、少師乃持其祭器奔周。」《周紀》又云：「紂殺比干，囚箕子，太師疵、少師强，抱其樂器奔周。」又《宋世家》：「微子數諫，紂弗聽，欲死之，及去，未能自決，乃問於太师、少師。箕子披髮，佯狂爲奴。比干諫，紂剖其心。太師、少師乃勸微子去，遂行。」註但云時比干已死，而云少師者似誤。

蓋三處皆以太師、少師，非箕子、比干。獨《周紀》明言，太師名疵，少師名强。《漢·古今人物表》亦有太師疵，少師强，殊與孔註不合。然二子同武帝時人，何以見異而言不同歟？及蘇子由作《古史》，乃用安國之説，劉道原作《通鑑外紀》，則又從《史記》之言，二公必各有所見故耳。

梓人掄材

梓人掄材，往往截長爲短，斲大爲小，略無顧惜之意，心每惡之。因觀《建隆遺事》，載太祖時，以寢殿梁損，須大木換易。三司奏聞，恐他木不堪，乞以模枋一條截用。模枋者，以人立木之兩傍，但可以手模，不可得見，其大可知。上批曰：「截你爺頭，截你娘頭，別尋進來。」於是止。

嘉祐中，修三司，敕內一項云：「敢以大截小，長截短，並以違制論。」即此敕也。大哉王言，豈區區斬一木哉？是亦用人之術耳！

元豐中，趙伯山爲將作監。太后出金帛，建上清儲祥宮，內侍陳衍主其役，請輟將作鎮庫模枋，截充殿梁，伯山執不與，且援引建隆詔旨，惟大慶、文德殿換梁方許用，乃已。《邵氏聞見録》乃以爲晉邸內臣奏請，且文其辭云：「破大爲小，何若斬汝之頭乎？」失其實矣。

林復

林復字端陽，括蒼人。學問材具，皆有過人者，特險隘忍酷，略不容物。紹興中【五】，爲臨安推官。有告監文思院常良孫贓墨事，朝廷下之臨安獄，久不得其情。上意謂京尹

【五】紹興中　「興」，稗海本、學津討原本作「熙」。

左右之，尹不自安。復乃挺身白尹，乞任其事。訖就煅煉成罪，當流海外，因寓客船以往。中途遇盜，無以應其求。盜取常手足釘著兩船舷，船開，分其屍爲二焉。林竟以勞改官，不數年爲郎，出知惠州。

時，常有姻家當得郡，憤其寃，欲報之，遂力請繼其後，林弗知也。既知惠，適有訴林在郡日，以酖殺人，具有其實。御史徐安國亦按其家，有僭擬等物【六】。於是有旨令大理丞陳樸追逮，隨所至置獄鞫問。及至潮陽，遇諸道間。搜其行李，得朱椅、黄帷等物，葢林好祠醮所用者，乃就鞫於僧寺中。林知必不免，願一見家人訣别。既入室，亟探囊中藥，投酒中飲之。有頃，流血滿地，家人號泣，使者入視，則仰藥死矣，因具以復命。然其所服，乃草烏末及他一草藥耳。至三日，乃甦，即亡命入廣，其家以空柩歸葬。

始就逮時，僮僕鳥散，行囊旁午道中。大姓潘氏者，爲收斂歸之，了無所失。其家與之音問相聞者累年，至嘉定末始絶，竟佚其罰云。

此陳造周士所記，得之括醫吴嗣英，甚詳。《夷堅志》亦爲所罔，以爲真死，殊可笑也。

汪端明

汪聖錫應辰端明，本玉山縣弓手子。喻樗子材爲尉，嘗授諸子學。有兵在側，言某兒

【六】有僭擬等物　「擬」原作「凝」，據學津討原本、涵芬樓本改。

頗知讀書，可使侍筆硯。呼視之，狀貌偉然，不類常兒。問能屬對否？曰：「能。」曰：「馬蹄踏破青青草。」應聲曰：「龍爪拏開白白雲。」喻大驚曰：「他日必爲偉器。」留授之學，且許妻以子。後從張横浦游，學益進。年十八，魁天下。

天資强敏，記問絶人。其帥福州，吏聞其名，欲嘗之。始謁廟，有嫗持牒立道左，命取視之，累千百言，皆枝贅不根。即好諭曰：「事不可行也。」嫗呼曰：「乞詳狀。」公笑曰：「爾謂吾不詳耶？」駐車還其牒，誦之不差一字。吏民以爲神，相戒不敢犯。

公以忠言直道，受知壽皇自蜀還，爲天官兼學士，嚮柄用矣。近習多不悦之，朝夕伺間。一日，内宿召對，天顔甚喜，曰：「欲與卿欵語。」方命坐賜茶，汪奏：「臣適有白事。」上欣然問何事？時德壽官建房廊於市廛，董役者不識事體，凡門闔輒題德壽宫字，下至委巷廁溷皆然。汪以爲非所以示四方，袖出劄子極言之。且謂：「陛下方以天下養，有司無狀，褻慢如此。天下後世，將以陛下爲薄於奉親，而使之規規然營間架之利，爲聖孝之累不小。」上事德壽謹，汪言頗過激。聞之，變色曰：「朕雖不孝，殆未至是。」汪曰：「臣愛陛下切至，不欲使陛下負此名，故及此。」上終不懌。奏畢，請退，上頷之，不復賜坐，自是眷顧頗衰。

會德壽宫市蜀燈籠錦，詔求之，不獲。他日，上詣宫言其故，太上曰：「比已得之。」上問所從來，曰：「汪應辰家物也。」上還，即詔應辰與郡。蓋近習揣上意，因事中傷，一作

「之」。君臣之際，難哉！

張定叟失出

建康溧陽市民，同日殺人，皆繫獄。獄具，以囚上府，亦同日就道。二囚時相與語，監者不虞也。夕宿邸舍，甲謂乙曰：「吾二人事已至此，死固其分。顧事適同日，計亦有可爲者。我有老母，貧不能自活。君到府，第稱寃，悉以諉我，我當兼任之。等死耳，幸而脱，君家素温，爲我養母終其身，則吾死爲不徒死矣。」乙欣然許之。

時張定叟杓尚書知府事【七】，號稱嚴明。因既至，皆呼使前問之。及乙，則曰：「某實不殺某人，殺之者亦甲也。」張駭異，使竟其説，曰：「甲已殺某人，既逸出，其家不知爲甲所殺也。平日與某有隙，遂以聞於官。已而甲又殺某人，乃就捕。某非不自明，官闇而吏賕，故寃不得直也。」張以問甲，甲對如乙言，立破械縱之，一縣大驚。甲既論死，官吏皆坐失入抵罪，而張終不悟。甚哉！獄之難明也。

【七】時張定叟杓尚書知府事　「杓」原作「杓」，學津討原本作「以」，據《宋史》卷三六一《張浚傳》改。

放翁鍾情前室

陸務觀初娶唐氏，閎之女也，於其母夫人爲姑姪。伉儷相得，而弗獲於其姑。既出，而未忍絶之，則爲别館，時時往焉。姑知而掩之，雖先知挈去，然事不得隱，竟絶之，亦人倫之變也。

唐後改適同郡宗子士程。嘗以春日出游，相遇於禹跡寺南之沈氏園。唐以語趙，遣致酒餚，翁悵然久之，爲賦《釵頭鳳》一詞題園壁間，云：「紅酥手，黄藤酒，滿城春色宫牆柳。東風惡，歡情薄，一懷愁緒，幾年離索。錯！錯！錯！春如舊，人空瘦，淚痕紅浥鮫綃透。桃花落，閑池閣，山盟雖在，錦書難託。莫！莫！莫！」實紹興乙亥歲也。

翁居鑑湖之三山，晚歲每入城，必登寺眺望，不能勝情。嘗賦二絶云：「夢斷香銷四十年，沈園柳老不飛綿。此身行作稽山土，猶弔遺踪一悵然。」又云：「城上斜陽畫角哀，沈園無復舊池臺。傷心橋下春波緑，曾是驚鴻照影來。」蓋慶元己未歲也。

未久，唐氏死。至紹熙壬子歲，復有詩序云：「禹跡寺南，有沈氏小園。四十年前，嘗題小詞一闋壁間。偶復一到，而園已三易主，讀之悵然。」詩云：「楓葉初丹槲葉黄，河陽愁鬢怯新霜。林亭感舊空回首，泉路憑誰説斷腸。壞壁醉題塵漠漠【八】，斷雲幽夢事茫茫。年來妄念消除盡，回向蒲龕一炷香。」

又至開禧乙丑歲暮，夜夢遊沈氏園，又兩絶句云：「路近城南已怕行，沈家園裏更傷情。香穿客袖梅花在，緑蘸寺橋春水生。」「城南小陌又逢春，只見梅花不見人。玉骨久成泉下土，墨痕猶鎖壁間塵。」

沈園後屬許氏，又爲汪之道宅云。

【八】壞壁辭題塵漠漠　「辭」，稗海本、涵芬樓本作「醉」。

卷二

張魏公三戰本末略

富平之戰

建炎三年五月，以張浚爲川陝宣撫處置使，許便宜黜陟。初，上問大計，浚請身任西事，置司秦州，別遣大臣與韓世忠鎮淮東，令呂頤浩扈蹕來武昌，從以張俊【一】、劉光世，以相首尾。浚發行在，王彦統八字軍從之。浚以御營司提舉事務曲端屢挫虜，欲仗其威聲，乃承制拜爲威武大將軍、本司都統制。浚抵秦州置司，節制五路諸帥。

四年春，金虜婁室破陝州，李彦仙死之。既而與其副撒離歇及黑峰等，寇邠州。曲端拒之，兩戰皆捷。至白店原，虜引衆來犯，又爲端所敗。

既而虜勢復振，獻策者多以擊虜爲便【二】。浚於是欲謀大舉，召端問之。端曰：「平原易野，賊便於衝突。而我師未習戰，須教士數年，然後可以大舉。」復謀之吴玠，玠以宜守要害，以待其弊，然後可以徐圖。浚曰：「吾寧不知此？顧今東南之事方急，不得不爲是爾。」

校勘記

【一】從以張俊　「俊」原作「浚」，據稗海本、學津討原本改。

【二】獻策者多以擊虜爲便　「擊」原作「繫」，據學津討原本改。

浚以端沮大議，意已不平，而王庶與端有龍坊之憾，因譖之曰：「端有反心久矣，盍早圖之。」浚乃罷端兵柄，還之秦州獄。其部將張中孚、李彦琪並諸州羈管。時陝西軍民，皆恃端爲命。及爲庶譖，無罪而貶，軍情大不悅。

《西事記》云：「張浚之至陝西，易置諸路帥臣，權勢震赫。是時五路未破，士馬强盛。加以西蜀之富，而貸其賦五年，金銀糧帛之資【三】，不絕於道，所在山積。浚爲人，忠有餘而才不足；雖有志，而昧於用人，短於用兵。曲端心常少浚，故奪其兵廢之，西人爲之失望。」

浚於是決策治兵，移檄河東問罪。兀朮聞變，自京西星馳至陝右，與婁室等會。而浚亦合五路兵四十萬，馬七萬【四】，會戰於耀州。以熙河經略劉錫爲都統制，與涇原經略劉錡，秦鳳經略孫渥，環慶經略趙哲，各帥所部兵以從。吴玠、郭浩極言虜鋒方鋭，且當分守其地，掎角相援，待其弊乃可乘，浚不從。

軍行至富平縣，吴玠曰：「兵以利動，今地勢不利，未見其可也。」將戰，乃詐立前軍都統曲端旗以懼虜。婁室曰：「聞曲將軍已得罪，必紿我也。」遂擁兵驟至，直擊環慶軍。趙哲離所部未至，哲軍遂驚遁，而諸軍悉從之，大潰，陝西爲之大震。

浚聞軍潰，自邠州退保河池縣，又退保興州。遂歸罪趙哲，斬之，責劉錫合州安置，陝西兵皆散歸本路。玠收秦鳳餘兵，閉大散關。關師古收涇原餘兵保岷、鞏，孫渥收涇原餘

【三】金銀糧帛之資　「資」，涵芬樓本作「運」。

【四】馬七萬　「七」，涵芬樓本作「十一」。

兵於階、成、鳳三州。未幾，大散關復不守。浚時止有親兵千餘人，又退保閬州。或建策徙治夔州，劉子羽以爲不可。遂檄吴玠、郭浩據和尚原，而虜復至，於是下令徙治潼川。一本「州」字。軍士皆憤，取其榜裂之，乃止。

《西事記》云：「張浚之戰於富平也，金人初亦畏之。而浚鋭於進取，幕下之士多蜀人，南人不練軍事，欲亟決勝負於一舉，以至於敗【五】。遂走興元，又走閬中。陝西諸郡，不殘於金人者，亦皆爲潰兵所破矣。」

既而張中孚、李彦琪、趙彬相繼降虜，遂犯秦州，又犯熙河，又圍慶州，於是五路悉陷。浚以三人皆曲端心腹，疑端必知其情，王庶復譖端不已。時西人多上書爲端訴冤者，浚益忌其得衆心【六】，乃殺之於秦州獄，時人莫不冤之，軍情於是益沮矣【七】。

紹興元年，浚以關陝失律，上章待罪，朝野無敢言其事者。至四年二月，浚還朝，侍御史辛炳始言浚被命宣撫，輕失五路，坐困四川；用劉子羽輩小人，而無辜殺曲端、趙哲；以至設秘閣以崇儒，擬上方以鑄印；及既敗之後，被召不肯出蜀等罪。遂罷爲資政殿大學士，提舉洞霄宫。尋又詔落職，福州居住。

《秀水閒居録》云：「魏公出使陝、蜀，便宜除官至節度使、雜學士，權出人主右。竭蜀之財，悉陝之兵凡三十萬餘，與虜角，一戰盡覆。用其屬劉子羽謀，歸罪其將趙哲、曲端，並誅之。將士由是怒怨俱叛，浚僅以身免，奔還閬中，關、陝之陷自此始。

【五】以至於敗　「以」，涵芬樓本作「故」。

【六】浚益忌其得衆心　「益」，涵芬樓本作「亦」。

【七】軍情於是益沮矣　「益」，涵芬樓本作「愈」。

至今言敗績之大者，必曰富平之役。追還薄譴，俾居福州而已。」

其後，川陜宣撫處置副使王似、盧法原，乃分陜、蜀之地，責守於諸將。自秦鳳至洋州，命吴玠主之，屯和尚原。金房至巴達，王彦主之，屯通州。文龍至威茂，劉錡主之，屯巴西。洮、岷至階、成，關師古主之，屯武都。既而師古戰敗降賊，自此遂失洮、岷之地，獨存階、成而已。

淮西之變

紹興七年三月，浚奏劉光世在淮西，軍無紀律，罷爲少師、萬壽觀使，以其兵隸都督府。命參謀、兵部尚書吕祉往廬州節制，且以王德爲都統制，酈瓊副之。瓊與靳賽皆故羣盜，與王德素不相能。德，威聲素著，軍中號爲王夜叉。都承旨張宗元深以爲不可，謂浚曰：「瓊等畏德如虎，今乃使臨其上，是速其叛也。」浚不謂然【八】。復謀之岳飛曰：「王德，淮西軍所服，浚欲以爲都統制，而命吕祉爲督府參謀領之，如何？」飛曰：「德與瓊素不相下，一旦使揠之在上，勢所必爭。吕尚書雖通才，然書生不習軍事【九】，恐不足以服之。」浚曰：「張宣撫何如？」飛曰：「暴而寡謀，且瓊之素不服【一〇】。」浚曰：「然則楊沂中耳。」飛曰：「沂中視德等耳，豈能馭之？」浚艴然曰：「浚固知非太尉不可。」飛曰：「都督以正問飛，飛不敢不盡其愚，豈以得兵爲念哉！」即日乞解兵柄，持餘服。而浚訖行之，瓊輩懼不敢喘。

【八】浚不謂然　「謂」，涵芬樓本作「以爲」。

【九】然書生不習軍事　「事」，涵芬樓本作「旅」。

【一〇】且瓊之素不服　「之」，涵芬樓本作「輩」。

及德視事教場，諸將執撾用軍禮謁拜。瓊登而言曰：「尋常伏事太尉不周，今日乞做一牀錦被遮蓋。」德素獷勇自任，竟不解出一語慰撫之，遂索馬去。於是瓊輩愈懼，相與連銜上章，乞回避之。

張宗元知其事，復語浚曰：「業已爾，今獨有終任德，或可以鎮，不然，變且生矣。」浚不以爲然，遂奏召德還。以張浚爲淮西宣撫使，駐盱眙；楊沂中爲淮西制置使，劉錡副之，並駐廬州。且命酈瓊以所部兵赴行在，意將以奪其軍而誅之。宗元聽制於文德殿下，語人曰：「是速瓊等叛耳。」會祉復密奏罷瓊兵柄，書吏朱照漏語於瓊，於是叛謀始決。及金字牌飛報，吕方坐廳事，聞有大聲如霹靂，自戟門隨牌而至，啓視之，乃三使除書也。吕拍案歎曰：「龐涓死此樹下。」即時亂作，遂縛吕祉，及殺中軍統制張景、鈐轄喬仲福、劉永、衡友【一一】。前知廬州趙康直、攝知廬州趙不羣【一二】，以其所部七萬人悉叛歸劉豫【一三】。至淮岸，遂殺祉及康直，釋不羣使還。浚乃亟遣張宗元使招之，已不及矣。

浚遂上章引咎，臺臣交章論列，謂：「浚輕而寡謀，愚而自用。德不足以服人，而惟恃其權；誠不足以用衆，而專任其數。若喜而怒，若怒而喜，雖本無疑貳者，皆使之有疑貳之心。予而陰奪，奪而陰予，雖本無怨望者，皆使之有怨望之意。無事，則張威恃勢，使上下有暌隔之情；有急，則甘言美辭，使將士有輕侮之意。酈瓊以此懷疑，以數萬衆叛去。然浚平日視民如草菅，用財如糞土。竭民膏血而用之軍中者，曾何補哉？陛下尚欲

【一一】劉永衡友　「友」，據《宋史》卷三七〇《吕祉傳》補。

【一二】攝知廬州趙不羣　「攝」原作「釋」，據涵芬樓本改。

【一三】以其所部七萬人悉叛歸劉豫　「七」，《宋史》卷三七〇《吕祉傳》作「四」。

觀其後效，臣謂浚之才，止如是而已。」時司諫王縉則以罪在劉光世，參政張守期爲力求未減。都官郎官趙令裕一本「衿」字。則乞留浚，陳公輔則謂不可因將帥而罷宰相，於是罷爲觀文殿大學士，提舉太平觀。

其後，言者不已，遂詔落職。既而御批「張浚散官，安置嶺表」。趙鼎力捄解之，改秘書少監，分司西京，且爲出言官於外。

《退朝録》曰：「紹興二十年，浚復上疏論邊事。高宗爲湯丞相云：『張浚用兵，不獨朕知之，天下皆知之，如富平之敗，淮西之師，其效可見矣。今復論兵，極爲生事。』於是復有永州之命。」

《揮麈録》云：「淮西軍叛後，馮檝啓上曰：『如張浚者，當再以戎機付之，庶收後效。』高宗正色曰：『朕寧至覆國，不用此人矣。』遂終高宗朝，不復再用。」

符離之師

孝宗隆興元年正月，以張浚爲樞密使，仍都督江淮軍馬，五月，兼都督荆、襄。浚既入見，屢奏欲先取山東。時顯官名士如王大寶、胡銓、王十朋、汪應辰、陳良翰等，皆魏公門人，交贊其謀。左僕射史浩獨不以爲然，曰：「宿師於外，守備先虚。我能出兵山東，以牽制川、陝，彼獨不能警動兩淮【一四】、荆、襄，以解山東之急邪？惟當固守要害，爲不可勝之計。必俟兩淮無致敵之慮，然後可前。若乃順諸將之虚勇，收無用之空城，寇去則論

【一四】彼獨不能警動兩淮「警」，涵芬樓本作「驚」。

賞於朝，寇至則僅保山寨，顧何益乎？」

繼而主管殿前司公事李顯忠，建康都統制邵宏淵，亦奏乞引兵進取。浩曰：「二將輒自乞戰，豈督府命令有不行邪？」督府準遣李椿以書遺浚子栻曰：「復讐討賊，天下之大義也。然必正名定分，養威觀釁，而後可圖。今議不出於督府，而出於諸將，則已爲輿尸之凶矣。況藩籬不固，儲備不豐，將多而非才，兵弱而未練，節制未允，議論不定，彼逸我勞，雖或有獲，得地不守，未足多也。」武鋒軍都統制陳敏曰：「盛夏興師，恐非其時。兼聞金重兵皆在大梁，必有嚴備。萬一深入，我客彼主。千里爭力，人疲馬倦，勞逸既異，勝負之勢先形矣。願少緩之。」浚皆不聽。

韓元吉以長書投浚，言和、戰、守三事。略云：「和固下策，然今日之和，與前日之和異。至於決戰，夫豈易言。今舊兵憊而未蘇，新兵弱而未練，所恃者一二大將；大將之權謀智略既不外見，有前敗於尉橋矣，有近衄於順昌矣，況渡淮而北，千里而攻人哉！非韓信、樂毅不可也。若是，則守且有餘。然彼復來攻，何得不戰？戰而勝也，江淮可守，戰而不勝，江淮固在，其誰守之？故愚願朝廷以和爲疑之之策，以守爲自强之計，以戰爲後日之圖。自亮賊之隕，彼嘗先遣使於我矣，又一再遺我書矣，其信其詐，固未可知，而在我亦當以信與詐之間待之。蓋未有夷狄欲息兵，而中國反欲用兵者。」云云。參贊軍事唐文若、陳俊卿皆以爲不若養威觀釁，俟萬全而後動。亦不從。遂乞即日降詔幸建康，以成北伐之功。史浩曰：「古人不以賊遺君父，必俟乘輿臨江而後成功，則安用都督哉？」

上以問浩，浩陳三説云：「若下詔親征，則無故招致虜兵寇邊，何以應之？若巡邊犒師，則德壽去年一出，州縣供億重費之外，朝廷自用緡錢千四百萬，今何以繼？若曰移蹕，欲奉德壽以行，則未有行宮；若陛下自行，萬一金有一騎衝突，行都騷動，何以處之？」孝宗大悟，謂浚曰：「都督先往行邊，俟有功緒，朕亦不憚一行。」浚怒曰：「陛下當以馬上成功，豈可懷安以失事機。」及退朝，浩謂浚曰：「帝王之兵，當出萬全，豈可嘗試而圖僥倖？主上承二百年基業之託，漢高祖起於亭長敗亡之餘，烏可比哉？」

尋復論辨於殿上，浚曰：「中原久陷，今不取，豪傑必起而取之。」浩曰：「中原必無豪傑，若有之，何不起而亡金？」浚曰：「彼民間無寸鐵，不能自起，待我兵至，而爲內應。」浩曰：「勝、廣能以鉏耰棘矜亡秦，彼必待我兵至，非豪傑矣。若有豪傑而不能起，則是金猶有法制維持之，未可以遽取也。今不思，將貽後悔。」又上疏力諫曰：「靖康之禍，忠臣孝子，孰不痛心疾首，思欲蹀血虜庭，以雪大恥。恭想宸衷，寢膳不忘。然邇安可以服遠。若大臣未附，百姓不信，而遽爲此舉，安保其必勝乎？苟戰而捷，則一舉而空朔庭【一五】，豈不快吾所欲；若其不捷，則重辱社稷，以資外侮，陛下能安於九重乎？上皇能安於天下之養乎？此臣所以食不甘味，而寢不安席也。浚老臣，慮宜及此。而溺於幕下新進之謀，眩於北人誑惑之説，是以有請耳。德壽豈無報復之心？時張、韓、劉、岳各

【一五】則一舉而空朔庭　「朔」，涵芬樓本作「虜」。

擁大兵，皆西北戰士，燕、薊良馬，然與之角勝負於五六十載之間【一六】，猶不能復尺寸之地。今欲以李顯忠之輕率，邵宏淵之寡謀，而欲取勝，不亦難哉。惟當練士卒、備器械、固邊圉、蓄財賦、寬民力，十年而後用之，則進有闢國復讐之功，退無勞師費財之患，此臣素志天下大計也。」

既而督府乏用，欲取之民，浩曰：「未施德於民，遽重征之，恐賊未必滅，民貧先自爲盜。必欲取民，臣當丐退。」上爲給虛告五百道，且以一年歲幣銀二十五萬兩添給軍費。浩復從容爲浚言：「兵少而不精，二將不可恃。且今二十萬人，留屯江淮者幾？何曰十萬。復爲計其守舟運糧之人，則各二萬，則戰卒纔六萬耳。彼其畏是哉！况淄、青、齊、鄆等郡，雖盡克復，亦未傷彼。彼或以重兵犯兩淮，荆、襄爲之牽制，則江上危如累卵矣。都督於是在山東乎？在江上乎？」如此詰難者凡五日。又委曲勸之曰：「平日願執鞭而不可得，幸同事任，而數數議論不同，不惟爲社稷生靈計，亦爲相公計。明公以大讐未復，決意用兵，此實忠義之心。然不觀時勢而遽爲之，是徒慕復讐之名耳。誠欲建立功業，宜假以數年，先爲不可勝之計，以待敵之可勝，乃上計也。明公四十年名望，如此一旦失利，當如何哉？」浚曰：「丞相之言是也。雖然，浚老矣。」浩曰：「晉滅吴，杜征南之功也，而當時歸功於羊太傅，以規模出於祜也。明公能先立規模，使後人藉是有功，是亦明公之功，何必身爲之？」浚默然。

【一六】然與之角勝負於五六十載之間　「五六十」，涵芬樓本作「五十」。

明日内引，浚奏曰：「史浩意不可回也。恐失機會，惟陛下英斷。」於是不由三省、密院，徑檄諸將出師矣。德壽知之，謂壽皇曰：「毋信張浚虚名，將來必誤大計。他專把國家名器財物做人情耳。」已而，浩於省中忽得宏淵等遵禀出軍狀，始知其故。浩語陳康伯曰：「吾屬俱兼右府，而出兵不得與聞，則焉用彼相哉！」浩遂力請罷歸，乃出知紹興府。臨辭，復曰：「願陛下審度事勢，若一失之後，恐終不得復望中原矣。」

浚至揚州，合江淮兵八萬人，實可用者六萬，分隸諸將，號二十萬。以李顯忠爲淮東招撫使，出定遠，宏淵爲副使，出盱眙，浚自渡淮視師。顯忠復靈壁縣，敗蕭琦。宏淵至虹縣，金拒之，會顯忠亦至，遂復虹縣。知泗州蒲察徒穆、同知大周仁並降。二將遂乘勝進，克宿州。捷奏，顯忠進開府儀同三司，淮南、京畿、京東、河北招討使，宏淵進檢校少保、寧遠軍節度使、招討副使。是時，顯忠名出宏淵右。

時符離府軍中，尚有金三千餘兩，銀四萬餘兩，絹一萬二千匹，錢五萬緡，米、豆共糧六萬餘石，布袋十七萬條，衣絲、棗、羊、粆各一庫，酒三庫。乃縱親信部曲恣其搬取，所餘者始以犒軍人，三兵共一緡。士卒怨怒曰：「得宿州，賞三百，得南京，須得四百。」既而復出戰，悉棄錢溝壑。由是軍情憤詈，人無鬬志。

浚乃移書，令宏淵聽顯忠節制，宏淵不悦。已而復令顯忠、宏淵同節制，於是悉無體統矣。孝宗聞之，手書與浚曰：「近日邊報，中外鼓舞，十年來無此克捷。以盛夏人疲，急召李顯忠等還師。」未達間，忽報金人副元帥紇右烈志寧大軍且至，遇夜，軍馬未整，中軍統制周宏先率軍逃歸，繼逃歸者，宏淵之子世雄，統制左士淵，二將皆不能制。於是顯忠、宏淵大軍並丁夫等十三萬衆，一夕大潰，器甲資糧，委棄殆盡。士卒皆奮空拳，掉臂南奔，蹂踐飢困而死者，不可勝計。二將逃竄，莫知所在。

浚時在盱眙，去宿尚四百里。傳言金且至，遂亟渡淮入泗州，已而復退維揚。窘懼無策，遂解所佩魚，假添差太平州通判張蘊古爲朝議大夫，令使金求和。僚吏力止之，以爲不可。乃奏乞致仕，又乞遣使求和。孝宗怒曰：「方敗而求和，是何舉措！」於是下詔罪己，有云：「朕明不足以見萬里之情，智不足以擇三軍之帥，號令既乖，進退失律。」又云：「素服而哭殽陵之師，敢廢穆公之誓；嘗膽而雪會稽之恥，當懷勾踐之圖。」張浚降特進、江淮東西路宣撫使，官屬各奪二官。邵宏淵降五官，又責靖州團練副使，南安軍安置。李顯忠責授清遠軍節度副使，筠州安置，又再責萊州團練使，潭州安置。棄軍諸將，遞降貶竄有差。

既而置宣撫司，便宜行事。未幾，復以浚都督江淮軍馬，既而又復入爲右僕射，仍領都督。二年三月，復詔浚淮上視師。浚復謀大舉，上不從。四月，召還。罷江淮都督府，浚亦罷相。

及和議將成，浚堅持以爲不可。湯思退乃白上以張蘊古求和事，由是浚議遂絀。既而，金紇石烈志寧遺書議和，有云：「乃者，出師詭道，襲我靈壁、虹縣，以十餘萬竊取二小邑。主將氣盈，率衆直抵符離，帥府以應兵進討。憑仗天威，以全制勝，所殺過當，餘衆潰去。計其得喪，孰少孰多。若以符離之役，尚爲兵少致敗，則請空國之衆，以迎我師。」云云。是歲八月，浚薨。

《趙鼎傳》云：「鼎再相，已逾月，或以未有施設爲言。鼎謂今日事，如久病虛弱之日【一七】，再有所傷，元氣必耗，惟當靜以鎮之。張德遠非不欲有所爲，其效可見，亦足以戒矣。時議回臨安，鼎奏恐回蹕之後，中外謂朝廷無恢復之意。上曰：『張浚措置三年，竭民力，耗國用，何嘗得尺寸地，此論不足恤也。』」

《劉氏日記》云：「孝宗初立，張魏公用事，獨付以恢復之任，公當之不辭，朝廷莫敢違。魏公素輕鋭，是時皆以必敗待之，特不敢言耳。及辟查籥、馮方爲屬，此二人尤輕鋭，朝廷患之，遂以陳俊卿、唐文若參其軍事，葢此二人厚重詳審故耳。周益公時爲中書舍人，文若來別，益公握文若手，使戒魏公不可輕舉。後魏公知之，極憾益公，然卒以輕舉敗事。」

《何氏備史》云：「張魏公素輕鋭好名，士之稍有虛名者，無不牢籠。揮金如土，視官爵如等閑。士之好功名富貴者，無不趨其門。且其子南軒，以道學倡名，父子爲當時宗主。在朝顯官，皆其門人，悉自詭爲君子。稍有指其非者，則目之爲小人。紹

【一七】如久病虛弱之日　「日」，學津討原本、涵芬樓本作「人」。

興元年，合闕、陝五路兵三十餘萬，一旦盡覆，朝廷無一人敢言其罪。直至四年，辛炳始言之，亦不過落職，福州居住而已。淮西酈瓊之叛，是時公論沸騰，言路不得已，遂疏其罪，既而併逐言者於外。及符離之敗，國家平日所積兵財，掃地無餘，反以殺傷相等爲辭【一八】，行賞轉官無虚日。隆興初年，大政事莫如符離之事，而實録、時政記，並無一字及之，公論安在哉？使魏公未死，和議必不成，其禍將有不可勝言者矣。」

《澗上閒談》云：「近世修史，本之實録、時政記等，參之諸家傳記、野史及銘誌、行狀之類。野史各有私好惡，固難盡信；若誌狀，則全是本家子孫門人掩惡溢美之辭，又可盡信乎【一九】？與其取誌狀之虚言，反不若取野史、傳記之或可信者耳。且以近修四朝史言之，如《張魏公列傳》所書嘉禾刺客，乃是附會雜史張元遣刺韓忠獻事。又載遺蠟書疑酈瓊之語，亦是《潘遠紀聞》岳武穆秦州叛卒事。至云符離軍潰，公方鼻息如雷，此是心學。雖亦取《萊公紀事》中意，然方當大軍悉潰，亦安在其爲心學哉！其説皆淺近易見，乃略不審其是非，登之信史，傳之千萬世，可乎？」

【一八】反以殺傷相等爲辭　「反」，涵芬樓本作「乃」。

【一九】又可盡信乎　涵芬樓本作「又不可盡信」。

卷三

紀熙内禪

紹熙二年辛亥，十一月壬申，光宗初祀圜丘。先是，貴妃黄氏有寵，慈懿李后妬之【一】。至是，上宿齋宫，乘間殺之，以暴卒聞，上不勝駭憤。及行禮，值大風雨，黄壇燈燭盡滅，不成禮而罷。上以爲獲罪於天，且懼壽皇譴怒，憂懼不寧，遂得心疾，歸卧青城殿。壽皇知其事，輕輿徑至幄殿，欲慰勉之。直上寐，戒左右使勿言。既寤，小黄門奏知壽皇在此，上矍然驚起，下榻叩頭請罪。壽皇再三開諭，終不懌。自是喜怒不常，不復視朝矣。至三年二月，疾稍平，詣重華宫起居。

四年九月重陽節，以疾不過宫。宰執、侍從、兩省百僚及諸生，皆有疏乞過宫。甲申，上將朝重華，百官班立以俟。上已出，至御屏，李后挽上回曰：「天色冷，官家且進一杯酒。」百僚、侍衛皆失色。時陳傅良爲中書舍人，遂趨上引裾，請毋再入，隨上至御屏後。李后叱之曰：「這裏甚去處？你秀才們要斫了驢頭。」傅良遂大慟於殿下。李后遣人問曰：「此是何禮【二】？」傅良對曰：「子諫父不聽，則號泣隨之。」后益怒，遂傳旨：「已降

校勘記

【一】慈懿李后妬之　「懿」原作「憲」，據《宋史》卷三七《寧宗紀》、卷二四三《后妃傳》改。

【二】此是何禮　「禮」，涵芬樓本作「理」。

過宮指揮，更不施行。」於是臣僚士庶紛紛之議競起矣。

十月，會慶節，工部尚書趙彦逾等上疏重華，乞會慶聖節，先期諭旨，勿免過宮【三】。壽皇御筆：「朕自秋涼以來，思與皇帝相見。所有卿等奏劄，已令進御前矣。」庚申，詔過宮，又不果出。至戊寅，上始朝重華，都人皆大喜。先是，丞相留正以論姜特立，待罪范村，凡一百四十日，至此方召還。

五年正月，壽皇始不豫。上以疾，不能問安嘗藥。臣僚劾内侍陳源、楊舜卿、林億年，以離間兩宮，請罷逐【四】。及壽皇疾甚，留正請上侍疾，挽裾隨至福寧殿，泣而出。既而宰執以所請不從，乞出。光宗傳旨，令宰執盡出，於是俱至浙江亭待罪。知閤韓侂胄奏請自往宣押入城，於是宰執入，各還第。國史《趙汝愚傳》云：「孝宗令嗣秀王傳意，令宰執復入，非實。」復請過宮，許之。至期，過午，有旨放仗。當是時，諸公引裾慟哭，朝士日相聚於道宮佛寺集議，百司皂隸，造謗譌傳，學舍草茅，爭相伏闕。劉過改之一書，至有「生靈塗炭，社稷丘墟」之語。且有詩云：「從教血染長安市，一枕清風卧釣磯。」擾擾紛紛，無所不至。大抵當時執政無承平諸公識度，不能以上疾狀昭示天下，鎮静浮言。而朝紳學士【五】，率多賣直釣名之人，遂使上蒙疑負謗，日甚一日。

至六月九日戊戌，壽皇崩於重華殿。本宫提舉關禮等，詣宰執第，告上大漸。丞相留正、樞密趙汝愚、參政陳騤、同知余端禮，力請過宮。俟至晚，又不果出。先是，孝宗未服

【三】勿免過宮　「免」原作「先」，據稗海本、《宋史》卷三六《光宗紀》改。

【四】請罷逐　「逐」原作「遂」，據稗海本、學津討原本、涵芬樓本改。

【五】而朝紳學士　「朝」，涵芬樓本作「縉」。

藥，黄裳等嘗請過宮，以笏擱光宗云：「壽皇已服藥矣【六】，便請陛下升輦。」已而無它。至是，亦以爲妄，不復信。十三日，壽皇大殮，車駕不至，無與成服，人情憂懼。留正等遂奏請憲聖代行祭奠之禮，以安人心。往反數四，始得太皇聖旨：「皇帝以疾，聽就内中成服，太皇太后代行祭奠之禮，宰相百官就重華宮成服。」正等遂遵行之【七】。然中外人情洶洶，以禍在旦夕。近習富室，競輦金帛藏匿村落。而朝士中如項安世等，遁去者數人【八】。如李詳等，搬家歸鄉者甚衆。侍從至欲相率出城。於是留正等連疏乞立太子，以重國本。二十四日晚，御批云「甚好」。次日，宰執擬立太子指揮進入。御筆批：「依付學士院降詔。」是晚，又御批云：「歴事歲久，念欲退閑。」留正見之懼。以爲初正請立太子【九】，今乃有退閑之語，何邪？會次日朝臨，仆於殿庭傷足，正疑爲不祥。先是，正嘗從善執革者問命，有兔伏草、雞自焚之象。及此，謂所知曰：「上卯生，我酉生，前語驗矣。」遂力請罷免，出城俟命。

工部尚書趙彦逾，時爲山陵按行使。臨欲渡江，因别汝愚曰：「近事危急如此，知院乃同姓之卿，豈容坐視？當思捄之之策可也。」汝愚默然久之，曰：「今有何策？事急時，持刀去朝天門，叫幾聲，自割殺耳。」彦逾曰：「與其如此死，不若如是死。」且云：「聞上有御筆八字，果否？」汝愚曰：「留丞相丁寧莫説。今事急矣！與尚書説亦不妨。」彦逾曰：「既有此御筆，何以不便立嘉王？」汝愚驚曰：「向嘗有立儲之請，尚恐上怒。此

【六】壽皇已服藥矣　「已」，稗海本作「不」。

【七】正等遂遵行之　涵芬樓本作「正等遂成服遵行之」。

【八】遁去者數人　「人」，涵芬樓本作「日」。

【九】以爲初正請立太子　「正」，稗海本、學津討原本作「止」。

事誰敢擅當【一〇】，且看慈福、壽成兩宫之意如何？」彦逾曰：「留丞相以足跌求去，天付此一段事業與知院，豈可持疑？　禫祭在近，便可舉行。」汝愚曰：「此是大事，恐未易倉卒，亦須擇一好日。」遂取官曆檢視，適是日甲子吉。彦逾曰：「帝王即位，即是好日。兼官曆又吉，何疑？　事不容緩，宜亟行之，亦順事也。」因勸與殿帥郭杲同議。汝愚遂遣范仲壬及詹體仁諭意，杲皆不答，汝愚大恐。彦逾曰：「某嘗有德於杲。」遂馳告之曰：「近日外議洶洶，一作「澒洞」。太尉知否？」杲曰：「然則奈何？」彦逾遂以内禪事語之，曰：「某與趙樞密，第能謀之耳。太尉爲國虎臣，此事全在太尉。」杲猶未語，彦逾曰：「太尉所慮者，百口之家耳。今某盡誠以告，太尉不答，豈太尉别有謀乎？」杲矍然而起曰：「敢不效使令。」遂與區處發軍坐甲等事。還報汝愚，議遂定。乃謀可白事於慈福宫者【一一】。始擬吴琚。琚，憲聖姪也。琚辭。或云：「已白憲聖，不許。」繼用吴環，環亦辭。於是令徐誼、葉適因閤門蔡必勝諭意於知閤門事韓侂胄。侂胄母，憲聖女弟也，其妻又憲聖女姪，最爲親近。侂胄慨然曰：「某世受國恩，託在肺腑，願得效力。」於是往見慈福宫提舉張宗尹曰：「事勢如此，我輩死無日矣。」宗尹曰：「今當如何？」遂告以内禪事，且云：「須得太皇主張方可。」宗尹遂許爲奏知。次日未報，侂胄懼，遂親往慈福宫。適值憲聖感風不出，侂胄益窘【一二】，立殿廡垂涕。重華宫提舉關禮適至，邀問之，侂胄不敢言，因指天爲誓，侂胄遂具述其事。禮曰：「即當奏知，少俟可也。」禮入見，垂涕。憲聖

【一〇】此事誰敢擅當　「擅」，稗海本、學津討原本作「擔」。

【一一】乃謀可白事於慈福宫者　「白」原作「曰」，據稗海本、學津討原本、涵芬樓本改。

【一二】侂胄益窘　「益」，涵芬樓本作「亦」。

問曰：「汝有何苦？」曰：「小臣無事，天下可憂耳。」憲聖蹙額不言。禮曰：「聖人讀萬卷書，曾見有如此時節，可保無虞否？」憲聖曰：「此豈汝所知。」禮曰：「此事，人人知之。丞相已去，所賴二三執政，且夕亦且去矣，中外將誰賴乎？」言與淚俱。憲聖驚曰：「事將奈何？」禮曰：「今宰執令韓侂胄在外，欲奏内禪事。望聖人三思，早定大計。」憲聖不語，久之，曰：「我前日略曾見吴琚説來，若事順，須是做教好。」且許來早於梓宫前垂簾，引執政面對。禮遂傳旨侂胄，侂胄乃復命於汝愚。始往報陳騤、余端禮及郭杲，並步帥閻仲。關禮使其姻黨閤門舍人傅昌朝，密製黄袍。

先是，嘉王數日謁告。執政諭宫僚彭龜年等曰：「禫祭重事，王不可不入。」七月四日甲子，禫祭。羣臣入，王亦入。執政率百僚詣大行前，奏請太皇。頃之，垂簾。有旨令韓侂胄同執政奏事。汝愚等再拜，詣簾前奏曰：「皇帝以疾，至今未能執喪。臣等累入劄，乞立皇子嘉王爲皇太子，以繫人心。皇帝批出『甚好』，繼又批『歷事歲久，念欲退閑』。取太皇太后旨處分。」憲聖曰：「皇帝既有御筆，相公自當奉行。」汝愚等奏曰：「此事甚大，須降一指揮方可。」憲聖曰：「好！好！」汝愚遂袖出所擬指揮以進，曰：「皇帝以疾，未能執喪。曾有御筆，自欲退閑。皇子嘉王，可即皇帝位。尊皇帝爲太上皇帝，皇后爲太上皇后。」憲聖覽訖曰：「甚好。」汝愚等再拜奏曰：「凡事全望太皇太后主張。」憲聖首肯，遂乞令都知楊舜卿提舉壽康宫，以任其責。遂召至簾前面付之。

汝愚即几筵殿前宣布聖旨及詔書訖，關禮、張宗尹扶掖太子入簾。太皇面諭再三，太子固辭，曰：「恐負不孝之罪。」俯伏涕泣。太皇命侂胄入簾，授以黄袍，令扶嗣君往即皇帝位。關禮、張宗尹共掖嗣君至素幄，傳太皇聖旨，令汝愚等勸請。汝愚等奏曰：「天子當以安社稷定國家爲孝。今中外人人憂亂，萬一變生，置太上於何地，尚得爲孝乎？」衆扶上披黄袍，上猶却立，衆扶上就座，汝愚等率百官再拜，皇帝立受。汝愚等遂傳宣殿帥郭杲、閤仲，同韓侂胄一班起居【一三】，内侍扶導上詣太皇簾前行謝禮，次詣梓宫前行禫祭禮。禮畢，御史臺閤門集百官，禁衛立班起居。翌日，侂胄侍上詣光宗問起居，光宗問是誰？侂胄對曰：「嗣皇帝。」光宗瞪視曰：「吾兒邪？」

先是，汝愚諭殿帥郭杲，以五百軍至祥禧殿門祈請御寶【一四】。杲入，索於職掌内侍羊駰、劉慶祖。二人私議曰：「今外議洶洶如此，萬一璽入其手，或以它授，豈不利害。」於是封識空函授杲。二璫取璽，從間道詣德壽宫，納之憲聖。及汝愚開函奉璽之際，憲聖方自内付璽與之。《四朝聞見録》云：「寧宗次日謁光宗，慈懿方自卧内取璽與之。」按御璽重寶，安得即位後方取？兼璽玉各有職掌，安得置之卧内，恐非是實。

先是，襄陽歸正人陳應祥等，嘯一作「誘」。聚亡命，謀以七月望日爲壽皇發喪爲亂。前一夕登極赦至，其徒告之而敗。

汝愚遂奏乞召還留正，以輔初政，而御史張叔椿則劾以棄國之罪，遂遷叔椿爲吏部侍

【一三】同韓侂胄一班起居　「胄」原闕，據稗海本、學津討原本、涵芬樓本補。

【一四】以五百軍至祥禧殿門祈請御寶　「五」，稗海本作「三」。「門」，涵芬樓本作「前」。

郎。正乃復入拜左相，汝愚爲右相。汝愚曰：「同姓之卿，不幸處君臣之變，敢言功乎？」辭不拜。乃以特進爲樞密使。及孝宗將攢，汝愚建議欲卜山陵，與正異議，遂出正判建康府，汝愚遂拜右相。先是，汝愚許侂胄以事成日授節鉞，彦逾執政。既而推定策恩，汝愚乃謂彦逾曰：「我輩宗臣，不當言功。」僅除郭杲節度使，彦逾爲端明殿學士，出爲四川制置、知成都府，侂胄遷觀察使、樞密都承旨。元係防御使、知閤門事，至是，僅遷一級。於是二人憤曰：「此事皆吾二人之力，汝愚不過蒙成耳。今既自據相位，以專其功，乃置我輩度外邪！」於是始有逐汝愚之謀矣。汝愚覺之，以朱熹有重名，遂自長沙召入爲待制，侍經筵，及收召李祥、楊簡、吕祖儉等道學諸君子以自壯。然宫中及一時之議，皆歸功於侂胄，自是出入宫掖，居中用事。且嗾伶人刻木爲熹等像，峩冠大袖，講説性理，爲戲於禁中。

熹與龜年等屢白汝愚曰：「侂胄怨望殊甚。宜以厚賞酬其勞，處以大藩，出之於外。勿使預政，以防後患。」汝愚不納，曰：「彼嘗自言不愛官職【一五】，何慮之有？」既而熹進對，面陳侂胄之姦。繼而正言黄度欲論之而謀泄，以内批斥去。熹又因進講極論之，聲色頗厲。上怒，遂批出，除熹宫觀。汝愚請見，乃以内批袖還上，繼而求去，皆不許。於是彭龜年奏：「陛下逐朱熹太暴。」且言：「侂胄竊弄威權，爲中外所附，必貽大患。」寧宗欲兩罷之，汝愚欲兩留之。既而龜年與郡，侂胄勢由是益張。會彦逾帥蜀，陛辭日，盡疏當時

【一五】彼嘗自言不愛官職　「愛」，稗海本作「受」。

道學諸賢姓名，指爲汝愚之黨，而寧宗亦疑之矣。

知閤劉弼謂侂胄曰：「趙丞相欲專此大功，日引虛名之士以植黨，君豈但不得節鉞，將恐不免嶺海之禍。」侂胄恐甚。會汝愚欲除劉光祖爲侍御史，侂胄知其欲擊己。而上方令近臣舉御史，於是以御筆除大理簿劉德秀爲御史，楊大瀍爲殿院。又罷吴獵，以劉三傑代之，於是言路皆韓黨矣。

先是，汝愚嘗云：「夢孝宗授以湯鼎，背負白龍陞天。」又沈有開嘗在汝愚坐曰：「外間傳嘉王出判福州，許國公判明州，三軍士庶已推戴相公矣。」又徐誼語人曰：「但得趙家一塊肉足矣。」蓋指魏王之子，徐國公柄也。樓鑰行辭免批答，有「親爲伯父，固非同姓之卿」之語。太學生上書，乞尊汝愚爲伯父。周成子言「郎君不令」，田澹謂「寧宗非光宗子」，其説非一端。於是右正言李沐首疏其事，劾汝愚以「同姓居相位，非祖宗典故。方太上聖體不康之時，欲行周公故事。倚虛聲，植私黨，以定策自居，專功自恣」等事。遂罷汝愚相位，出知福州。既而臺臣合奏，罷郡與祠。於是祭酒李祥、博士楊簡、府丞吕祖儉等有疏，太學生周端朝等六人共一書，訴汝愚有大功，不當去位，皆被黜謫。未幾，何澹、胡紘疏：「汝愚唱引僞徒，謀爲不軌。乘龍授鼎，假夢爲符。」且言「與徐誼輩造謀，欲衛送太上過越，爲紹熙皇帝」等事。遂責汝愚永州安置。至衡州而卒。朱熹爲之註《離騷》以寄意焉。敖陶孫題詩於闕門，有「一死固知公所欠，孤忠賴有史長存」之句。

其後葉翥、汪義端交論僞學，而劉三傑以僞黨爲逆黨，凡得罪者五十九人。省部籍記姓名，降詔禁僞學。而直省吏蔡璉告汝愚定策時異謀，賓客所言凡七十紙。欲逮彭龜年、曾三聘、徐誼、沈有開下大理獄，賴范仲藝等力解之乃已。既而侂胄遷太傅，封平原郡王。自此，十年專政，肇開兵端，身殞國危。在侂胄固不足責，而當時諸君子馭之亦失其道，有以致之也。

誅韓本末

嘉泰元年五月，監太平惠民局夏允中，請用文彦博故事，以侂胄爲平章軍國重事。侂胄恐，乞致仕，免允中官。

二年十二月，拜侂胄爲太師，立貴妃楊氏爲皇后。初，恭淑后既崩，椒房虚位，楊貴妃、曹美人皆有寵。侂胄畏楊權數，以曹柔順，勸上立之，上意向楊，侂胄不能奪也。太學生王夢龍，爲后兄次山客，監雜賣場趙汝讜與夢龍爲外兄弟，知其事。於是以侂胄之謀告次山，次山以白后，后由是怨之，始有謀侂胄之意矣。

三年，金國盗起，洊饑，懼我乘隙用兵，於是沿邊聚糧增戍，且禁襄陽府榷場。邊釁之開，蓋自此始。而侂胄久用事，亦欲立奇功以固位。會鄧友龍等廉得北方事以告，而蘇師旦等又從而從臾之。

開禧元年四月，以李義爲鎮江都統，皇甫斌爲江陵都統兼知襄陽。金人以侵掠、增戍、渝盟見責，遂詔内外諸軍密爲行計。七月，侂胄爲平章軍國事，立班丞相上。蘇師旦爲安遠軍節度使，領閤門事。師旦本平江書佐，侂胄頃爲鈐轄日，嘗以爲筆吏，後依韓門。會上登極，竄名藩邸，用隨龍恩得官，驟至貴顯。八月，以殿帥郭倪爲鎮江都統、兼知揚州。

二年，以薛叔似爲湖北京西宣撫使，程松爲四川宣撫使，吴曦爲副使，鄧友龍爲兩淮宣撫使。十二月，金虜使趙之傑、完顔良弼來賀正旦，倨慢無禮。於是以北伐告於宗廟，下詔出師。已而，陳孝慶復泗州，又復虹縣。許進復新息縣，孫成復保信縣【一六】，田琳復壽春府。未幾，王大節攻蔡州，不克軍潰。皇甫斌敗於唐州。秦世輔軍亂於城固縣。郭倬、李汝翼攻宿州，敗績，執統制田俊邁以往。李爽攻壽州，敗。於是誅竄諸將敗事者，更易諸閫。以丘崈爲兩淮宣撫使。分諸將三衙江上之兵，合十六萬餘人，分守江淮要害。既而吴曦遣其客姚淮源獻關外四州之地於金人【一七】，遂封爲蜀王。至此，侂胄始覺爲師旦等所誤，遂罷師旦，除名，送韶州安置，仍籍其家財，賜三宣撫司爲犒軍費。斬郭倬於鎮江，罷程松四川宣撫使。九月，金人陷和尚原。十月，渡淮，圍楚州。十一月，以殿帥郭杲駐真州，以援兩淮。丘崈以簽書開督府。既而圍襄陽，犯盧、和、真、西和州，德安府，陷隨、濠、階、成州，信陽、安豐軍，大散關。郭倪棄揚州走。

【一六】孫成復保信縣　「保」，《宋史》卷四七四《韓侂胄傳》作「褒」。

【一七】既而吴曦遣其客姚淮源獻關外四州之地於金人　「州」原作「川」，據稗海本、學津討原本、涵芬樓本改。

三年正月，丘崈罷，以樞密張岩督視。二月，金人始退師。四川宣撫司、隨軍轉運使安丙及李好義、楊巨源等討吴曦，斬之，四川平。以楊巨源爲四川宣撫使，安丙副之。既而次第復階、鳳、西和州、大散關。四月，遣蕭山縣丞方信孺奉使，通謝金國。六月，安丙殺楊巨源。八月，信孺回白事，言金人欲割兩淮，增歲幣、犒軍金帛，索回陷没及歸正人，又有不敢言者。侂胄再三問之，乃曰：「欲太師首級。」侂胄大怒，坐信孺以私覿物，擅作大臣饋遺虜人，降三官，臨江軍居住。乃以趙淳爲江淮制置使，而用兵之謀復起。再遣監登聞鼓院王柟出使焉。

於是楊次山與皇后謀，俾王子榮王曮入奏，言「侂胄再啓兵端，謀危社稷」，上不答。皇后從旁力請再三，欲從罷黜，上亦不答。后懼事泄，於是令次山於朝行中擇能任事者。時史彌遠爲禮部侍郎、資善堂翊善，遂欣然承命。錢參政象祖嘗以諫用兵貶信州，乃先以召之。禮部尚書衞涇，著作郎王居安，前右司郎官張鎡，皆預其謀。議既定，始以告參政李壁【一八】。

前一日，彌遠夜易服，持文書往來二參第。時外間籍籍有言其事者。一日，侂胄在都堂，忽謂李參曰：「聞有人欲變局面，相公知否？」李疑事泄，面發赤，徐答曰：「恐無此事。」而王居安在館中，與同舍大言曰：「數日之後，耳目當一新矣。」其不密如此。彌遠聞之大懼，然未有殺之之意，遂謀之張鎡。鎡曰：「勢必不兩立，不如殺之。」彌遠撫几

【一八】始以告參政李壁　「壁」原作「璧」，據《宋史》卷三九八《李壁傳》改。下同。

曰：「君真將種也，吾計決矣。」

時開禧三年十一月二日，侂胄愛姬三夫人號「滿頭花」者生辰。張鎡素與之通家，至是移庖侂胄府，酣飲至五鼓。其夕，周筠聞其事，遂以覆帖告變。時侂胄已被酒，視之曰：「這漢又來胡説。」於燭上焚之。初三日，將早朝，筠復白其事，侂胄叱之曰：「誰敢？誰敢？」遂升車而去。甫至六部橋，忽有聲諾於道旁者，問爲何人，曰：「夏震。」時震以中軍統制權殿司公事，選兵三百俟於此。復問：「何故？」曰：「有旨，太師罷平章事，日下出國門。」曰：「有旨，吾何爲不知？必僞也。」語未竟，夏挺、鄭發、王斌等以健卒百餘人，擁其轎以出，至玉津園夾牆内，撾殺之。是夕，彌遠稱有密旨。錢參政欲奏審，史不許曰：「事留，恐泄。」遂行之。是夕，史彷徨立俟門首【一九】，至曉猶寂然，至欲易衣逃去。而宰執皆在漏舍以俟。既而侂胄前騶至，傳呼太師來。錢、李二公疑事泄，皆戰栗無人色。俄而寂不聞聲，久之，夏震乃至，白二公曰：「已了事矣。」錢參政乃探懷中堂帖授陳自强曰：「有旨，太師及丞相皆罷。」陳曰：「何罪？」錢不答，於是揖二公，遂登車去。是夕，使侂胄不出，則事必泄矣。

二參繼赴延和殿奏事，遂以竄殛侂胄聞，上愕然不信。及臺諫交章論列，三日後猶未悟其死。蓋此夕之謀，悉出於中宫及次山等，宫省事秘，不能詳也。遂下詔暴侂胄首開兵端等罪，官籍其家。而夫人張氏、王氏聞變，盡取寶貨碎之。其後二人皆坐徒斷。

【一九】史彷徨立俟門首　「俟」，涵芬樓本作「候」。

夏震爲福州觀察使、主管殿前司公事。斬蘇師旦於韶州，程松賓州，陳自强雷州，郭倪、郭僎皆除名安置，並籍其家。李壁、張嵓皆降官居住。毛自知奪倫魁恩，以首論用兵故也。乃拜錢象祖爲右相，衛涇、雷孝友並參政，史彌遠知樞密院事，林大中簽書院事，楊次山開府儀同三司，賜玉帶。遂以竄殛事，牒報對境。三省以咨目遍遺二宣撫、二制置、十都統，告以上意。諫議大夫葉時請梟首於兩淮，以謝天下，上不許。

時王柟以出使在金虜帳。一日，金人呼柟問韓太師何如人？柟因盛稱其忠賢威略。虜徐以邊報示之曰：「如汝之言，南朝何故誅之？」柟窘懼不能對。於是無厭之求，難塞之請，皆不敢與較，一切許之，以爲脱身計。及歸，乃以金人欲求侂胄函首爲辭，而葉時復有梟首之請，於是詔侍從、兩省臺諫集議。先是，諸公間已有此請【二〇】，上重於施行。至是，林樞密大中、樓吏書鑰、倪兵書思【二一】，皆以爲和議重事，待此而決，姦凶已斃之首，又何足惜？與其亡國，寧若辱國，而倪公主之尤力，且謂在朝有受其恩，欲爲之地者。蓋朝堂集議之時，獨章文莊良能於衆中以事關國體，抗詞力爭。所謂欲爲之地者，指章也。葉清逸《聞見録》云：「良能首建議函首，王介以爲不可。」此非是實。於是遣臨安府副將尹明，斵侂胄棺，取其首，送江淮制置大使司，且以咨目諭諸路宣撫制置等以函首事【二二】。遂命許奕爲通謝使。王柟竟函首以往，且增歲幣之數。

當時識者，殊不謂然。且當是時金虜實已衰弱，初非阿骨打、吴乞買之比。丙寅之

【二〇】諸公間已有此請　「已」，涵芬樓本作「亦」。

【二一】倪兵書思　「書」原闕，據稗海本、學津討原本、涵芬樓本補。

【二二】且以咨目諭諸路宣撫制置等以函首事　「等」原闕，據涵芬樓本補。

冬，淮、襄皆受兵，凡城守者皆不能下。次年，遂不復能出師，其弱可知矣。儻能稍自堅忍，不患不和，且禮秩歲幣，皆可以殺。而當路者畏懦，惟恐稍失其意，乃聽其恐喝，一切從之。且吾自誅權姦耳，而函首以遺之，則是虜之縣鄙也，何國之爲？惜哉！且柟，侂胄所遣，今欲議和，當别遣使，亦不當復遣柟也。至有題詩於侍從宅曰：「平生只説樓攻媿，此媿終身不可攻【一三】。」又詩曰：「自古和戎有大權，未聞函首可安邊。生靈肝腦空塗地，祖父冤讎共戴天。晁錯已誅終叛漢，於期未遣尚存燕。廟堂自謂萬全策，却恐防胡未必然。」又云：「歲幣頓增三百萬，和戎又送一於期。無人説與王柟道，莫遣當年寇準知。」亦可見一時公論也。明年，閤門舍人周登出使過趙州，觀所謂石橋者，已具述其事。紀功勒銘，大書深刻於橋柱矣。金主嘗令引南使觀忠繆侯墓，且釋云：「忠於爲國，繆於爲身。」詢之，乃韓也。和議既成，乃盡復秦檜官爵，以其嘗主和故耳。

余按紹興秦檜主和，王倫出使，胡忠簡抗疏，請斬檜以謝天下，時皆偉之。開禧侂胄主戰，倫之子柟復出使，竟函韓首以請和。是和者當斬，而戰者亦不免於死，一是一非，果何如哉？余嘗以意推之，蓋高宗間關兵間，察知東南地勢、財力與一時人物，未可與爭中原，意欲休養生聚，而後爲萬全之舉。在德壽日，壽皇嘗陳恢復之計，光堯曰：「大哥，且待老者百年後却議之。」蓋可見也。秦檜揣知上意厭兵，力主和議，一時功名之士皆歸罪以爲主和之失。及孝宗鋭意恢復，張魏公主戰，異時功名之士靡然從之，獨史文惠以爲不

【一三】平生只説樓攻媿此媿終身不可攻　兩「媿」字原均作「魏」，據稗海本、學津討原本、涵芬樓本、《宋史》卷三九五《樓鑰傳》改。

然。其後符離潰師，雖府庫殫竭，士卒物故，而壽皇雄心遠慮，無日不在中原。侂冑習聞其說，且值金虜寖微，於是患失之心生，立功之念起矣。殊不知時移事久，人情習故，一旦騷動，怨嗟並起。而茂陵乃守成之君，無意兹事，任情妄動，自取誅僇，宜也。身隕之後，衆惡歸焉，然其間是非，亦未盡然。若《雜記》所載，趙師羼犬吠，乃鄭斗所造以報撻武學生之憤。至如許及之屈膝，費士寅狗竇，亦皆不得志抱私讎者撰造醜詆，所謂僭逆之類，悉無其實。李心傳，蜀人，去天萬里，輕信紀載，疏舛固宜。而一朝信史，乃不擇是否而盡取之，何哉？當泰、禧間，大父爲棘卿，外大父爲兵侍，直禁林，皆得之耳目所接【二四】，俱有家乘、日録可信。用直書之，以告後之秉史筆者。

【二四】皆得之耳目所接　「之」原作「知」，據稗海本、學津討原本、涵芬樓本改。

卷四

避諱

古今避諱之事，雜見諸書，今漫集數條於此，以備攷覽。

蓋殷以前，尚質不諱名，至周始諱，然猶不盡諱。如穆王名滿，定王時有王孫滿之類。至秦始皇諱政，乃呼正月爲征月，《史記·年表》作端月。盧生曰：「不敢端言其過。」秦頌端正法度曰「端直」。皆避政字。

漢高祖諱邦，舊史以邦爲國。惠帝諱盈，《史記》以萬盈數作滿數。文帝諱恒，以恒山爲常山。景帝諱啓，《史記》微子啓作微子開，《漢書》啓母石作開母石。武帝諱徹，以徹侯爲通侯，蒯徹爲蒯通。宣帝諱詢，以荀卿爲孫卿。元帝諱奭，以奭氏爲盛氏。光武諱秀，以秀才爲茂才。明帝諱莊，以老莊爲老嚴，莊助爲嚴助，卞莊爲卞嚴。殤帝諱隆，以隆慮爲林慮。安帝父諱慶，以慶氏爲賀氏。

魏武帝諱操，以杜操爲杜度。蜀後主諱宗，以孟宗爲孟仁。晉景帝諱師，以師保爲保傅，京師爲京都。文帝諱昭，以昭穆爲韶穆，昭君爲明君，《三國志》韋昭爲韋耀。愍帝諱業，以建業爲建康。康帝諱岳，以鄧岳爲鄧岱，山岳爲山岱。齊太祖諱道成，師道淵但言師淵。梁武帝小名阿練，子孫皆呼練爲白絹。隋文帝父諱忠【一】，凡郎中皆去中字，侍中爲侍内，中書爲内史，殿中侍御爲殿内侍御，置侍郎不置郎中，置御史大夫不置中丞，以侍書御史代之，中盧爲次盧。至唐又避太子諱，亦以中郎爲旅賁郎將，中書舍人爲内舍人。煬帝諱廣，以廣樂爲長樂，廣陵爲江都。

唐世宗祖諱丙，故以景字代之，如景科、景令、景子之類，是也。唐祖諱虎，凡言虎，率改爲猛獸，或爲武，如武賁、武林之類。李延壽作《南北史》，易石虎爲石季龍，韓擒虎爲韓擒。高祖諱淵，趙文淵爲文深，淵字盡改爲泉。劉淵爲元海，戴淵爲戴若思。太宗諱世民，唐史凡言世皆曰「代」，民皆曰「人」，如烝人【二】、治人、生人、富人侯之類。民部曰「户部」。高宗諱治，凡言治皆曰「理」，如「至理之主，不代出者」，章懷避當時諱也【三】。陸贄曰「與理同道罔不興」，「脅從罔理」。韓文策問「堯、舜垂衣裳而天下理【四】」，又「無爲而理者，其舜也歟」。睿宗諱旦，張仁亶改仁愿【五】。玄宗諱隆基，太一君基、臣基，並改爲其字。隆州爲閬中，隆康爲普康【六】，隆龕爲崇龕，隆山郡爲仁壽郡。代宗諱豫，以豫章爲鍾陵，蘇預改名源明，以薯蕷爲薯及山藥。德宗諱适，改括州爲處州。憲宗諱純【七】，淳州改爲樂州，韋純改名貫之，之純改名處厚，王純改名紹，陸淳改名質【八】，柳淳改名灌【九】，嚴純改名休復，李行純改名行諶，崔純亮改名行範，程純改名弘，馮純敏改名

【一】隋文帝父諱忠　原作「隨帝諱忠」，據學津討原本、涵芬樓本改。

【二】如烝人　「烝」原作「今」，據學津討原本、涵芬樓本改。

【三】章懷避當時諱也　「懷」原作「環」，據稗海本、學津討原本、涵芬樓本改。

【四】韓文策問堯舜垂衣裳而天下理　「文」原作「元」，據稗海本改。

【五】張仁亶改仁愿　「仁愿」原作「人愿」，據稗海本、學津討原本、涵芬樓本改。

【六】隆康爲普康　「普」原作「晋」，據稗海本、《舊唐書》卷四一《地理志四》改。

【七】憲宗諱純　「純」原作「淳」，據《舊唐書》卷一四《憲宗紀上》、《新唐書》卷七《憲宗紀》改。

約。穆宗諱恒，以恒山爲常山。敬帝諱弘【一〇】，徐弘敏改名有功。□帝諱昆，宋緄，《會要》作宋混。鄭涵避文宗舊諱，改名瀚。武宗諱炎，賈炎改名嵩。宣宗諱忱，韋諶改名損，穆諶改名仁裕。

梁太祖父烈祖名誠【一一】，遂改城曰「牆」。晉高祖諱敬瑭，析敬字爲文氏、苟氏，至漢乃復舊。至本朝避翼祖諱，復析爲文、爲苟。

本朝高宗諱構，避嫌名者，仍其字更其音者，勾濤是也；加金字，鈎光祖是也；加絲字，絇紡是也；加草頭者，苟諶是也；改爲句字者，句思是也；增勾龍者，如淵是也；勾龍去上一字者，大淵是也。已上，皆臣下避君諱也。

吴太子諱和，以和興爲嘉興【一二】。唐高宗太子弘，爲武后所酖，追尊爲孝敬帝，廟曰義宗，弘文館改爲昭文，弘農縣爲恒農，韋弘機但爲機【一三】。李含光本姓弘，易爲李，曲阿弘氏易爲洪，温彦弘遂以大雅字行。晉以毘陵封東海王世子毘，以毘陵爲晉陵。唐避章懷太子賢諱，改集賢爲崇文館之類，皆避太子之諱也。

吕后諱雉，《封禪書》謂「野雞夜雊」。武后諱曌，音照。以詔書爲制書，鮑照爲鮑昭。改懿德太子重照爲重潤，劉思照爲思昭。簡文鄭后諱阿春，以《春秋》爲《陽秋》，富春爲富陽，蘄春爲蘄陽。此避后諱也。

元后父諱禁，以禁中爲省中。武后父諱華，以華州爲太州。韋仁約避武后家諱，改名

【八】陸淳改名質　「淳」原作「純」，「質」原作「執」，據《舊唐書》卷一八九下《陸質傳》改。

【九】柳淳改名灌　「淳」，稗海本作「純」。

【一〇】敬帝諱弘　「帝」原作「宗」，據《舊唐書》卷八六《孝敬皇帝弘傳》、《新唐書》卷八一《孝敬皇帝弘傳》、卷一一三《徐有功傳》改。

【一一】梁太祖父烈祖名誠　「梁」上原有「石」，據稗海本、學津討原本、涵芬樓本删。

【一二】以和興爲嘉興　「和興」，稗海本作「嘉禾」。

【一三】韋弘機但爲機　「韋」原作「諱」，據稗海本、學津討原本、涵芬樓本改。

元忠。竇懷貞避韋后家諱，而以字行。劉穆之避王后家諱【一四】，以憲祖字行，後復避桓温母諱，遂稱小字武生。虞茂避穆后母諱，改名預。本朝章憲太后父諱通【一五】，嘗改通直郎爲同直郎，通州爲崇州，通判爲同判，通進司爲承進司，通奉爲中奉，通事舍人爲宣事舍人，至明道間，遂復舊。此則避后家諱也。

錢王鏐，以石榴爲金櫻，改劉氏爲金氏。楊行密據揚州，州人呼蜜爲蜂糖。趙避石勒諱，以羅勒爲蘭香。高祖父名誠，以武成王爲武明王，武成縣爲武義縣。羊祜爲荆州，州人呼户曹爲辭曹之類，皆避國主、諸侯諱也。

《詩》、《書》則不諱。若文王諱昌，而箕子陳《洪範》曰：「使羞其行，而邦其昌。」厲王諱胡，而宣王時，《詩》曰「胡不相畏」、「胡爲虺蜴」、「胡然厲矣」。《周禮》有「昌本之俎」，《詩》有「鬈發之詠」。《大誥》「弗棄基」，不諱后稷棄字。孔子父叔梁紇，而《春秋》書臧孫紇。成王諱誦，而「吉甫作誦」之句，正在其時，是也。

廟中則不諱。《周頌》祀文、武之樂歌，《雝》曰「克昌厥後」，《噫嘻》曰「駿發爾私」，是也。

臨文則不諱。魯莊公名同，而《春秋》書同盟。襄公名午，而書陳侯午卒。僖公名申，書戊申。定公名宋，書宋人、宋仲幾。《漢書·紀》【一六】，元封詔書有啓母石之言。《刑法志》「建三典以刑邦國」與「萬邦作孚」，韋孟詩「總齊羣邦」，皆不避高祖諱。

【一四】劉穆之避王后家諱　「家」原闕，據稗海本、學津討原本、涵芬樓本補。

【一五】本朝章憲太后父諱通　「憲」，涵芬樓本作「獻」。

【一六】漢書紀　「紀」原作「祀」，據《漢書》卷二五下《郊祀志》、卷六《武帝紀》改。

魏太祖名操，而陳思王有「造白」之句。曹志，植之子，奏議云：「幹植不强。」三國吴時，有「言功以權成」，蓋斥孫權之名。《南史》有「寧逢五虎」及「虎視」之語，則虎字亦不盡避。韓文《潮州上表》云：「朝廷治平日久。」曰：「政治少懈。」曰：「巍巍治功。」曰：「君臣相戒，以致至治。」《舉張行素》云：「文學治行衆所推。」亦不避高宗之諱。又《袁州上表》曰：「顯榮頻煩。」《舉韋顗》曰：「顯映班序。」柳文《樂曲》曰：「羲和顯耀乘清芬。」皆不盡避中宗之諱。韓《賀即位表》曰：「以和萬民。」亦不諱民字，如此類甚多。胡翼之侍講延英日，講《乾卦》元、亨、利、貞，上爲動色，徐曰：「臨文不諱。」伊川講南容三復白圭，内侍告曰：「容字，上舊名也。」不聽。講畢曰：「昔仁宗時，宫嬪謂正月爲初月，餅之蒸者爲炊，天下以爲非。嫌名、舊名，請勿諱。」

邦，國有不諱者。襄王名鄭，而鄭不改封。至於出居其國，使者告於秦、晉曰：「鄙在鄭地。」受晉文公朝，而鄭伯傳。漢和帝名肇，而郡有京兆是也。

嫌名則有避有不避者。韓退之《辯諱》：「桓公名白，傳有五皓之稱；厲王名長，琴有脩短之目。不聞謂布帛爲布皓，腎腸爲腎脩。漢武名徹，不聞諱車轍之轍。」然《史記·天官書》謂之「車通」，此非諱車轍之轍乎？若晉康帝名岳，鄧岳改名爲嶽，此則不諱嫌名也。

二名不偏諱。唐太宗名世民，在位日，戴胄、唐儉爲民部尚書，虞世南、李世勣皆不避。至高宗時，始改民部爲户部，世南已卒，世勣去世字。或云：「卒哭乃諱。」

避諱而易字者。按《東觀漢記》云：「惠帝諱盈之字曰滿，文帝諱恒之字曰常，光武諱秀之字曰茂。」云云。蓋當時避諱，改爲其字之者變也，如卦變爻曰之也。宋朝真宗諱恒，音胡登切。若闕其下畫，則爲恒，又犯徽宗旁諱。後遂併恒字不用，而易爲常，正用前例也。

淮南王安，避父諱長，故淮南書，凡言長悉曰脩。王羲之父諱正，故每書正月爲初月，或作一月，餘則以政字代之。王舒除會稽内史，以祖諱會，以會稽爲鄶稽。司馬遷以父諱談，《史記》中趙談爲趙同子，張孟談爲孟同。范曄父名泰，《後漢書》郭泰爲郭太。李翺祖父名楚今，故爲文皆以今爲兹。杜甫父名閑，故杜詩無閑字。蘇子瞻祖名序，故以序爲敘，或改作引。曾魯公父名會，故避之者以勘會爲勘當。蔡京父名準，改平準務爲平貨務。此皆士大夫自避家諱也。

《史記·李斯傳》言「宦者韓談」，則談字不能盡避。《漢書·爰盎傳》有「上益莊」之文，《鄭當時傳》有「鄭莊千里不齎糧」之類。此不能盡避也。

范曄爲太子詹事，以父名泰，固辭，朝議不許。唐竇曾授中書舍人，以父名至忠，不受。議者以音同字别，乃就職。韋聿遷秘書郎，以父嫌名，换司議郎。柳公綽遷吏部尚書，以祖諱，换左丞。李涵父名少康，爲太子少傅，吕渭劾之。宋朝吕希純，以父名公著，而辭著作郎。富鄭公父名言，而不辭右正言。韓億、絳、縝，家諱保樞，皆爲樞密而不避。此除官有避不避也。

至若後唐，郭崇韜父名弘，以弘文館爲崇文館。建隆間，慕容彦釗、吴廷祚皆拜使相，而釗父名章，廷祚父名璋，制麻中爲改「同爲中書門下平章事」爲「二品」。紹興中，沈守約、湯進之二丞相，父皆名舉，於是改提舉書局爲提領。此則朝廷爲臣下避家諱也。

元稹以陽城驲與陽道州名同【一七】，更之曰避賢驲，且作詩以記之，白樂天和之云：「荆人愛羊祜，户曹改爲詞，一字不忍道，況兼姓呼之。」是也。鄭諴過郢州浩然亭，謂賢者名不可斥，更名孟亭。歙有任昉寺、任昉村，以任所遊之地故也。虞藩爲刺史日，更爲任公寺、任公村。此則後人避前賢名也。

至有君臣同名者。襄王名鄭，衞成公與之同時，亦名鄭。衞侯諱惡，其臣有石惡。宋武帝名裕，褚叔度、王敬弘皆名裕之，謝景仁、張茂度皆名裕。宋明帝名彧，王景文亦名彧。唐玄宗名隆基，劉子玄名知幾。

又有父子、祖孫同名者。周康王名釗，生子瑕是爲昭王。宋明帝名彧，其子後廢帝亦名昱。魏獻文名弘，其子孝文名宏。聲雖相近，而字猶異也。若周厲王名胡，而僖王名胡齊。蔡文侯、昭侯，相去五世，皆名申。魏安同父名屈，同之子亦名屈。襄陽有《處士羅君墓誌》曰：「君諱靖，父靖，學優不仕。」此尤爲可罪也。

【一七】元稹以陽城驲與陽道州名同　「陽道州」原作「楊道州」，據稗海本改。

若桓玄，呼父温曰清【一八】，此不足責。若韓愈，不避仲卿，又何耶？朱温之父名誠，以其類戊字，司天監上言，請改戊己之戊爲武字，此全無義理。如揚都士人名審，沈氏與書，名而不姓，皆誚之者過耳。未如梁謝舉聞家諱必哭【一九】，近世如趙南仲亦然，此亦不失爲孝。

若唐裴德融父諱皐，高鍇爲禮部侍郎，典貢舉。德融入試，鍇曰：「伊父諱皐，而某下就試，與及第，困一生事。」後除屯田員外郎，與同除一人參右丞盧簡。盧先屈前一人，使驅使官傳語曰：「員外是何人下及？第偶有事，不得奉見。」裴倉遽而去。李賀以父名晉肅，終身不赴進士舉，抑又甚焉。

崔殷夢知舉，吏部尚書歸仁晦託弟仁澤，殷夢唯唯，至於三四。殷夢斂色端笏曰：「某見進表，讓此官矣。」仁晦始悟己姓乃殷夢家諱龜從故也。

後唐天成中，盧文紀爲工部尚書，郎中于鄴參文紀，以父名嗣業，與同音，竟不見。鄴憂畏太過，一夕，雉經而死。

楊行密父名怤，與夫同音，改文散諸大夫爲大卿，御史大夫爲御史大卿。至有《興唐寺鍾題誌》云：「金紫光禄大，兼御史大，及銀青光禄大。」皆直去夫字，尤爲可怪。

國朝劉温叟，父名樂，終身不聽絲竹，不遊岱嵩。徐績父名石，平生不用石器，遇石不踐，遇橋則令人負之而過。此皆避諱不近人情者也。

【一八】呼父温曰清　此句，稗海本作「呼人温酒」。

【一九】未如梁謝舉聞家諱必哭　「未」，稗海本、學津討原本作「又」。

至如唐憲宗時，戎昱有詩名，京兆尹李鑾擬以女嫁之【二〇】，令其改姓，昱辭焉。五代有石昂者，讀書好學，不求仕進。節度使符習高其行，召爲臨淄令。習入朝，監軍楊彦朗知留後。昂以公事上謁，贊者以彦朗家諱石，遂更其姓曰右昂。昂趨於庭，責彦朗曰：「吾「内侍奈何以私害公？昂姓石，非右也。」彦朗乃怒【二一】，昂即解官去，語其子曰：「吾本不欲仕亂世，果爲刑人所辱。」宣和中，徐申幹臣，自諱其名，知常州，一邑宰白事，言「已三狀申府，未施行」。徐怒形於色，責之曰：「君爲縣宰，豈不知長吏名，乃作意相侮。」宰亦好犯上者，即大聲曰：「今此事申府不報，便當申監司，否則申户部，申臺，申省，申來申去，直待身死即休。」語罷，長揖而退。徐雖怒，然無以罪之。三人者，皆不肯避權貴之諱以自係其姓名【二二】。

若北齊熊安生者，將通名見徐之才、和士開，二人相對。以之才諱雄，士開諱安，乃稱觸觸生【二三】，羣公哂之。

蔡京在相位日，權勢甚盛，内外官司公移皆避其名【二四】，如京東、京西並改爲畿左、畿右之類。蔡門丁昂避之尤謹【二五】，併禁其家人，犯者有笞責。昂嘗自誤及之，家人以爲言，乃舉手自擊其口。蔡經國聞京閩音，稱京爲經，乃奏乞改名純臣。此尤可笑。

紹聖間，安惇爲從官，章惇爲相，安見之，但稱享而已。

近世方巨山名岳。或謗其爲南仲丞相幕客，趙父名方，乃改姓爲万【二六】。既而又爲

【二〇】京兆尹李鑾擬以女嫁之　「鑾」，涵芬樓本作「鸞」。

【二一】彦朗乃怒　「乃」，稗海本、涵芬樓本作「大」。

【二二】皆不肯避權貴之諱以自係其姓名　「係」，涵芬樓本作「保」。

【二三】乃稱觸觸生　「觸觸」原作「觸」，據稗海本、學津討原本、涵芬樓本改。

【二四】内外官司公移皆避其名　「移」原作「侈」，據稗海本、學津討原本、涵芬樓本改。

【二五】蔡門丁昂避之尤謹　「丁」，稗海本、學津討原本、涵芬樓本作「下」。

【二六】乃改姓爲万　「万」原作「方」，據稗海本、涵芬樓本改。

丘山甫端明屬，丘名岳，於是復改名爲方山【二七】，遂止以爲過焉【二八】。

善乎胡康侯之論曰：「後世不明《春秋》之義，有以諱易人姓者，易人名者。愚者迷禮以爲孝；諂者獻佞以爲忠。忌諱繁，名實亂，而《春秋》之法不行矣。」

方巨山爭體統

賈師憲淳祐己酉歲爲湖廣總領【二九】。時方岳巨山知南康軍。一日，總所綱運經從星江。押綱軍卒驕悍繹騷，市民橫遭其禍者甚衆。巨山大不能堪，遂擒數輩斷治之。賈公聞之，移文詰問，且追本軍都吏，巨山於是就判公牒云：「總領雖大，湖廣之尊；南康雖微，江東列郡。當職奉天子命來牧是邦，初非總領之幕客，亦非湖廣之屬郡。軍無紀律，騷動吾民，國有常刑，合從斷遣，此守臣職也，於都吏何與焉！牒報。」賈公得牒，不勝其憤，遂申朝廷，乞行按劾，於是朝廷兩易郡武以避之【三〇】。去郡日，有士人作大旗，書一詩以送之，曰：「秋厓秋壑兩般秋，湖廣、江東事不侔。直到南康論體統，江西自隔兩三州。」

曝日

袁安卧負暄，令兒搔背，曰：「甚快人意。」趙勝負暄風檐，候樵牧之歸。故杜詩云

【二七】於是復改名爲方山　「方」，稗海本、學津討原本作「巨」。

【二八】遂止以爲過焉　「止」，稗海本、學津討原本作「指」。

【二九】賈師憲淳祐己酉歲爲湖廣總領　「領」原作「餉」，據稗海本、學津討原本、涵芬樓本改。

【三〇】於是朝廷兩易郡武以避之　「兩」，稗海本、學津討原本、涵芬樓本作「俾岳」。「郡」，學津討原本、涵芬樓本作「邵」。

「負暄候樵牧」，又云「負暄近牆壁」。又《西閣曝日》云：「凜冽倦玄冬，負暄嗜飛閣。」又云：「毛髮且自和，肌膚潛沃若。太陽信深仁，衰氣歘有託。欹傾煩注眼【三一】，容易收病脚。」樂天《負日》詩云：「杲杲冬日出，照我屋南隅。負暄閉目坐，和氣生肌膚。初似飲醇醪，又如蟄者蘇。外融百骸暢，中適一念無。曠然忘所在，心與虚空俱。」此皆深知負暄之味者也。

冬日可愛，真若可持獻者。晁端仁嘗得冷疾，無藥可治，惟日中炙背乃愈。周邦彦嘗有詩云：「冬曦如村釀，奇温止須臾，行行正須此，戀戀忽已無。」

余嘗於南灤作小日閣【三二】，名之曰獻日軒。幕以白油絹，通明虚白，盎然終日，四體融暢，不止須臾而已。適有客戲余曰：「此所謂天下都綿襖者。」相與一笑。後見何斯舉《黄綿襖子歌》，序曰：「正月大雨雪，十日不已。既晴，鄰舍相呼負日，曰：『黄綿襖子出矣。』」乃知古已有此語。然王立之亦嘗名日窗爲大裘軒。謝無逸爲賦詩曰【三三】：「小人拙生事，三冬卧無帳，忍寒東窗底，坐待朝曦上。徐徐晨光熙，稍稍血氣暢，薰然四體知，一作「和」。恍若醉春釀。此法秘勿傳，不易車百輛，君胡得此法，開軒亦東向。蘇公名大裘，意豈在萬丈，但觀名軒心，人人如挾纊。」

陶隱居《清異録》載開元時，高太素隱商山，起六逍遥館，各製一銘。其三曰《冬日初出》，銘曰：「折膠墮指，夢想負背，金鑼騰空，映檐白醉。」樓攻媿嘗取白醉二字以名

【三一】欹傾煩注眼　「欹」原作「歌」，據稗海本、學津討原本、涵芬樓本改。

【三二】余嘗於南灤作小日閣　「灤」，稗海本、學津討原本作「欒」。

【三三】謝無逸爲賦詩曰　「賦」原作「識」，據稗海本、學津討原本、涵芬樓本改。

閣【三四】，陳進道爲賦詩，攻媿次之云：「處世難獨醒，時作映檐醉。年少足裘馬，安知老夫味。天梳與日帽，且復供酒事。謫居幸三適【三五】，得此更慙愧。向來六逍遥，特書見清異。君家老希夷，相求諒同氣。曲身成直身，朝寒俄失記。醉中知其天，不飲乃同意。書生暫奇一作「寄」。温，難語純綿麗。」洪駒父亦有《大裘軒》詩。

經驗方

喉閉之疾，極速而烈。前輩傳帳帶散，惟白礬一味，然或時不盡驗。辛丑歲，余侍親自福建還，沿途多此症，至有闔家十餘口，一夕併命者。道路蕭然，行旅惴惴。及抵南浦，有老醫教以用鴨嘴、膽礬研細，以釅醋調灌，歸途恃以無恐，然亦未知其果神也。及先子守臨汀日，鈐下一老兵素愿謹，忽垂泣請告曰：「老妻苦喉閉，絶水粒者三日，命垂殆矣。」偶藥笈有少許，即授之，俾如法用。次日，喜拜庭下云：「藥甫下咽，即大吐，去膠痰凡數升，即差【三六】。」其後凡治數人，莫不立驗。然膽礬難求真者，養生之家，不可不預儲以備用也。

熊膽善辟塵。試之之法，以淨水一器，塵羃其上，投膽粟許，則凝塵豁然而開。以之治目障翳，極驗。每以少許淨水略調開，盡去筋膜塵土【三七】，入冰腦一二片，或淚痒，則加生薑粉些少【三八】，時以銀筯點之【三九】，絶奇。赤眼亦可用，余家二老婢，俱以此奏效。

【三四】樓攻媿嘗取白醉二字以名閣　「媿」原作「魏」，據稗海本、學津討原本、涵芬樓本改。下同。

【三五】謫居幸三適　「居」原作「君」，據稗海本、學津討原本、涵芬樓本改。

【三六】即差　「差」，涵芬樓本作「瘥」。

【三七】盡去筋膜塵土　「去」原闕，據稗海本、涵芬樓本補。

【三八】則加生薑粉些少　「少」原作「小」，據稗海本、學津討原本、涵芬樓本改。

【三九】時以銀筯點之　「銀」，涵芬樓本作「銅」。

辛酉夏，余足瘍發於外臁，初甚微，其後浸淫。涉秋徂冬，不良於行。凡敷糝膏濯之劑，嘗試略遍，痛癢雜作，大妨慶酬。一日，友人俞和父見過，怪其蹣跚，舉以告之。和父笑曰：「吾能三日已此疾。法當先以淡虀水滌瘡口，浥乾；次用局方駐車丸研極細，加乳香少許，乾糝之，無不立效。」遂如其説用之，數日良愈。蓋駐車丸本治血痢滯下，而此瘡亦由氣血凝注所成。醫者，意也。古人處方治疾，其出人意表如此丸。其後莫子山傳治痢杜僧丸【四〇】，亦止是一膏藥【四一】，用有奇驗，亦此意也。

用事切當

淳熙中，孝宗及皇太子朝上皇於德壽宮，置酒賦詩爲樂，從臣皆和。周益公詩云：「一丁扶火德，三合鞏皇基。」蓋高宗生於大觀丁亥，孝宗生於建炎丁未，光宗生於紹興丁卯故也。陰陽家以亥、卯、未爲三合，一時用事，可謂切當。

其後楊誠齋爲光宗宮僚，時寧宗已在平陽邸，其《賀壽》詩云：「祖堯父舜真千載，禹子湯孫更一家。」又云：「天意分明昌火德，誕辰三世總于年。」蓋祖益公語也。

嘉熙己亥四月【四二】，誕皇子，告廟祀文【四三】，學士李劉功甫當筆【四四】，内用四柱作一聯云：「亥年巳月，無長蛇封豕之虞；午日丑時，有歸馬牧牛之喜。」蓋時方有蜀擾。其用事可謂中的，然或者則謂失之俳耳。

【四〇】其後莫子山傳治痢杜僧丸　「杜僧」，稗海本、學津討原本作「社襘」。

【四一】亦止是一膏藥　「膏」，稗海本、學津討原本作「味」。

【四二】嘉熙己亥四月　「己」原作「乙」，據稗海本、學津討原本改。

【四三】告廟祀文　「祀」，稗海本、學津討原本作「祝」。

【四四】學士李劉功甫當筆　「甫」原作「府」，據稗海本、學津討原本改。

楊府水渠

楊和王居殿巖日，建第清湖洪福橋，規製甚廣。自居其中，旁列諸子四舍，皆極宏麗。落成之日，縱外人遊觀。一僧善相宅，云：「此龜形也，得水則吉，失水則凶。」時和王方被殊眷，從容聞奏，欲引湖水以環其居。思陵首肯曰：「朕無不可，第恐外庭有語，宜密速爲之。」退即督濠寨兵數百，且多募民夫，夜以繼晝。入自五房院，出自惠利並，蜿蜒縈繞，凡數百丈，三晝夜即竣事。

未幾，臺臣果有疏言擅灌湖水入私第，以擬宮禁者。上曉之曰：「朕南渡之初，虜人退而羣盜起。遂用議者羈縻之策，刻印盡封之。所有者，止淮、浙數郡耳。會諸將盡平羣盜，朕因自誓，除土地外，凡府庫金帛，俱置不問。故諸將有餘力以給泉池園圃之費。若有平盜之功言之，雖盡以西湖賜之，曾不爲過。況此役已成，惟卿容之。」言者遂止。

既而復建傑閣，藏思陵御劄，且揭上賜「風雲慶會」四大字於上。蓋取大龜昂首下視西湖之象，以成僧説。自此百餘年間，無復火災，人皆神之。至辛巳歲，其家捨閣於佑聖觀，識者謂龜失其首，疑爲不祥。次年五月，竟燬延燎，潭潭數百楹，不數刻而盡，益驗燬閣之禍云。

潘庭堅王實之

庚子辛丑歲，先君子佐閩漕幕時【四五】，方壺山大琮爲漕，臞軒王邁實之與方爲年家，氣誼相好。用此，實之留富沙之日多，而壺山資給亦良厚，然亦僅資一時飲博之費耳。籍中有吴宜者，王所狎也。一日，三司燕集，大合樂於公廳。吴方舞遍，實之被酒，直造舞筵，攜之徑去，旁若無人，一座爲之愕然。壺山起謝曰：「此吾狂友王實之也。」時以爲奇事。

實之，莆人。登甲科，甚有文名，落魄不羈。爲正字日，因輪對，及故相擅權。理宗宣諭曰：「姑置衛王之事。」邁即抗聲曰：「陛下一則曰衛王，二則曰衛王，何容保之至耶？」上怒不答，徑轉御屏，曰：「此狂生也。」邁後歸鄉里，自稱「敕賜狂生」。嘗有詩云：「未知死所先期死，自笑狂生老更狂。」又賦《沁園春》曰：「狂如此，更狂狂不已。」押赴瓊崖。

同時富沙人紫巖潘牥庭堅，亦以豪俠聞，與實之不相下。庭堅初名公筠，後以紹歲乞靈南臺神【四六】，夢有持方牛首與之，遂易名爲牥。殿試第三人，跌宕不羈，傲侮一世。爲福建帥司機宜文字日，醉騎黄犢，歌《離騷》於市，人以爲仙。嘗約同社友劇飲於南雪亭梅花下，衣皆以白。既而盡去寬衣，脱帽呼嘯。酒酣客散，則衣間各濃墨大書一詩於上

【四五】先君子佐閩漕幕時　「閩」原作「閫」，據稗海本、學津討原本、涵芬樓本改。

【四六】後以紹歲乞靈南臺神　「紹」，稗海本作「詔」。

矣。衆皆不能堪。

居無何，同社復置酒瀑泉亭。行令曰：「有能以瀑泉灌頂，而吟不絕口者，衆拜之。」庭堅被酒豪甚，竟脱巾髽髻，裸立流泉之衝，且高唱《濯纓》之章。衆因謬爲驚歎，羅拜以爲不可及，且舉詩禪問答以困之，潘氣略不懾，應對如流，然寒氣已深入經絡間矣。歸則卧病而殂【四七】。既不得年，又以戲笑作孽，不自貴重，聞者惜之。

庭堅才高氣勁，讀書五行俱下，終身不忘。作文未嘗視草，尤長於古樂府。年六七歲時，嘗和人詩云：「竹纔生便直，梅到死猶香。」識者已知其不永。其論巴陵一疏，至今人能誦之，以此終身坎壈焉。劉潛夫志其墓云：「公論如元氣兮，入人之肝脾。有一時之榮辱兮，有千載之是非。昔在有周兮，觀孟津之師。於扣馬之諫兮，曰扶而去之。彼八百國之同兮，不能止一士之異。嗚呼！此所謂世教兮，所謂民彝。」正謂此也。

余少侍先君子，皆嘗識之，轉眼今五十年矣。

【四七】歸則卧病而殂　「則」，稗海本、學津討原本作「即」。

卷五

四皓名

四皓之名，見於《法言》。《漢書》、《樂書》多不同，前輩嘗辨之。王元之在汝日，以詩寄畢文簡曰：「未必頸如樗里子，定應頭似夏黄公。」文簡謂綺里季夏，當爲一人，黄公則别一人也。杜詩云：「黄、綺終辭漢。」王逸少有《尚想黄綺帖》。陶詩云：「黄、綺之南山。」又云：「且當從黄、綺。」《南史》，阮孝緒辭梁武之召云：「周德雖興，夷、齊不厭薇蕨；漢道方盛，黄、綺無悶山林。」蓋各以首一字呼之。於是元之遂改此句，後皆以文簡爲據。然漢刻四皓神坐，一曰園公，二曰綺里季，三曰夏黄公，四曰甪里先生。按《三輔舊事》云：「漢惠帝爲四皓作碑。」當時所鐫，必無誤書，然則元之所用非誤也。蓋昔人論四皓，或云園、綺，或云綺、夏，亦未必盡舉首一字。或淵明自讀作「綺里季、夏」，亦不可知。周夔曰：「追綺、季之迹。」《世説》曰：「綺季，東園公，夏黄公，甪里先生，謂之四皓。」《姓書》有綺里先生，季，其字也。是則爲夏黄公，益可信矣。

按《風俗通》紀，楚鬻熊之後爲圈。鄭穆公之子圈，其後爲姓。至秦博士逃難，乃改爲園。《陳留風俗記》乃圈稱所撰，蓋圈公自是秦博士。周庚以嘗居園中，故謂之園公。《陳留志》謂圈公名秉字宣明。蔡伯喈集有圈典，魏有圈文生，皆其後也。

古字禄與甪字通用，故《樂書》作鹿。鄭康成於《禮書》，甪皆作禄。《陳留志》則文作用【一】，唐李涪嘗辨之矣。然《史記·留侯世家》註云：「東園公姓庚，以居園中，因以爲號。夏黄公姓崔名廣字少通，齊人，隱居夏里，故號夏黄公。甪里先生，河内人，太伯之後，姓周名術字元道。京師號曰霸上先生，一曰甪里先生。」此又何邪？又《吴俗紀》云：「先生吴人，姓周氏。今太湖中有禄里村，甪頭寨，即先生逃秦聘之地。」《韓詩》：「虎有爪兮牛有角，虎可搏兮牛可觸。」蔡氏註：「角、觸，協音也【二】。」淳化中，崔偓佺判國子監，有字學。太宗問曰：「李覺嘗言四皓中一人姓甪，或云用上加一撇，或云用上加一點，果何音？」偓佺曰：「臣聞刀下用乃榷音，兩點下用乃鹿音。用上一撇一點，俱不成字。」然甪里作角里，亦非也。後漢有甪善叔，乃讀作覺音，何邪？

作文自出機杼難

曾子固熙寧間守濟州，作北渚亭，蓋取杜陵《宴歷下亭》詩「東藩駐皂蓋，北渚陵清河」之句。至元祐間，晁無咎補之繼來爲守，則亭已頽毁久矣。補之因重作亭，且爲之記。記成，疑其步驟開闔類子固《擬峴臺記》，於是易而爲賦，且自序云：「或請爲記，答

【一】陳留志則文作用　「文」，稗海本、學津討原本、涵芬樓本作「又」。

【二】角觸協音也　「角」原作「甪」，據稗海本、學津討原本、涵芬樓本改。

曰：『賦，可也。』」蓋寓述作之初意云。然所序晉、齊攻戰，三周華不注之事，雖極雄贍，而或者乃謂與坡翁《赤壁》所賦孟德、周郎之事略同，補之豈蹈襲者哉！大抵作文欲自出機杼者極難，而古賦爲尤難。惟陳言之務去，戛戛乎其難哉！雖昌黎亦以爲然也。

端平入洛

端平元年甲午，史嵩之子申開荆湖閫，遂與孟珙合韃兵夾攻蔡城，獲亡金完顏守緒殘骸以歸。乃作露布以誇耀一時，且繪八陵圖以獻，朝廷遂議遣使脩奉八陵。時鄭忠定丞相當國，於是有乘時撫定中原之意。會趙葵南仲、范武仲、全子才三數公，惑於降人谷用安之説，謂非扼險無以爲國，於是守河據關之議起矣。

乃命武仲開閫於光、黄之間，以張聲勢，而子才合淮西之兵萬餘人赴汴。六月十二日離合肥，十八日渡壽州，二十一日抵蒙城縣。縣有二城相連，背渦爲固，城中空無所有，僅存傷殘之民數十而已。沿途茂草長林，白骨相望，蝱蠅撲面，杳無人踪。二十二日至城父縣，縣中有未燒者十餘家，官舍兩三處，城池頗高深，舊號小東京云。二十四日入亳州，總領七人出降。城雖土築，尚堅。單州出戍軍六百餘人在内，皆出降。市井殘毁，有賣餅者云：「戍兵暴横，亳人怨之。前日降韃，今日降宋，皆此軍也。」遂以爲導，過魏真縣、城邑縣、太康縣，皆殘毁無居人。七月二日，抵東京二十里劄寨，猶有居人遺跡，及桑棗園。初五日，整兵入城。行省李伯淵先期以文書來降，願與谷用安、范用吉等結約。至是，乃殺所立大王崔立，率父老出迎，見兵六七百人。荆棘遺骸，交午道路，止存民居千餘家，故宮及相國寺佛閣不動而已。

黄河南舊有寸金堤，近爲北兵所決，河水淫溢。自壽春至汴，道路水深有至腰及頸處，行役良苦，幸前無敵兵，所以能盡進至此。子才遂駐汴，以俟糧夫之集，而潁川路鈐樊辛、路分王安亦以偏師下鄭州。二十日，趙文仲以淮東之師五萬，由泗、宿至汴，與子才之軍會焉。因謂子才曰：「我輩始謀據關守河，今已抵汴半月，不急趣洛陽、潼關何待邪？」子才以糧餉未集對，文仲益督趣之，遂檄范用吉提新招義士三千【三】，樊辛提武安軍四千，李先提雄關軍二千，文仲亦以胡顯提雄關軍四千，共一萬三千人。命淮西帥機徐敏子爲監軍，先令西上，且命楊義以廬州强勇等軍一萬五千人繼之，各給五日糧。諸軍以糧少爲辭，則諭之以陸續起發。於是敏子領軍，以二十一日啓行，且令諸軍以五日糧爲七日食，蓋懼餉饋或稽故也。

至中牟縣，遂遣其客戴應龍回汴趣糧。且與諸將議【四】，遣勇士諭洛，獨胡顯議爲不合。敏子因命顯以其所部之半，以扼河陰。二十六日，遣和州寧淮軍正將張迪，以二百人潛赴洛陽。至夜，踰城大譟而入，城中寂然無應者。蓋北軍之戍洛陽者，皆空其城誘我矣。逮晚，始有民庶三百餘家登城投降。二十八日，遂入洛城。二十九日，軍食已盡，乃

【三】遂檄范用吉提新招義士三千　「義」原作「議」，據稗海本、學津討原本改。

【四】且與諸將議　「與」原作「如」，據稗海本、學津討原本改。

採蒿和麵作餅而食之。

是晚，有潰軍失道，奔迸而至，云：「楊義一軍，爲北兵大陣衝散。今北軍已據北牢矣。」葢楊義至洛東三十里，方散坐蓐食，忽數百步外，山椒有立黄紅繖者，衆方駭異，而伏兵突起深蒿中，義倉卒無備，遂致大潰，擁入洛水者甚衆，義僅以身免。於是在洛之師，聞而奪氣。

八月一日，北軍已有近城下寨者，且士卒飢甚，遂殺馬而食。敏子與諸將議進止，久之，無他策，勢須回師。遂遣步軍兩項往刼東西寨，自提大軍濟洛水而陣。北軍衝突，堅勿動。初二日黎明，北軍以團牌擁進接戰，我軍分而爲三，併殺四百餘人，奪團牌三百餘，至午不解。而軍士至此四日不食矣，始議突圍而東。會范用吉下歸順人楚玠者獻策曰：「若投東，則正值北軍大隊，無噍類矣。若轉南登封山，由均、許走蔡、息，則或可脱虎口耳。」事勢既急，遂從之。北軍既知我遁，縱兵尾擊，死傷者十八九。敏子中流矢，傷右胯幾殆，所乘馬死焉。徒步間行，道收潰散，得三百餘人。結陣而南，經生界團結砦柵，轉鬬而前。凡食桑葉者兩日，食梨棗者七日【五】，乃抵浮光。樊顯、張廸死焉。

敏子前所遣客戴應龍，自汴趣糧赴洛，至半道，逢楊義軍潰卒，知洛東喪衂之耗，遂馳還汴，白南仲、子才。二公相謂曰：「事勢如此，我輩自往可也。」帥參劉子澄則以爲無益。抵暮，下令促裝。翌日昧爽起發【六】，衆皆以爲援洛，而前旌已出東門，始知爲班

【五】食梨棗者七日　「棗」，涵芬樓本作「蕨」。

【六】翌日昧爽起發　「翌日」，稗海本作「二十五日」。

師焉。

是役也，乘亡金喪亂之餘，中原俶擾之際，乘機而進，直抵舊京，氣勢翕合，未爲全失。所失在於主帥成功之心太急，入洛之師無援，糧道不繼，以致敗亡，此殆天意。後世以成敗論功名，遂以貪功冒進罪之，恐亦非至公之論也。此事得之當時隨軍幕府日紀，頗爲詳確。近於忠信嘗編《三京本末》，與此互有同異焉。

端平襄州本末

趙忠肅公方，開閫荆襄日久，軍民知其威聲。端平甲午冬，朝廷以其子范武仲爲荆湖制置大使，鎮襄陽，蓋欲其紹世勳，作藩屏也。至郡，則倚王旻、樊文彬、李伯淵【七】、黄國弼數人爲腹心，朝夕酣狎，了無上下之序。民訟邊瑣【八】，一切廢弛。且諸將不能協濟，反自相忌嫉。而一時幕府，亦袖手坐觀成敗而已【九】。

乙未五月，唐州守楊侁稟議，因言本州統制軍馬郭勝有異志。蓋楊、郭有隙非一日矣。楊之來，郭已疑之。及楊受犒歸，趙乃以檄召郭勝，於是郭之反謀始決。六月二日，趙下令以襄陽簿廳置勘院，將以勘郭勝也。先是，趙幕客蔣應符往司唐州，遂泄其謀於郭。初六日，乘楊侁朝拜天貺節，遂閉城，率衆射死侁於涼轎中。凡回易錢之在州者千餘萬【一〇】，皆掠取之。且下令曰：「百姓及忠義軍大軍之屯戍在城者，皆不殺。」即密遣人

【七】李伯淵　「淵」原作「潤」，據《宋史》卷四一七《趙葵傳》改。

【八】民訟邊瑣　「瑣」，稗海本、學津討原本、涵芬樓本作「備」。

【九】亦袖手坐觀成敗而已　「亦」，涵芬樓本作「又」。

【一〇】凡回易錢之在州者千餘萬　「州」，涵芬樓本作「司」。「千」，學津討原本作「十」。

求北援。

初七日，反報至襄陽，時制閫諸客，方命妓宴趙楷於城西檀溪，趙忽急召兩制機議事，時趙括夫瑞州人，以制幹權，章清孫以襄倅權，始知唐州之事已泄。初八日，命忠衛都統江海領兵。初九日，先鋒行兵號二萬。又命隨州守臣全子才節制諸項捕賊軍馬，攝棗陽軍劉子澄策應，趙楷監軍。三人者，皆以西師之敗鐫責，趙欲於此立功，以爲復官之地。

七月二日，北軍至唐州、棗林，全、劉聞之遁去。先又調德安守王旻策援，亦不至，反俱以捷聞。全、王至襄，凡痛飲半月而回。既而探報益急，寇已半渡黄河。而王旻歸德安，以黄州克敵軍叛即李藏器之軍留黄陂上者。德安境，遣人招納四千八百餘人，意欲沮撓淮西制帥楊恢，趙欣然從之。九月十日，聞王旻帶所納叛軍來，襄人疑其反覆不常，而未如之何。趙忽令諸門不許出一人一擔，而所置緝捕司帶行人孫山等察探，變是爲非，於是襄人愈側足矣。廿三日，棗陽告急，趙復不遣援兵，自此，京西諸郡俱叛。十一月一日，北軍首領傣盞至襄陽江北對壘，不戰而敗。遣李師古持書與趙，趙不啓封，焚之。十一日，北哨入南關，即追逐，斬守關趙寧以徇。十九日，北騎至襄陽城下，約六七千人，下寨於檀溪山。二十日，戰於上閘口。余哲軍敗，喪數千人，再戰，勝之。廿一日，北軍始退。十二月，北軍自峽州回，戰於江北樊城。我師少勝，則以大捷聞。

自十月初下令清野，凡襄四境民居竹木無孑遺。至是，物價踊貴，諸將日飲。亡何，用散樂段得仙者佐歡，繞城躍馬，殊不介意。二月五日，始遣王旻帶克敵軍往均州光化軍巡邏，逗遛不進，僅至小樊，乃以收復兩郡捷聞。

是日，朝廷遣鎮江都統李虎，號無敵軍，偕光州都統王福所部軍，至襄策應，而克敵軍不能自安矣，趙遂急遣王旻避之。趙出城迓虎，虎傳朝廷宣諭之命，趙涕泣謝恩，乃對虎慷慨，共釂十餘大觥以歸。無敵軍即宣言欲剿除克敵，云：「不因你瞞番人在此，如何我瞞四千里路來。」十四日，王旻回，趙令戍郢州，旻恃平日媟狎，不從，必欲入城。十六日，下令大宴，犒諸制領。於是克敵愈疑，公出怨言，襄人愈皇皇矣。有以其言密告趙内機檢者，趙之姪。宴遂中止。二十日，止宴李虎、王旻、王福、楊茂先【一一】。李伯淵、黄光弼【一二】、夏全於府，大醉極歡，達旦而罷。廿一日，克敵軍往南門燒紙，蓋合謀也。夜二鼓，縱火於市東竹竿巷口，及於諸處縱火發喊，搶入制府轅門，爲門内軍射殺二人，復至東市刼掠，擐甲露刃，不許救撲【一三】。至廿二日火方熄【一四】。趙帥於南門城上呼王旻詰問，李虎適在旁，云：「好斬。」言未脱口，而旻首已斷，身皆分裂矣。趙遂下令，凡背心有紅月號者皆斬，克敵軍號也。於是刀刃亂下，死者多無辜，然叛軍未盡剿也。未時，火復自南門起，凡官民之居，一爇而空。漕使李伯度、教官羅叔度兩家避難東城上，亦爲叛軍焚殺。廿三日，遣李伯淵往江北剿殺叛軍，未回，克敵軍遂殺其家，因乘亂刼掠居民尤酷。趙帥於是先焚其父威惠廟，遂同李虎、黄國弼、夏全及回回四人，潛出西門，失去制司印。

【一一】楊茂先　涵芬樓本作「楊茂」。

【一二】黄光弼　「光」，學津討原本、涵芬樓本作「國」。

【一三】不許救撲　「撲」，涵芬樓本作「援」。

【一四】至廿二日火方熄　「二」原作「三」，據稗海本改。

城中久之方覺，遂皆狼狽奔逃而出矣。

是日，江北忠衛軍亦反【一五】。趙至荆州，復遣都統江海戍荆門。有軍校獲制司印來獻，趙補以統領之職。是時叛亂相仍，趙乃嚴刑以安反側。於教場後掘地方三丈，深二丈，以石作窗爲地牢，上覆以土，下施杻械，懸梯而下，以準遣胡翀主之。

大抵襄州之禍，萌於趙武仲之來，成於王旻招納克敵軍，激於李虎無敵軍之至。自岳武穆收復，凡一百三十年，生聚繁庶，不減昔日。城池高深，甲於西陲。一旦灰燼，禍至慘也。

先是，郡廳相對，有雅歌樓，雄麗特甚。一日，趙方坐衙，忽覩樓中妓女人物雜遝宴飲。趙怒，以爲僚屬置宴，略不避忌。亟遣人覘之，則樓門扃鐍甚嚴，凝塵滿室，識者已疑其不祥。章叔恭時爲倅，一夕，坐中堂閱案牘，至夜分，忽若有人自後呼之曰：「快去！快去！此地不久也。」心疑之而未深信，越月而亂作。蓋知禍患有定數，鬼神固已先知矣。此事皆章叔恭得之目擊云。

趙氏靈壁石

趙邦永，本姓李，李全將也。趙南仲愛其勇，納之，改姓趙氏。入洛之師，實爲統軍。嘗過靈壁縣，道旁奇石林立，一峰巍然，峭崒秀潤。南仲立馬旁睨，撫玩久之。後數年家

【一五】江北忠衛軍亦反　「忠」原作「中」，據稗海本、學津討原本、涵芬樓本改。

居，偶有以片石爲獻者，南仲因詑諸客以昔年符離所見者。邦永時適在旁，聞語即退。纔食頃，數百兵舁一石而來，植之庭間，儼然馬上所見也。南仲駭以爲神，扣所從來，則云：「昔年相公注視之際，意謂愛此，隨命部下五百卒輦歸，而未敢獻【一六】。適聞所言，始敢以進。」南仲爲之一笑。

南園香山

事有一時傳譌，而人競信之者，閲古之敗，衆惡皆歸焉。然其間率多浮誕之語，抑有乘時以醜名惡聲【一七】，以詆平日所不樂以甘心者，如犬吠村莊等事是也。姑以《四朝聞見録》所載一事言之。謂蜀帥獻沉香山【一八】，高五丈，立之南園凌風閣下。今慶樂園，即昔之南園也。所謂香山，尚巍然立於閣前，乃枯枿耳，初非沉香也。推此以往，人言未可盡信也如此【一九】。余嘗戲賦絶句云：「舊事凄凉尚可尋，斷碑閑卧草深深。凌風閣下槎牙樹，當日人疑是水沉。」

李泌錢若水事相類

李泌在衡嶽，有僧明瓚號嬾殘。泌察其非凡，中夜潛往謁之。嬾殘命坐，撥火中芋以啗之，曰：「勿多言，領取十年宰相。」《李泌家傳》及《甘澤謡》。

【一六】而未敢獻　「未」原作「來」，據稗海本、學津討原本、涵芬樓本改。

【一七】抑有乘時以醜名惡聲　「聲」原作「身」，據稗海本、學津討原本、涵芬樓本改。

【一八】謂蜀帥獻沉香山　「帥」原作「師」，據稗海本、學津討原本、涵芬樓本改。

【一九】人言未可盡信也如此　「此」原闕，據涵芬樓本補。

錢若水爲舉子時，見陳希夷於華山。希夷曰：「明日當再來。」若水如期往，見一老僧與希夷擁地爐坐。僧熟視若水久之，不語，以火箸畫灰，作「做不得」三字，徐曰：「急流勇退人也。」若水辭去。後爲樞密使【二〇】，年才四十致仕。老僧者，麻衣道者也。《邵氏聞見録》。

又若水謁華山陳摶，曰：「目如點漆，黑白分明，當作神仙。」有紫衣老僧曰：「不然。他日但能富貴，急流中勇退人也。」《明道雜誌》。

又若水謁陳希夷，曰：「子神清氣一，可致神仙。」遂招白閣道者決之，乃以爲不然。《畫墁録》。

又法雲佛國禪師惟白，傳康節《易》學甚精熟，未嘗語人。元符辛巳，鄭達夫以大宗丞召佛國，即招達夫飲，併約妙應大師伯華同席。顧妙應曰：「如何？」妙應曰：「決作，決作。」佛國乃語達夫曰：「君異日必爲相，直待蔡元長、張天覺顛沛之後，即爰立矣。」已而果然。《鑑堂遺事》。

已上數説，皆同而微異，豈即一事演而爲數説乎？大抵近世雜説，率多勸人，不可盡信，故余表而出之。

【二〇】後爲樞密使　「使」原作「副使」，據稗海本、《宋史》卷二六六《錢若水傳》改。

用事偶同

歐陽公《非非堂記》曰：「是是近乎諂，非非近乎訕，不幸而過，寧訕無諂。」坡翁爲劉壯輿作《是是堂》詩云：「閒燕言仁義，是非安可無；　非非義之屬，是是仁之徒；　非非近乎訕，是是近乎諛。」

子由《彈吕惠卿章》云：「放麑，違命也，推其仁則可以託國；　食子，徇君也，推其忍則至於弑君。」山谷《懷半山老人》詩云：「啜羹不如放麑，樂羊終愧巴西。」其意葢指惠卿也。

二公豈相蹈襲者邪？　其用事造語，若出一轍，而不以爲嫌也。然《韓非子》所載放麑乃是西巴，恐一時偶誤耳。

方翥

莆田方翥試南宫，第三塲欲出納卷，有物礙其足，視之則，一卷子，止有前二篇，其文亦通暢，不解何以不終卷而棄於地也。翥筆端俊甚，以其緒餘足成之，併携出中門，投之幕中，一時不暇記其姓名，翥既中第，亦不復省問。他年，翥爲館職，偶及試闈異事，因及之。偶有客在坐，同年也，默不一語。翼日，具冠裳造方，自叙本末，言：「試日，疾不能支。吾扶拽而出，所謂試卷者，莫記所在，已絶望矣。一日榜出【二二】，乃在選中。恍然疑姓名之偶同，幸未嘗與人言。亟入京物色之，良是，借真卷觀之，儼然有續成者，竟莫測所以。今日乃知出君之筆，君吾恩人也。」方笑謝而已。

按馮京知舉，張芸叟賦公生明，重疊用韻，已而爲第四名，竊怪主司鹵莽。及元祐中使虜，過北門，馮爲留守，始修門生敬，酒適【二三】，馮因言：「昔忝知舉，秘監賦重疊用韻，以論策佳，輒爲改之，擢寘高第，頗記憶否？」芸叟方飲，不覺酒杯覆懷，再三愧謝。與此略同。

喬文惠晚景

喬文惠行簡，嘉熙之末，自相位拜平章軍國重事，年已八袠矣，時皆以富貴長年羨之。而公晚年子孫淪喪，況味尤惡，嘗作《上梁文》云：「有園有沼，聊爲卒歲之遊；無子無孫，盡是他人之物。」又《乞歸田里表》云：「少、壯、老，百年已踰八袠；祖、子、孫，三世僅存一身。」聞者憐之。

趙伯美

趙嘉慶，字伯美，素號忠直，然性頗猜忌褊躁，故所至與物多忤。淳祐庚戌，盱江峒寇

【二二】一日榜出　「日」，稗海本、涵芬樓本作「旦」。「出」，涵芬樓本作「至」。
【二三】酒適　「適」，稗海本、涵芬樓本作「邊」。

猖獗，以府丞吴蒙明發知建昌軍。至則撫勞勸除，漸致安靖，朝廷奬勞之。未幾，以病丐祠，有旨轉一官，别與差遣。時伯美在後省，遂繳寢轉官之命。既而再乞祠，遂主玉局。而伯美復繳其祠，且謂：「前奏稽遲，是必賊蒙使其兄司農丞革，坐局行賕，遏截御筆之所致。以區區支疊，瑣瑣下流，輒敢倚同氣以置局於輦下，植死黨而爲阱於國中。乞收回玉局之命，併從尚書省劄下吴革，責戒勵狀。仰今後不得懷姦事上，狥欲欺君。如或不悛，重寘典憲。」

省劄既下，吴農丞辨析狀云：「革弟蒙，分符罔功，以病丐祠。增秩改麾，既被繳駁，聖恩寬大，遂畀祠廩。或予或奪，惟上所命。且革濫綴班行，治事有公宇，退食有公廨，何謂置局？何謂行賕？況弟蒙始於請祠【二三】，終於得祠，初非干進，何事營求。葢弟蒙之取怒嘉慶者，祇緣丁未歲同官京推，以女求壻，屢請不諧，遂成釁隙。求盱江僚屬之薦舉，則有書；求盱江公庫之文籍，則有目。厚貌深情，機穽莫測。況於革，尤爲無辜。且所謂責勵狀者，乃州縣警吏民之文。仰惟國家待士以禮，三百年間，未聞有此典故。革粗識事體，安敢辨白。但乞將革罷斥，遠跡讎怨，實拜公朝之賜。」有旨吴革知南安軍。而伯美復上章辨證，且於繳蔡榮疏内【二四】，謂榮與革結爲死黨，滋長其惡，議欲與之報復。

後二年，伯美爲湖南憲，牟濚叔清知衡陽。行移之間，微有牴牾。伯美遂上章劾叔清，報可稍稽，復疑爲叔清鄉相謝瀆山方叔所匿，遂再疏按之，且言沉匿之弊。謝相大不

【二三】況弟蒙始於請祠　「況」原作「兄」，據稗海本、學津討原本、涵芬樓本改。

【二四】且於繳蔡榮疏内　「於」原作「謂」，據稗海本、學津討原本改。

能堪，遂於榻前奏陳，將承受蘇鏞斷遣，仍作勘會云：「據湖南提刑趙嘉慶，昨於奏狀稱，已按知衡州牟灤，久而未下，謂是相府遏奏。尋令臨安府追上承受，及通奏進銀臺司等人根究，俱稱即不曾有奏投進。所有牟灤，既是外臺已按，雖是未見按章，先合施行。」奉旨牟灤與祠。隨有御筆云：「趙嘉慶劾牟灤，初無奏牘，輒誣大臣以沉匿之事，力肆攻詆。然以在外小臣，乃敢欺罔君上，誣謗宰臣。且不顧廉恥，行賕賂吏，尚氣節者，得如是乎？國朝典故，凌蠛宰相，罪在不恕。朕不欲已甚，姑鐫一秩罷任，以爲翼虛駕僞，虧國體，壞綱紀者之戒。」

明年，謝罷相，董槼堂槐繼之。嘉慶爲大蓬供職，後復有申省狀云：「重念嘉慶重遭誣罔，沮於威勢，不合分疏【二五】。但誣奏傳播萬里，而元來按發之事，未能暴白天下。承受蘇鏞，久已叛去，忽得其狀，具述前相之子，使其僕任康祖誘脅，打回元奏因依。乃是事未發以前，牟灤自知在郡酷虐有罪，懼爲民訴，先已馳告謝修，修遂令任康祖誘脅蘇鏞，遇有嘉慶章奏，須先袖呈相府【二六】。先奏實被謝修分付以水濕打回。第二奏既到，謝修自知敗露，却將蘇鏞送獄，安令供析。欲乞敷奏施行，俾元來屈抑，稍得暴白於四方。」得旨與改正理選月日。

是歲冬，察官朱應元劾伯美：「向者，持節湖南，不理民訟，惟理贓錢。不問虛實之有無，但責郡吏之代納【二七】。兜攬民訟，交通關節，爲郡將所持，遂生怨隙。」遂用此

【二五】不合分疏　「合」，稗海本、學津討原本、涵芬樓本作「容」。

【二六】須先袖呈相府　「須」，涵芬樓本作「預」。

【二七】但責郡吏之代納　「郡」原作「都」，據稗海本、學津討原本、涵芬樓本改。

罷出【二八】。

二蘇議禮

《禮》家如聚訟，雖兄弟亦不容苟同。其大者，無如天地之祭分合一議。自昔諸儒之論，不知其幾，今姑摭二蘇之議言之。東坡則據《周頌・昊天有成命序》云：「郊祀天地也。」以爲此乃合祭天地之明文。潁濵乃據《周禮》爲説，謂冬至祀天於圓丘，夏至祀地於方澤。其後朝廷迄從坡説，合祭以至於今焉。

【二八】遂用此罷出　「出」，稗海本、學津討原本作「去」。

卷六

紹興御府書畫式

思陵妙悟八法，留神古雅。當干戈俶擾之際，訪求法書名畫，不遺餘力。清閒之燕，展玩摹搨不少怠【一】。蓋睿好之篤，不憚勞費，故四方爭以奉上無虚日。後又於榷場購北方遺失之物，故紹興内府所藏，不減宣、政。惜乎鑒定諸人如曹勛、宋貺、龍大淵、張儉、鄭藻、平協、劉炎【二】、黄冕、魏茂實、任源輩【三】，人品不高，目力苦短。凡經前輩品題者，盡皆拆去。故今御府所藏，多無題識，其源委、授受、歲月、攷訂，邈不可求，爲可恨耳。其裝褾裁制【四】，各有尺度，印識標題，具有成式。余偶得其書，稍加攷正，具列於後，嘉與好事者共之，庶亦可想像承平文物之盛焉【五】。

出等真跡法書。兩漢、三國、二王、六朝、隋、唐君臣墨跡。並作御題僉【六】，各書「妙」字。

用克絲作樓臺錦褾。　青緑簟文錦裏。

大蕒牙雲鸞白綾引首。　高麗紙贉。

出等白玉碾龍簪頂軸。或碾花。

校勘記

【一】展玩摹搨不少怠　「摹搨」原作「模搨」，據稗海本、學津討原本、涵芬樓本改。

【二】劉炎　「炎」，稗海本作「琰」。

【三】任源輩　「源」原作「原」，據稗海本改。

【四】其裝褾裁制　「褾」原作「標」，據稗海本、學津討原本、涵芬樓本改。

【五】庶亦可想像承平文物之盛焉　「文」原作「人」，據稗海本、學津討原本、涵芬樓本改。

【六】並作御題僉　「作」，稗海本、學津討原本、涵芬樓本作「係」。

檀香木桿。　鈿匣盛。

上、中、下等唐真跡。內中、上等【七】，並降付米友仁跋。

用紅霞雲鸞錦褾【八】。　碧鸞綾裏。

白鸞綾引首。　高麗紙贉。

白玉軸。上等用簭頂，餘用平等【九】。　檀香木桿。

次等晉、唐真跡。并石刻晉、唐名帖。

用紫鸞鵲錦褾。　碧鸞綾裏。

白鸞綾引首。　蠲紙贉。

次等白玉軸。

引首後贉卷縫用御府圖書印。

引首上下縫用紹興印。

鈎摹六朝真跡。並係米友仁跋。

用青樓臺錦褾。　碧鸞綾裏。

白鸞綾引首。　高麗紙贉。

白玉軸。

御府臨書六朝【一〇】、羲、獻、唐人法帖，并雜詩賦等。內長篇不用邊道，衣古厚紙【一一】，不揭

【七】內中上等　「中上」，稗海本、學津討原本作「上中」。

【八】用紅霞雲鸞錦褾　「鸞」原闕，據稗海本補。

【九】餘用平等　「平」，稗海本作「頂」。

【一〇】御府臨書六朝　「御府臨書」，稗海本作「御書臨」。

【一一】衣古厚紙　「衣」，稗海本作「依」。

不背。

用毬路錦【一二】。　衲錦。

柿紅龜背錦。

紫百花龍錦。　皂鸞綾褾等。

碧鸞綾裹。　白鸞綾引首。

玉軸或瑪瑙軸臨時取旨。

内趙世元鈎摹者亦用衲錦褾。

蠲紙贉。　瑪瑙軸。

並降付莊宗古、鄭滋，令依真本紙色及印記對樣裝造【一三】。將元拆下舊題跋進呈揀用。

五代、本朝臣下臨帖真跡。

用皂鸞綾褾。　碧鸞綾裹。

白鸞綾引首。　夾背蠲紙贉。

玉軸或瑪瑙軸。

米芾臨晉、唐雜書上等。

用紫鸞鵲錦褾。　紫馳尼裹【一四】。

【一二】用毬路錦　「毬」，稗海本、學津討原本作「氊」。

【一三】令依真本紙色及印記對樣裝造　「令」、「裝」原作「今」、「莊」，據稗海本、學津討原本、涵芬樓本改。

【一四】紫馳尼裹　「馳」，稗海本作「絁」。

揩光紙贉【一五】。　次等簪頂玉軸。

引首前後，用内府圖書、内殿書記印。或有題跋，於縫上用御府圖籍印。最後用紹興印。並降付米友仁親書審定，題於贉卷後。

蘇、黄、米芾、薛紹彭、蔡襄等雜詩、賦、書簡真跡。

用皂鸞綾褾。　白鸞綾引首。

夾背蠲紙贉。　象牙軸。

用睿思東閣印、内府圖記。

米芾書雜文、簡牘。

用皂鸞綾褾。　碧鸞綾裏。

白鸞綾引首。　蠲紙贉。

象牙軸。

用内府書印、紹興印。

並降付米友仁定驗，令曹彦明同共編類等第，每十帖作一卷。

内雜帖作册子。

趙世元鈎摹下等諸雜法帖。

用皂木錦褾。　瑪瑙軸。

【一五】揩光紙贉　「揩」原作「楷」，據稗海本、學津討原本改。

或牙軸。

前引首用機暇清賞印，縫用内府書記印，後用紹興印。仍將原本拆下題跋揀用。

六朝名畫横卷。

用克絲作樓臺錦褾。青絲簟文錦裹【一六】。次等用碧鸞綾裹【一七】。

白大鸞綾引首【一八】。高麗紙贉。

出等白玉碾花軸。

六朝名畫掛軸。

用皂鸞綾上下褾。碧鸞綾引首【一九】。

碧鸞綾託褾。全軸。檀香軸桿。

上等玉軸。

唐、五代畫横卷。皇朝名畫同。

用曲水紫錦褾。碧鸞綾裹。

白鸞綾引首。玉軸。

或瑪瑙軸。内下等并謄本用皂褾雜色軸。蠲紙贉。

唐、五代皇朝等名畫掛軸，並同六朝裝褫，軸頭旋取旨。

蘇軾、文與可雜畫。姚明裝造。

【一六】青絲簟文錦裹　「絲」，稗海本、學津討原本作「綠」。「簟」原作「筆」，據稗海本、學津討原本、涵芬樓本改。

【一七】次等用碧鸞綾裹　稗海本、涵芬樓本作上句的小字注文。

【一八】白大鸞綾引首　「白大」，稗海本作「大白」。

【一九】碧鸞綾引首　五字原闕，據稗海本、學津討原本補。

用皂大花綾褾。　碧花綾裏。
黄白綾雙引首。　烏犀或瑪瑙軸。

米芾雜畫横軸。
用皂鸞綾褾。　碧鸞綾裏。
白鸞綾引首。　白玉軸。
或瑪瑙軸。

僧梵隆雜畫横軸。陳子常承受。
樗蒲錦褾【二〇】。　碧鸞綾裏。
白鸞綾引首。　瑪瑙軸。

諸畫並用乾卦印，下用希世印，後用紹興印。

諸畫裝褫尺寸定式。
大整幅上引首三寸。　下引首二寸。
小全幅上引首二寸七分。
下引首一寸九分。　經帶四分。
上褾除打攧竹外，淨一尺六寸五分。
下褾除上軸外，淨七寸。

【二〇】樗蒲錦褾　「蒲」，學津討原本作「蒱」。

一幅半上引首三寸六分。

下引首二寸六分。　經帶八分。

雙幅上引首四寸，下引首二寸七分。

上褾除打擫竹外，淨一尺六寸八分。

下褾除上軸桿外，淨七寸三分。

兩幅半上引首四寸二分。

下引首二寸九分。　經帶一寸二分。

三幅上引首四寸四分。

下引首三寸一分。　經帶一寸三分。

四幅上引首四寸八分。

下引首三寸三分。　經帶一寸五分。

横卷褾合長一尺三寸。高者用全幅。

引首闊四寸五分。高者五寸。

應書畫面僉，並用真古經紙，隨書畫等第取旨。

應六朝、隋、唐出等法書名畫，并御臨名帖，本朝名臣帖，並御書面僉。

内中、下品，並降付書房，令裴禧書。

應書畫橫卷、掛軸，並用雜色錦袋複帕，象牙牌子。

應搜訪到書法墨跡，降付書房。先令趙世元定驗品第進呈訖，次令莊宗古分揀付曹勛、宋貺、張儉、龍大淵、鄭藻、平協、黄晃、魏茂實、任源等覆定驗訖，裝褫。

應搜訪到名畫，先降付魏茂實定驗，打《千字文》號及定驗印記進呈訖，降付莊宗古分手裝背。

應搜訪到古畫内，有破碎不堪補背者，令書房依元樣將本臨摹進呈訖【二一】，降付莊宗古，依元本染古槌破，用印裝造。劉娘子位並馬興祖謄畫。

應古畫如有宣和御書題名，並行拆下不用。別令曹勛等定驗，別行譔名作畫目進呈取旨。

碑刻橫卷定式。

定武蘭亭【二二】，闌道高七寸六分。

每行闊八分，共二十八行。

《樂毅論》，闌道高七寸五分。

每行闊六分，共四十三行。

《真草千文》，闌道高七寸二分。

每行闊八分，共二百行。

【二一】令書房依元樣將本臨摹進呈訖　「將」，稗海本、學津討原本作「對」。

【二二】定武蘭亭　「定武」原闕，據稗海本、學津討原本、涵芬樓本補。

智永《歸田賦》，闌道高七寸二分半。

每行闊八分，共四十四行。

獻之《洛神賦》，闌道高八寸三分。

每行闊六分共九行。

《枯木賦》，闌道高九寸九分。

每行闊九分，共三十九行。

應古厚紙，不許揭薄。若紙去其半，則損字精神，一如摹本矣。

應古畫裝褫，不許重洗，恐失人物精神，花木穠豔。亦不許裁剪過多，既失古意，又恐將來不可再背。

應搜訪到法書，多係青闌道，絹襯背。唐名士多於闌道前後題跋【一三】。令莊宗古裁去上下闌道，揀高格者，隨法書進呈，取旨揀用。依紹興格式裝褫。

內府裝褫分科引式格式。

粘裁。　摺界。　裝背。　染古。

集文。　定驗。　圖記。

按唐《藝文志序》載，四庫裝軸之法，極其瓌緻。《六典》載崇文館有裝潢匠五人，即今背匠也。本朝祕府謂之裝界作此事，蓋古今所尚云。

【一三】唐名士多於闌道前後題跋　「於」原闕，據稗海本、學津討原本補。

解頤

匡衡好學，精力絶人，諸儒爲之語曰：「無説《詩》，匡鼎來；匡説《詩》，解人頤。」蓋言其善於講誦，能使人喜而至於解頤也。至今俗諺以人喜過甚者，云「兜不上下頦」，即其意也。本朝盛度，以第二名登第，其父喜甚，頤解而卒。又岐山縣樊紀登第，其父亦以喜而頤脱，有聲如破甕。按《醫經》云：「喜則氣緩，能令致脱頤。」信非戲語也。

山陵使故事

韓魏公爲永昭山陵使，事畢，而英宗不豫，不敢還。至四載，以永厚陵成，復護葬於洛陽。因上疏云：「自唐至於五代，故事山陵使事訖，合行求去。」遂以司徒、兩鎮節鉞判相州。

元符間，章子厚爲永泰山陵使，有作詞戲之云：「草草山陵職事，厭厭罷相情懷。」蓋謂故事當然也。

淳熙間，高宗山陵欲差五使，王季海爲首相，殊以爲憂。尤延之時爲禮官，於是授之以説云：「今此乃攢宫耳，不當置五使。」季海遂倡其説曰：「祖宗全盛，營陵西洛，乃差五使。今權卜會稽，止當差總護使耳。且歲旱，民力何以堪之。」於是止差伯圭充總護使，洪邁充橋道頓遞使。殊不知季海拜高宗朝宰相，本無解罷之嫌，亦一時不深攷典故耳。

胡明仲本末

胡致堂寅字明仲，文定公安國之庶子也。將生，欲不舉。文定夫人夢大魚躍盆水中，急往救之，則已溺將死矣，遂抱以爲己子。少桀黠難制，父閉之空閣中，其上有雜木，過數旬，寅盡刻爲人形。安國曰：「當思所以移其心。」遂別置書數千卷於其上，年餘，悉能成誦，不遺一卷，遂爲名儒。

及貴顯，不復爲本生母持服，爲右正言章夏所劾【二四】，會秦丞相亦惡之，遂謫新州安置。嘗於謫所著《讀史管見》數千萬言【二五】，極意譏貶秦氏，如論桑維翰「雖因耶律德光而相，其意特欲興晉而已，固無挾虜以自重，刼主以盜權之意，猶足爲賢」等語甚多。蓋此書有爲而作，非徒區區評論也。

及論漢宣帝立皇攷廟曰：「既爲伯父母、叔父母之後而父母亡，則當降所生父母，而伯父母、叔父母之稱，昭昭然矣。稱謂既如此，則三年之喪，宜降其服朞，又昭昭然矣。稱謂既如此，服喪又如此，則情之主乎內者，隆所當隆，殺所當殺，不敢交奪於幽隱之中，又昭昭然矣。」

【二四】爲右正言章夏所劾　「夏」，《宋史》卷四三五《胡寅傳》作「复」。

【二五】嘗於謫所著讀史管見數千萬言　「千」，《宋史》卷四三五《胡寅傳》作「十」。

其論哀帝議立定陶王後曰：「故爲人後者，不顧私親，安而行之，猶天性也。當是時而責爲人後者，絶私親之顧，彼反得以旁緣不孝之似而責之。顧私親者，至以孝自居，不顧者，反陷於罪辟。」云云。

其論晉出帝追封敬儒爲宋王曰：「服而或加或降者，以恩屈於義也。屈所生之恩，以伸所厚之義，則恩輕而義重矣。恩輕而義重，則所生父母，固可名之曰伯父母、叔父母矣。爲此論者，皆是欲借此以自解，然持論太過，所謂欲蓋而益彰，前輩蓋嘗評之，故今詳著始末於此，固非敢輕議先儒也。若夫定陶立後，敬儒封王，紛紛爲是無定者，皆父子私心不能自克，互相爲欺，以致此耳。若昭陵立英宗爲皇子詔曰：『濮安懿王之子，猶朕之子也。』思陵立壽皇爲皇子詔曰：『藝祖皇帝七世孫也。』明白洞達，大哉王言，後世安得而擬議之哉。」

詩用事

糜先生，吴之老儒也，㢠、弇，皆其子姪行。記問該洽，《九經》註疏，悉能成誦，場屋之文，未嘗謄藁，爲時鄉師【二六】。然垂老連蹇，未嘗預貢士籍。時吴仲孚名惟信，號菊潭。客吴，能詩，善絶句，糜極稱之，以爲不可及。一日，遇諸塗，扣以近作，吴因朗誦《傷春》絶句云：「白髮傷春及一年【二七】，閑將心事卜金錢。梨花瘦盡東風嬾，商略平生到杜

【二六】爲時鄉師　「鄉師」，稗海本作「嚮慕」。

【二七】白髮傷春及一年　「及」，稗海本、學津討原本、涵芬樓本作「又」。

鵑。」縻老至屈膝拜之曰：「子真謫仙人也。老夫每欲效顰，則漢高祖、唐太宗，追逐不少置矣。」蓋前輩服善若此。

陳簡齋嘗語人以作詩之要云：「天下書雖不可不讀，然慎不可有意於用事。」正謂此也。今人或以用事多爲博贍，誤矣。

王魁傳

世俗所謂王魁之事殊不經，且不見於傳記雜説，疑無此事。《異聞集》雖有之，然集乃唐末陳翰所編，魁乃宋朝人，是必後人勦入耳。

按嘉祐中，進士奏名訖，未御試，京師妄傳王俊民爲狀元，不知言之所起，亦不知俊民爲何人。及御試，王荆公時爲知制誥，與楊樂道共爲詳定官。舊制【二八】，御試舉人，設初攷官，先定等第，復彌之以送覆攷再定，乃付詳定。發初攷所等以對【二九】，覆攷如同即已，不同，則詳其程文爲定。時荆公以初、覆所定第一人，皆未允當，於行間別取一人爲首，楊樂道以爲不可，議未決，太常少卿朱從道時爲封彌，聞之，謂同舍曰：「二公何用力爭？從道十日前，已聞王俊民爲狀元，事必前定，二公徒自苦耳。」既而，二人各以己意進稟，而詔從荆公之請。及發封，乃王俊民也。

後又見初虞世所集《養生必用方》，戒人不可妄服金虎碧霞丹，乃詳載其説云：「狀

【二八】舊制　二字原闕，據稗海本、學津討原本、涵芬樓本補。

【二九】發初攷所等以對　「發初」原作「初發」，據稗海本、學津討原本、涵芬樓本乙改。

元王俊民，字康侯，爲應天府發解官，得狂疾，於貢院中嘗對一石碑呼叫不已，碑石中若有應之者，亦若康侯之奮怒也。病甚不省覺，取書册中交股刀自裁，及寸，左右抱持之遂免。出試院未久，疾勢亦已平復。予與康侯有父祖鄉曲之舊，又自童稚共筆硯，嘉祐中，同試於省場，傳聞可駭，亟自汶拏舟抵彭城。時十月盡矣，康侯亦起居飲食如故，但愔愔不樂，或云：『平生自守如此，乃有此疾。』予亦多方開慰。歲暮，予北歸，康侯有詩送予云：『寒窗一夜雪，紛紛來朔風。之子動歸興，輕袂飄如蓬。問子何所之？家在濟水東。問子何所學？上庠教化宫。行將携老母，寓居學其中。』云云。予既去，徐醫以爲有痰，以碧霞金虎丹吐之。或謂心藏有熱，勸服治心經諸冷藥。積久，爲夜中洞泄【三〇】，氣脱内消【三一】，飲食不前而死。康侯父知舒州太湖縣，遣一道士與弟覺民自舒州來云：『道士能奏章達上清，及訴問鬼神幽暗中事。』道士作醮書符，傳道冥中語云：『五十年前打殺謝、吴、劉不結案事【三二】。』康侯丙子生，死纔二十七歲，五十年前，豈宿生邪？康侯既死，有妄人託夏噩姓名作王魁傳，實欲市利於少年狎邪輩，其事皆不然。康侯，萊州掖縣人。祖世田舍翁，父名弁，字子儀，誦詩登科，爲鄆州司理。康侯時十五餘歲，三兄弟隨侍，與予同在鄆學。子儀爲開封軍巡判官，唐侯兄弟入太學，不三年，號成人。子儀待蘇州崑山闕，來居汶，康侯兄弟又與予在汶學。子儀謫潭州税，康侯兄弟自潭來貫鄆陵户。康侯登科爲第一。省試前，父雪崑山事，自潭移舒州太湖縣。康侯是年歸舒州省親，次年

【三〇】爲夜中洞泄　「夜」，稗海本、學津討原本作「寒」。

【三一】氣脱内消　「内」，稗海本、學津討原本作「肉」。

【三二】五十年前打殺謝吴劉不結案事　「前」原闕，據稗海本補。「劉」，稗海本作「留」。

赴徐州任，明年死於徐，實嘉祐八年五月十二日也。康侯性剛峭不可犯，有志力學，愛身如冰玉，不知猥巷俚人語。不幸爲匪人厚誣，弟輩又不爲辨明，懼日久無知者，故因戒世人服金虎碧霞丹，且以明康侯於泉下。紹聖元年九月，漕河舟中記。」

向氏粥田

楊和王最所鍾愛者第六女，性極賢淑。初事趙汝勑，繼事向子豐，居於霅，未有所育，王甚念之。一日，向妾得男，楊氏使祕之，以爲己出，且亟報王。王喜甚，即請誥命，輕舟往視之。向氏家知王來，良窘，無策以泥其行。

時王以保寧、昭慶兩鎮節鉞領殿巖，於湖爲本鎮。子豐因使人諷郡官往迓之。自郡將以次，皆屬櫜鞬，謹伺於界首。王初以人不知其來，及是聞官吏郊迎，深恐勞動多事，遂中道而返。因厚以金繒花果以遺其女，且撥吳門良田千畝以爲粥米，逮今向氏家有崑山粥米莊云。此事得之向氏子孫。

祥瑞

世所謂祥瑞者，麟鳳、龜龍、騶虞、白雀、醴泉、甘露、朱草、靈芝、連理之木、合穎之禾皆是也。然夷攷所出之時，多在危亂之世。今不暇援引古昔【三三】，姑以近代顯著者

【三三】今不暇援引古昔　「援」，涵芬樓本作「遠」。

言之。

王建父子之據蜀也，天復六年，巨人見青城山，鳳凰見萬歲縣，黃龍見嘉陽江，而甘露、白雀、白鹿、龜龍並見於諸州。武成元年，騶虞見武定，嘉禾生廣昌，麟見壁州，龍五十見於洵陽水中。永平二年，劍州木連理，文州麟見，黃龍見富義江。三年，麟見永泰，白龍見邛江，騶虞見壁山，有三鹿隨之。四年，麟見昌州。通正元年【三四】，黃龍見太昌池。瑞物之出，殆無虛歲，而太子元膺以叛死，大火焚其宮室，兵敗於外，政亂於内，終之以身死衍立而國亡。其爲瑞徵乃如此耳。

至如政和隆盛之際【三五】，地不愛寶，所在奏貢芝草者，動二三萬本。蘄、黃間，至有一鋪二十五里之間，遍野而出。密州山間，至彌滿四野，有一本數十葉，衆色咸備者。太守李文仲採及三十萬本，作一綱進，即進職，除本道運使。汝、海諸郡縣，山石變爲瑪瑙，動以千百。伊陽太和山崩，出水晶幾萬觔，皆以匣進京師。長沙、益陽山溪，流出生金數百斤，其間大者一塊至重四十九斤。其他草木鳥獸之珍，不可一二數。一時君臣稱頌，祥瑞蓋無虛月。然越數歲，而遂罹狄難，邦國喪亂，父子遷播。所謂瑞應，又如此也。

善乎先儒之論曰：「未有喪仁而久者也，未有恃祥而壽者也。」商之王以桑穀昌，以雉雊大。鄭以龍衰，魯以麟弱。白雉亡漢，黃犀死莽，惡在其爲符也。世有喜言祥瑞之人，觀此亦可以少悟矣。

【三四】通正元年　「正」原作「攻」，據稗海本、學津討原本、涵芬樓本改。

【三五】至如政和隆盛之際　「政」原作「致」，據稗海本、學津討原本、涵芬樓本改。

杭學游士聚散

杭學自昔多四方之士。淳祐辛亥，鄭丞相清之當國，朝議以游士多無檢束，羣居率以私喜怒軒輊人，甚者，以植黨撓官府之政，扣閽攬黜陟之權，或受賂醜詆朝紳，或設局騙脅民庶，風俗寖壞。遂行下各州，自試於學，仍照舊比分數，以待類申，將以是歲七月引試爲始。會教官林經德對士子上請語微失，於是大閧肆罵。時趙京尹與蒠委官調停【三六】，一時但欲求靜，遂許以三百名内，一半取士著，一半取游士，於是乃息。

越數日，宰執奏事，上面諭曰：「近行諸州各試之法，正欲散游學之士。不知臨安府憑何指揮復放外方之人。」趙尹聞之，恐甚，乃移牒，俾游士限日出境【三七】，其計始窮。乃爲檄文，相率而去，云：「天之將喪斯文，實係興衰之運。士亦何負於國，遽罹斥逐之辜，靜言思之，良可醜也。慨祖宗之立法，廣學校以儲材，非惟衍豐芑以貽後人，蓋亦隆漢都而尊上國。肆惟皇上，克廣前猷。炳炳宸奎，鼂爲四學，戔戔束帛，例及諸生。蒙教育之如天，恨補報之無地，但思粉骨，何畏觸喉。直言安石之姦【三八】，共惜元城之去，實爲公議，不利小人。始陰諷其三緘，終盡打於一網。不任其咎，移過於君，是誠何心，空人之國。昔鄭僑猶謂毁校不可，而李斯尚知逐客爲非，今彼不顧行之【三九】，使我何顏居此？厄哉吾道，告爾同盟，毋見義以不爲，宜行己而有耻。苟爲温飽，可勝周粟之羞，相與提

【三六】時趙京尹與蒠委官調停　「蒠委」原作「衆教」，據涵芬樓本改。

【三七】俾游士限日出境　「境」原作「齋」，據稗海本、學津討原本改。

【三八】直言安石之姦　「言」原作「立」，據稗海本、學津討原本、涵芬樓本改。

【三九】今彼不顧行之　「彼」原作「被」，據稗海本、學津討原本、涵芬樓本改。

携，莫蹈秦坑之禍。」斯言既出，明日遂行。

八月朔，乃相率而出，復作文告先聖曰：「斯文將喪，嗚呼天乎！吏議逐客，嗚呼人乎！乘桴浮海，嗚呼聖乎！遯世無悶，嗚呼士乎！敢告。」

又作絶句詩云：「塞翁何必恨失馬，城火可憐殃及魚。一笑出門天萬里，擔頭猶有斥姦書。」

又五言云：「鄭五不去國，金陵深懼君【四〇】。校存知必毁，書在已如焚。自是清流禍，非干比黨分【四一】。歸歟雖幸矣，恨未效朱雲。」

又古詩云：「上書如啜盧仝茶，直論國體寧無譁。依然茅葦縱横斜，鍾山老柏休槎牙【四二】。嗚呼時事如絲蔴，食肉者口徒咿哇。鬼蜮空含射影沙，逐客令下堪吁嗟。識者將謂秦得邪，淳祐寖不知瑞嘉。邪人剛指正人邪，時有引喙鳴靈鴉。失脚奇禍遭羅罝【四三】，尼山草木枯無華。奄奄山鬼相揄揶，我今束書歸天涯，不惜一去惜國家。」

於是京尹待罪，兩教官各降一資，而陳顯伯、鄭雄飛方以公道自任，且欲收譽士林，乃相繼上疏，欲復其舊。而賈似道居淮閫，至以游士欲渡淮以脅上必從。而理宗以周粟、秦坑等語怒未解，深不然之。至開慶己未，吴丞相潛再登揆席，首欲收士心，復舊法，會去不果。戴慶炣以參樞輪筆【四四】，竟作指揮，許京庠有籍無分人引試一次，於是漸復雲集矣。

【四〇】金陵深懼君　「懼」，稗海本、學津討原本作「悮」。

【四一】非干比黨分　「比」原作「北」，據稗海本、涵芬樓本改。

【四二】鍾山老柏休槎牙　「休」，涵芬樓本作「林」。

【四三】失脚奇禍遭羅罝　「失脚」，稗海本作「天降」。

【四四】戴慶炣以參樞輪筆　「輪筆」，稗海本作「軸畢」。

卷七

鴟夷子見黜

吳江三高亭祠鴟夷子皮、張季鷹、陸魯望。而議者以爲子皮爲吳大仇，法不當祀。前輩有詩云：「可笑吳癡忘越憾，却誇范蠡作三高。」又云：「千年家國無窮恨，只合江邊祀子胥。」蓋深非之。

後有戲作文彈之者云：「匿怨友其人，丘明所恥，非其鬼而祭，聖經是誅。今有竊高人之名，處衆惡之所【一】，有識之士，莫不共憤，無知之魂，豈當久居【二】。」又云：「范蠡，越則謀臣，吳爲敵國。以利誘太宰嚭【三】，而脱彼勾踐，鼓兵却公孫雄，而滅我夫差。既遂厥謀，反疑其主。鄙君如烏喙，累大夫種以伏誅，目己曰鴟夷，載西施子而潛遁。」又云：「如蠡者，變姓名爲陶朱，詭蹤跡於江海，語其高節則未可，謂之智術則有餘。假扁舟五湖之名，居笠澤三高之首。況當此無邊勝境之土，豈應著不共戴天之讎。」云云。

鴟夷之見黜於吳，宜也。而史越王判紹興日，作會稽先賢祠，亦復黜之不得在高士之列。其説云：「或謂鴟夷子皮之決，賀季真之高，而不得名高士，何也？嗚呼！予於是

校勘記

【一】處衆惡之所　稗海本作「犯衆心之惡」。

【二】豈當久居　「當久居」原作「者人名」，據稗海本、學津討原本、涵芬樓本改。

【三】以利誘太宰嚭　「嚭」原作「所」，據稗海本、學津討原本、涵芬樓本改。

豈無意哉！夫貴於士者，進退不失禮義，彼子皮去國之遺言，有人臣所不忍。而季真阿時所好，黄冠東歸，又使李林甫輩，祖餞賦詩，予見其辱，未見其榮也。使子皮居嚴子陵之上，季真賓張子同之列，則有不可者。故具述之，覬來者知予之不敢苟，而高士之尤可貴也。」嗚呼？子皮既不容於吴，又不齒於越，千古之下，至無容身之地，公論至後世而定，亦可畏哉。是以古之君子，交絶不出惡聲，况君臣之際乎？司馬公修《通鑑》，而不取屈原《離騷》之事，正此意也。余感其事，故書之，以爲異世之戒云。

王敦之詐

王敦初尚武帝女武陽公主。如廁，見漆箱盛乾棗，本以塞鼻【四】。王謂廁上亦下果食，遂至盡食。既還，婢擎金藻盆盛水【五】，瑠璃盌盛澡豆，因倒著水中而飲之，謂是乾飲，羣婢莫不掩口而笑之。

他日，又至石季倫廁。十餘婢侍列，皆麗服藻飾。置甲煎粉、沉香汁之屬，無不畢備，又與新衣著令出。他客多羞不能如廁，敦獨脱故衣著新衣，神色傲然。羣婢相謂曰：「此客必能作賊。」

一王敦耳，何前惷而後倨邪？乾棗、澡豆亦何至誤食而不悟。至季倫之廁，則倨傲狠愎之狀殆不可得而掩矣。則知敦前之誤，直詐耳。王荆公誤食魚餌，亦近似之。人之

【四】本以塞鼻　「本」下原有「藻」字，據稗海本、學津討原本、涵芬樓本删。

【五】婢擎金藻盆盛水　「盆」原作「盤盆」，據稗海本、學津討原本删改。

不近人情者，鮮不爲大姦大慝，吾於敦，重有感焉。

贈雲貢雲

陶通明詩云：「山中何所有，嶺上多白雲，只可自怡悦，不堪持贈君。」雲，固非可持贈之物也。

坡翁一日還自山中，見雲氣如羣馬奔突自山中來，遂以手掇開籠，收於其中。及歸，白雲盈籠，開籠放之，遂作《攓雲篇》云【六】：「道逢南山雲，歘吸如電過。竟誰使令之，衮衮從空下。」又云：「或飛入吾車，偪仄人肘胯，搏取置笥中，提攜反茅舍。開緘仍放之，掣去仍變化。」然則雲真可以持贈矣。

宣和中，艮嶽初成，令近山多造油絹囊，以水濕之，曉張於絶巘危巒之間，既而雲盡入，遂括囊以獻，名曰「貢雲」。每車駕所臨，則盡縱之，須臾，滃然充塞，如在千巖萬壑間。然則不特可以持贈，又可以貢矣。併資一笑。

出師旗折

賈師憲平章，德祐乙亥正月十六日，親總大軍，督師江上，禡祭於北關外，而大帥之旗，適爲風所折，識者駭之，而一時游幕之賓，反傅會爲吉讖。

【六】遂作攓雲篇云　「云」原作「去」，據稗海本、學津討原本、涵芬樓本改。

夷狄往昔，若春秋時，晉侯、楚人戰於城濮，晉中軍風於澤，亡大旆之左旃。晉安帝元興二年，桓玄篡位於姑熟，百僚陪列，儀衛整肅，而龍旂竿折。成都王穎以陸機督諸將討長沙王，臨戎而牙旗折。趙王倫即帝位，祠太廟，適遇大風，飄折麾蓋。王澄爲荆州刺史，率衆軍將赴國難，而飄風折其節柱。齊文宣至鄴受魏禪，孝昭上省，旦發領軍府，大風暴起，壞所御車幰。哥舒翰守潼關，天子御勤政樓臨送，師始東，先驅牙旗觸門墮涯【七】，旄竿折。鄭注赴鳳翔，出都門，旗竿折。宣和間，童貫出師，而牙旗竿折，時蔡攸爲之副，自建少保節度使及宣撫副使二大旗於後，竟爲執旗卒盜竄而去。端平入洛之師，全子才帥旗亦爲風所折【八】，無非亡身敗軍之徵也。

按《真人水鏡經》云：「凡出軍立牙，必令堅完，若折，則將軍不利。」蓋牙，即旗也。又《玉曆通政經》云：「軍行，牙竿旗幹折者，師不可出，出必敗績。」蓋旗者，一軍之號令也，安有旗折而爲祥者乎？

獨有武王伐紂，大風折蓋。及劉裕擊盧循，將戰，而所執麾竿折，旛沉於水。衆咸懼，帝笑曰【九】：「昔覆舟之役，亦如此，勝必矣。」乃大破循軍。哥舒曜討李希烈，帝祖於通化門，是日牙竿折。時以曜父翰昔出師有此而敗，甚憂之，而曜竟收汝州，擒周晃。所謂吉者，止此三事，然亦偶耳。

【七】先驅牙旗觸門墮涯　「涯」原作「柱」，據稗海本改。

【八】全子才帥旗亦爲風所折　「帥」原作「師」，據稗海本、學津討原本、涵芬樓本改。

【九】帝笑曰　「帝」，稗海本、學津討原本、涵芬樓本作「裕」。

朱氏陰德

朱承逸居霅之城東門，爲本州孔目官，樂善好施。嘗五鼓趨郡，過駱駝橋，聞橋下哭聲甚哀，使僕視之，有男子携妻及小兒在焉。扣所以，云：「負勢家錢三百千，計息已數倍。督索無以償，將併命於此。」朱惻然，遣僕護其歸，且自往其家，正見債家悍僕，羣坐於門。朱因以好言諭之曰：「汝主以三百千故，將使四人死於水，於汝安乎？幸吾見之耳。汝亟歸告若主【一〇】，彼今既無所償，逼之何益！當爲代還本錢，可亟以元券來。」債家聞之，慚懼聽命，即如數取付之。其人感泣，願終身爲奴婢，不聽，復以二百千資給之而去。

是歲，生孫名服。熙寧余中榜第二人，仕至中書舍人。次孫肱，亦登第，著名節，即著《南陽活人書》者。服子彧，即著《萍洲可談》者，遂爲吾鄉名族焉。天之報善，昭昭也如此。

畢將軍馬

畢再遇，兖州將家也。開禧用兵，諸將多敗事，獨再遇累有功。金虜認其旗幟即避之。屢遷至鎮江都統制、揚州承宣使、驍衛上將軍。後以老病致仕，始居於霅。

【一〇】汝亟歸告若主　「若」原作「告」，據稗海本、學津討原本、涵芬樓本改。

有戰馬，號黑大蟲，駿駔異常，獨主翁能御之。再遇既死，其家以鐵絙羈之圉中。適遇嶽祠迎神【一一】，聞金鼓聲，意謂赴敵，於是長嘶奮迅，斷絙而出。其家慮傷人，命健卒十餘，挽之而歸。因好言戒之云：「將軍已死，汝莫生事累我家。」馬聳耳以聽，汪然出涕，喑啞長鳴數聲而斃。嗚呼！人之受恩而忘其主者，曾異類之不若，能不愧乎？

洪君疇

近世敢言之士，雖間有之，然能終始一節，明目張膽，言人之所難者，絶無而僅有，曰温陵洪公天錫君疇一人而已。方寶祐間，宦寺肆横，簸弄天綱，外閫朝紳多出門下，廟堂不敢言，臺諫長其惡，或餌其利，或畏其威，一時聲燄，真足動摇山嶽，回天而駐日也。

乙卯元正【一二】，以公爲御史，公來自孤遠，時莫知爲何如人。首疏以正心格君爲説，且曰：「臣職在憲府，不惟不能奉承大臣風旨，亦不敢奉承陛下風旨。」固已聳動聽聞矣。次月，囊封言：「古今爲天下患者三：宦官也，外戚也，小人也。謹按入内内侍省東頭供奉官幹辦内東門司董宋臣，宦寺之貪黠者也。並緣造寺，豪奪民田，密召倡優，入褻清禁，先是，正月内呼營妓數輩入内祇應。摟攬番商，大開賄賂。不斥宋臣，必爲聖德之累。將作監謝堂，外戚之貪黠者也。狠愎之性，喜於淩物【一三】，攫拏之狀，旁若無人。不曰『以備中殿宣索』，則曰『當取教旨豁除』。椒德令芳，天下備頌，不去一堂，必爲宫闈之累。集英殿

【一一】適遇嶽祠迎神　「祠」原作「司」，據稗海本、學津討原本、涵芬樓本改。

【一二】乙卯元正　「正」原作「真」，據稗海本、學津討原本、涵芬樓本改。

【一三】喜於淩物　「喜」，涵芬樓本作「善」。

修撰、知慶元府厲文翁，小人之無忌憚者也。神臯流毒，屢玷抨彈，藉衣錦威，行攫金術。今又移其剥越者剥鄞矣！然民敢怨而不敢言者，以其依憑邸第耳。不去文翁，必爲王邸之累。臣恐社稷之憂，不止累陛下，累宫闈，累王邸而已。乞將宋臣逐出，堂姑予祠，文翁罷黜，臣雖九隕不悔。」

疏上兩日不報，君疇徑出江干待罪。於是中書牟子才存叟、右史李昂英俊明交章留之，乞行其言。乃令堂自陳乞祠，除職予郡，宋臣自乞解罷，令首尾了日解職，文翁别與州郡差遣。仍命臺臣吴燧勉回供職。

會立夏日，天雨塵土，奏乞屏絶私邪，休息土木，以弭天災。又案少司監余作賓、后戚謝弈懋。至五月，復疏都知盧允升、門司董宋臣【一四】，及内司諸吏，怙勢作威，奪民田，伐墓木等事。盡言不諱，直擣其姦。疏留中不下，止令尚書省契勘内司爭田伐木等事，及罷内司諸吏職事而已。公論爲之抑鬱。

大宗丞趙崇嶓上時相謝方叔惠國書，略云：「竊惟今日閹寺驕恣特甚。宰執不聞正救，臺諫不敢誰何。一新入孤立之察官，乃鋭意出身攻之，此豈易得哉！側耳數日，寂無所聞。不責備於他人【一五】，而責備於光範。不然，倉卒出御筆某人除少卿，亦必無可遏之理矣，大丞相不可謂非我責也。丞相得君最深，名位已極，儻言之勝，宗社賴之，言之不勝則去，去則諸君子必不容不爭，是勝亦勝，負亦勝，況未必去邪？」謝君得書有赧色。

【一四】門司董宋臣　「司」原作「局」，據涵芬樓本改。

【一五】不責備於他人　「不」原闕，據稗海本、學津討原本補。

翌日，果有御筆洪天錫除大理少卿，而公去國矣。

太學生沈元堅上書【一六】，數二璫之罪，乞留君疇，且曰：「天錫左遷，豈非罰其不當言宦官之過耶？李衢、朱應元之分察，豈非諭其不復言宦寺之意耶？王埜、程元鳳同日超遷，胡大昌【一七】、丁大全之並遷臺長，豈非賞其不敢言宦官之功耶？陛下喜羣臣之默默，憤天錫之嘵嘵，右遷以逐之，於天錫何損？緘默受賞者，獨無愧乎？」

既而三學亦皆有書。常丞趙崇潔敏可書，略云：「譬如一家之中，强奴悍僕，作姦犯罪，爲人子者，泣涕而告，其父母反逐其子而留其僕。今臺臣爭之不勝，則諸閹所畏者誰歟！」

左史李俊明再有封事，言：「北司洋洋得志，蔑視南衙，將至於不可控制之地矣。」姚宗卿希得暫兼夕郎，遂繳吴燧儀曹之除，謂近者天錫拜疏留中，燧謂天錫曰：「今日之事，留則俱留，去則俱去。」既聞有疏，遂變前言曰：「吾不挈家，不喪女，不憚暑，則可俱去，今當奈何？負天錫，所以負陛下也。」

謝集賢一疏自解云：「臣自班行，叨塵相位，一命已上，皆出親擢。賦性僻介，素不與内侍往還，應干文字，悉由通進司投進，自知潔其身，而袖手旁觀之人，往往察臣之所避而趨之。比者天錫又論二璫。恭聞聖訓，以爲爭田伐木皆王槫舊事。臣費盡心力，上則忠告陛下，量作處分，下則彌縫事體，安恤人言。不謂下石之人，撰造言語，鼓弄宦寺，

【一六】太學生沈元堅上書　「沈」，涵芬樓本作「池」。

【一七】胡大昌　「胡」原作「故」，據稗海本、學津討原本、涵芬樓本改。

曰：『天錫攻汝，相君之意也，相君許其弟除朝士而嗾之也。』既誣臣以教天錫攻内侍之事，又誣臣以啓陛下遷天錫之説，必欲醜詆臣於不可辨白之地。但臣分量已盈，歸老山林，正其時矣。從此爲宰相者，必將共宦寺結爲一片，天下皆在籠絡中矣。惟望陛下早正右席之拜，使臣亟釋重負，退延殘生，實出保全之賜。」御筆慰之曰：「但安素志，奚足深辨。」越數日，除天錫太常少卿，而君疇已在汶上矣。

朱應元既爲御史，月課乃首劾李俊明，公論大不平。同舍生作書責之，略曰：「温陵洪公出臺，以執事繼之者，正謂其平時負骯髒之譽。法筵之初疏，莫不延頸以聽，乃及文溪之左螭，時焕之倉節，豈以其近言二璫頗忤上意，而時焕與洪有瓜葛，亦二璫所惡者邪？信然，則執事之志荒矣。二璫之横，三尺童子，恨不嚙之，洪公因衆怨，出死力以決之。貂璫逐臺諫，豈人主之本心哉！執事昧於所擇，不知所得幾何，所失如是之大也。」

時方逢辰君錫在館閣，亦上廟堂書，勸以去就力爭，而謝相不能用。

公論既不能勝，二孺乃簧譖於上，謂：「内司爭田伐木詞訟，皆臺吏受賄以强察官之判，所以上罔聖聽，況臺吏之家資極富，若使簿録其家，儘可上裨國計。」於是竟降宣諭指揮，令諫官丁大全追上御史臺，點檢楊昇、金永隆、楊叔茂，牒送臨安府根勘，籍没家財，各行黥配，以快其憤焉。初意欲令臺胥安供以污君疇，賴上察其姦而止。大全竟以治吏之功，躐除副端。

未幾，謝相罷，而二孺猶未大快其意。復厚賂太學率履齋上舍生林自養，裁書投匭，以攻謝相爲名，力詆君疇云：「竊見洪天錫之分察，出自陛下親擢。不能爲觸邪豸、爲指佞草，專以能攻上身爲急務，以剪除上左右以立名，以奉承風旨爲大耐官職。棘卿左遷，所以正捨豺問貍之罪。内侍縱曰有過，使其得賢宰相以制之，又何患焉？天錫之去，乃翦方叔之羽翼，豈怒其埽除二孺哉！人但見天錫言事而遷他官，則曰：『此劾内侍之過也。』吴燧以改除致繳，則曰：『此天錫之薦主也。』李昂英以月評被論，亦曰：『此天錫之救兵也。』甚而臺省之胥賍盈惡貫，以置典憲，亦曰：『爲内侍泄寃也。』貪繆之相誤國殄民，逐之已晚，亦曰：『爲内侍翻本也。』一犬吠形，百犬吠聲。向者李昂英直前奏劄，嘗謂天錫爲方叔私人矣。洊攻内侍，實出方叔指嗾之，而欲撓亂聖心耳。欲乞將方叔亟正典刑，使天下明知宰相臺諫之去出自獨斷，於内侍初無預焉。」

於是學舍鳴鼓攻之，且上書以聲自養之罪。復申前廡，備申公堂，乞行重罰。遂從第一等規屏斥，盡除學籍，毁抹綾紙備榜、監學曉諭，而朝旨亦有聽讀指揮。雖紛紛若此，曾不傷二孺之毫毛。至庚申歲，吴丞相柄國，始以外祠斥焉。

景定辛酉，起君疇爲廣東計使。甲子八月，以大蓬召，不就。十一月，度宗即位，首除爲侍御史兼侍讀。明年六月，上封事，力陳公田、關會之弊。七月，改除工部侍郎、兼直學士院、兼侍讀，公力辭。旋畀職名出帥閩焉。

公在閩閫日，嘗書桃符云：「平生要識瓊崖面，到此當堅鐵石心。」蓋其剛勁之氣，未嘗一日少沮也。

謝惠國坐亡

謝方叔惠國，自寶祐免相歸江西寓第，從容午橋泉石凡一紀餘。咸淳戊辰，朝會慶壽，爲子姪親友所誤，萃先帝宸翰爲巨帙，曰《寶奎録》，侑以自製丹砂、金器、古琴之類以進。當國者以爲有意媒進，嗾言官後省交攻之，削其封爵，奪其恩數，且劾其姪常簿章，壻江州倅李鉦、客匠簿吕圻，至欲謫之遠外，禍且不測。荆閫吕武忠文德平時事公謹，書緘往來，必稱恩府，而自書爲門下使臣。至是一力回護，幸而免焉。壬申正月，公燕居無他，忽報雙鶴相繼而斃，公喟然嘆曰：「鶴既仙化，余亦從此逝矣。」於是區處家事，凡他人負欠文券，一切焚之。沐浴朝衣，焚香望闕遥拜，次詣家廟祝白，招親友從容敘别，具有條理。遂大書偈曰：「罷相歸來十七年，燒香禮佛學神仙。今朝雙鶴催歸去，一念無慙對越天。」瞑目静坐，須臾而逝。遺表來上，特旨盡復元官，恩數贈恤加厚焉。生死之際，亦近世諸公之所無也。

洪端明入冥

洪燾仲魯，忠文公咨夔次子也。嘉熙丁酉，居憂天目山，素有元章愛石之癖【一八】，而山中所産亦秀潤，不減太湖、洞庭。

村僕駱老者，專任搜抉之役。會族叔璞假畚臿鋤斧，將爲築室用，駱掌其事，擇刓鈍數事付之。璞怒其輕己，率其子檦共毆之，至斃，是歲中元日也。洪公力與維持，泯其事。璞素豪獷，持一邑短長。邑令王衍，婺安人，惡其所爲，廉得之，遂收璞父子及血屬於獄。洪公亦以曾任調停，例追逮，良窘。時王實齋遂守吴，契家亟往求援，王爲宛轉趙憲崇揮，改送餘杭縣獄，具以主僕名分，因鬭而死，璞止從夏楚，檦僅編置贖銅而已【一九】。

明年戊戌中元，洪公方走廁，忽覩駱老在廁云：「近山雨後出數石，巉秀可愛，主人幸一觀之。」洪倉卒忘其死，往從其行，纔跬步間，覺此身已在檐楹間。稍至一土神廟，便有四力士自廟中出，挾之空行，其去甚駛。天昏昏如昧爽，足下風濤澎湃聲可恐，意非佳境。反顧駱曰：「既若此，何不告我？」駱曰：「勿恐，略至便可還也。」稍前，一河甚闊，方念無津梁可度，則身已達彼岸。又見數百人掩面趣右而去。自此冥行如深夜。忽矄黑中，一山横前，有竅如月，數百人皆自此入，心方疑異而身亦度竅矣。到此，足方履地。既前，復有一河，污濁特甚，僧尼道俗汩没其間。至此，方悟爲入冥，心甚悲恐。

【一八】素有元章愛石之癖　「元」原作「奇」，據稗海本、學津討原本改。

【一九】檦僅編置贖銅而已　「贖」原作「續」，據稗海本、涵芬樓本改。

稍前，頗有人居，蕭疎殊甚。又前，有宫室軒敞巍聳【二〇】，四垂簾幕，庭下列緋緑人獄卒甚衆，儼如人間大官府，初無所謂阿旁牛頭也。右廡絶昏黑，隱隱見荷枷箠楚者甚苦。其外小庭中，一黑蟒大與庭等，仰視一燈，悲鳴無度。洪所立左廡，則微明若欲曙時，微聞其傍喃喃若誦經聲。洪平日不喜此，方窘懼中，亦慢隨其聲誦之。庭中人忽起立怒視，而殿上簾盡捲。有緑衣者出，坐東向，緋衣者坐西向，最後金紫人居中。庭下緑衣吏抱文書而上，高唱云：「洪某枉法行財，罪當死。」洪懼甚，不覺身已立庭下。漫答云：「爲叔解紛，初非枉法。」金紫人怒曰：「此人間譁詞，安得至此。」洪曰：「死不辭。然有三説：璞，叔也；駱，僕也。不忍以僕故置叔於辟，一也。駱無子，妻貧老無以養，使璞資之終其身，二也。且駱妻自謂一經檢驗，永失人身，意自不欲，非强之和，三也。」金紫人始首肯云：「爲叔解紛，初非枉法，此説有理，可供狀來。」便有紙筆在前，直書其説以呈。金紫人怒方霽曰：「可與駱氏立後。」且命緑衣導之以回。轉盼間，駱之父母皆在焉。途中，因扣緑衣所見大蟒爲何物？厲聲答云：「此開邊喜殺之人也。」稍前，見數十百人持騾馬皮而來，又扣之，曰：「此受生回也【二一】。」又見獄吏持刀杖，驅百餘人自西而來。其中有洪氏族長爲僧者曰燁闍黎，亦在焉。方疑之，燁忽呼曰：「三十哥仲魯第行。安得在此焉！」爲所驅卒擊其首粉碎，回視之，仍復完矣。因扣緑衣云：「人間何事最善？」緑衣舉手加額曰：「善哉問！忠孝爲先，繼絶次之，戒殺又次之。」又問何罪最

【二〇】有宫室軒敞巍聳　「軒」原作「轅」，據稗海本、學津討原本、涵芬樓本改。

【二一】此受生回也　「生」原作「主」，據稗海本、學津討原本、涵芬樓本改。

重？曰：「開邊好殺罪重，豪奪次之。或謂其説尚多。」因問金紫者何人？拱手對曰：「商公飛卿字翬仲，乾淳間從官。」復扣平生食禄，遂於袖中出大帙示之，已姓名下，其字如蟻，不能盡閱。後註云：「合參知政事。以某年月日姦室女某人，某日爲某事，降祕閣修撰、轉運副使。」洪悚然淚下曰：「奈何？」緑衣曰：「但力行好事。」且言：「某亦人間人，任知池州司户，溺死。陰間録其正直，得職於此。」稍前，至大溪，有橋如魚網，心疑其異，而身已度矣。又前，溪亦大，緑衣推墮之，恍然而寤，則死已三日矣。妻子環立於側，特以心微暖，口尚動，未就斂耳。

後一歲，璞亦入冥，覺身墮鐵網中。見鄰院僧行昭立庭下，主者詰責曰：「汝爲僧，乃專以殺生爲事，何邪？」昭曰：「殺生乃屠者黄四，某不過與之庖饌耳。」亟問黄四，無異辭，乃訊二十而去。方窘懼間，忽傳呼都天判官決獄，視之，則忠文公也。璞號泣求救，公曰：「汝殺人，何所逃罪，然未應爾也。」恍然身已出網外而甦。

後行昭以營橋立積木上敗足，呻吟痛楚者三歲而殂，璞亦未幾死。後洪公於庚申歲首，以祕撰、兩浙漕召。憶向所見，心甚恐，後亦無他，官至文昌端明殿學士。晚雖齟齬，然竟享上壽而終，豈非力行好事所致乎？

此事洪公常入梓以示人。余向於先子侍旁，親聞伯魯尚書言甚詳。後會其猶子憲使起畏立【二二】，復詢顛末書之。

【二二】後會其猶子憲使起畏立　「起畏立」，稗海本、學津討原本作「起畏乂立」。

野婆

邕宜以西，南丹諸蠻皆居窮崖絶谷間。有獸名野婆，黄髮椎髻【二三】，跣足裸形，儼然一媪也。上下山谷如飛猱，自腰已下，有皮纍垂蓋膝若犢鼻，力敵數壯夫，喜盗人子女。然性多疑畏罵，已盗，必復至失子家窺伺之，其家知爲所竊，則積鄰里大罵不絶口，往往不勝罵者之衆，則挾以還之。其羣皆雌，無匹偶，每遇男子，必負去求合。

嘗爲健夫設計擠之大壑中，展轉哮吼，脛絶不可起。徭人集衆刺殺之，至死，以手護腰間不置。剖之，得印方寸，瑩若蒼玉，字類符篆不可識，非鐫非鏤，蓋自然之文，然亦竟莫知其所寶爲何用也。周子功，景定間使大理，取道於此，親見其所謂印者。

此事前所未聞，是知窮荒絶徼，天奇地怪，亦何所不有？未可以見聞所未及，遂以爲誕也。《後漢》引《博物記》曰：「日南出野女，羣行不見夫，其狀晶且白，裸袒無衣襦。」得非此乎？《博物記》當是秦、漢間古書，張茂先蓋取其名而爲志也。

王宣子討賊

王佐宣子帥長沙日，茶賊陳豐嘯聚數千人，出没旁郡，朝廷命宣子討之。時馮太尉湛謫居在焉，宣子乃權宜用之。諜知賊巢所在，乘日晡放飯少休時，遣亡命卒三十人，持短

【二三】黄髮椎髻　「椎」原作「堆」，據稗海本、學津討原本、涵芬樓本改。

兵以前，湛自率百人繼其後【二四】，徑入山寨。豐方抱孫獨坐，其徒皆無在者。卒覩官軍，錯愕不知所爲，亟鳴金嘯集，已無及矣，於是成擒，餘黨亦多就捕。

宣子乃以湛功聞於朝，於是湛以勞復元官，宣子增秩。辛幼安以詞賀之，有云：「三萬卷，龍頭客，渾未得文章力。把詩書馬上，笑驅鋒鏑。金印明年如斗大，貂蟬元自兜鍪出。」宣子得之，疑爲諷己，意頗銜之。殊不知陳後山亦嘗用此語送蘇尚書知定州【二五】，云：「枉讀平生三萬卷，貂蟬當復作兜鍪。」幼安正用此。然宣子尹京之時，嘗有書與執政云：「佐本書生，歷官處自有本末，未嘗得罪於清議。今乃蒙置諸士大夫所不可爲之地，而與數君子接踵而進，除目一傳，天下士人視佐爲何等類？終身之累，孰大於此！」是亦宣子之本心耳。

【二四】湛自率百人繼其後　「百人」，稗海本、學津討原本作「五百人」。

【二五】殊不知陳後山亦嘗用此語送蘇尚書知定州　「定」，稗海本作「常」。

卷八

張魏公二事

高宗視師金陵，張魏公爲守，楊和王領殿前司。有卒夜出，與兵馬都監喧競，卒訴之，公判云：「都監夜巡，職也；禁兵酉點後不許出營，法也。牒宿衛司照條行。」楊不得已斬之。

又嘗詣學，士子有投牒者，視之，則爭博進也。即判云：「士子爭財於學校，教化不明，太守罪也。當職先罰俸半月，牒學照規行。」教官大窘，引去。

羅春伯政事

羅點春伯爲浙西倉攝平江府。忽有顧主訟其逐僕欠錢者【一】，究問雖得實。而僕黠甚，反欲汙其主，乃自陳嘗與主饋之姬通，既而物色，則無有也。於是遂令僕自供姦狀，甚詳，因判云：「僕既欠主人之錢，又且汙染其婢。事之有無雖未可知，然其自供罪狀已明，合從姦罪定斷，徒配施行。所有女使，候主人有詞日根究。」聞者無不快之。

校勘記

【一】忽有顧主訟其逐僕欠錢者　「顧」，稗海本、學津討原本、涵芬樓本作「故」。

庯峭

魏收有「逋峭難爲」之語【二】，人多不知其義。熙寧間，蘇子容丞相奉使契丹，道北京。時文潞公爲留守，燕欸從容，因扣逋峭之義。蘇公曰：「向聞之宋元憲云：『事見《木經》。』蓋梁上小柱名，取其有折勢之義耳。」乃就用此事作詩爲謝云：「自知伯起難逋峭，不及淳于善滑稽。」

而齊、魏間以人有儀矩可喜者，則謂之庯峭。《集韻》曰：「庯庩，屋不平也。庯，奔模反；庩，同都反【三】。今造屈勢有曲折者，謂之庯峭云。」二字與前義亦近似。今京師指人之有風指者，亦謂之波峭。雖轉庯爲波，豈亦此義耶！

許公言

安定郡王子濤，字仲山。在京師時，其兄子沖喜延道流方士。有許公言者，能以藥爲黃金。其人皎然玉樹，有小鑪，高不盈尺。以少藥物就掌中調之，納火中，須臾精金也。謂仲山曰：「如何？」仲山曰：「畢竟只是假。」許愕然，拊其背曰：「善自愛。」越數日，告子沖別，挽留不可。將出門，邀仲山耳語，首言：「君兄且死矣。君手有直紋，未可量，但早年亦蹭困，宜順受之，壽可至六十九。人壽脩短，視其操行。上帝所甚

【二】魏收有逋峭難爲之語　「逋」原作「通」，據涵芬樓本改。下同逕改。

【三】庩同都反　「庩」原闕，據稗海本、學津討原本、涵芬樓本補。

惡者貪，所甚靳者壽，人能不犯其所甚惡，未有不得其所靳者。君能不忘吾言，可至七十九，持之益謹，更可至八十九。外此，非吾所知也。」仲山問其行何之，曰：「中原將亂，吾入蜀耳。」

未數月，子沖一夕無疾而亡。踰年，金入寇，仲山負其母以南，晝伏宵行，數阽於危，僅行脱。平生守許之戒不渝。晚而襲爵，年八十七乃終。克家端明【四】，乃其曾孫也。

士子訴試

王希吕仲衡知紹興郡【五】。舉進士，有爲二試卷，異其名，皆中選。黜者不厭，譁然訴之。王呼其首問曰：「爾生幾何年，凡幾試矣？」衆謂憐其潦倒，則皆以老於場屋對。王曰：「曾中選否？」曰：「正爲累試皆不利也【六】。」王忽作色曰：「爾曹累試不一得，彼一試而兩得，尚敢訴耶！」叱而出之。

趙德莊誨後進

趙忠定汝愚初登第，謁趙彦端德莊。德莊故餘干令，因家焉。故與忠定父兄游，語之曰：「謹毋以一魁寘胸中。」又曰：「士大夫多爲富貴誘壞。」又曰：「今日於上前得一二語獎諭，明日於宰相處得一二語褒拂，往往喪其所守者多矣。」忠定拱手曰：「謹受教。」

【四】克家端明　「克」原作「老」，據稗海本、學津討原本、涵芬樓本改。

【五】王希吕仲衡知紹興郡　「希」原作「常」，據稗海本、學津討原本、涵芬樓本改。「衡」，《宋史》卷三八八《王希吕傳》作「行」。

【六】曰正爲累試皆不利也　「曰」原闕，據稗海本、學津討原本、涵芬樓本補。

前輩於後進如此。

朱墨史

紹聖中，蔡卞重修《神宗實録》，用朱黄删改。每一卷成，輒納之禁中。葢將盡泯其迹，而使新録獨行。所謂朱墨本者，世不可得而復見矣。

及梁師成用事，自謂蘇氏遺體【七】，頗招延元祐諸家子孫若范温、秦湛之徒。師成在禁中見其書，爲諸人道之。諸人幸其書之出，因曰：「此亦不可不録也。」師成如其言。及敗没入，有得其書，携以渡江，遂傳於世。

蘇大璋

三山蘇大璋顒之，治《易》有聲。戊午鄉舉，夢爲第十一人，數爲人言之，以爲必如夢告。既試，將揭榜，同經人訴於郡，謂其自許之確如此，必將與試官有成約，萬一果然，乞究治之。及申號至第十一名，果《易》也。

帥携此狀入院，遍示攷官，謂：「設如此言，諸公將何以自解？不若以待補首卷易之。」衆皆以爲然。既拆號【八】，則自待補爲正解者，大璋也；由正解而易爲待補者，乃投牒之人也。次年，蘇遂冠南宮。此與王俊民事相類。

【七】自謂蘇氏遺體 「謂」原作「魏」，據稗海本、學津討原本、涵芬樓本改。

【八】既拆號 「拆」原作「折」，據稗海本、學津討原本、涵芬樓本改。

徐漢玉

永嘉徐宣字漢玉【九】，治周成子獄，無所枉，自知必得罪，束擔俟命。忽夢神人驅之使去，答曰：「吾分宜去，不待驅逐，但未知當往何所？」神曰：「汝得嚴州。」覺與家人言：「夢真妄耳，吾得罪必南遷，安得在畿乎？」已而謫道州，又徙象州。行至來賓縣，得《圖經》視之，唐嚴州也。歎曰：「吾其不返乎？」果終焉。

韓慥奇卜

紹興末，有韓慥者，賣卜於臨安之三橋，多奇中。庚辰春，曾侍郎仲躬、吕太史伯恭至其肆，則先一人在焉。問其姓，宗子也。次第談命【一〇】，首言趙可至郡守，却多貴子，不達者亦卿郎；次及曾，則曰：「命甚佳，有家世，有文學，有政事，亦有官職。只欠一事，終身無科第。」次至吕，問何幹至此？吕曰：「赴試。」曰：「去年不合發解，今安得省試？」曰：「赴詞科。」曰：「却是詞科人，但不在今年詞科，别有人矣。後三年，兩試皆得之，且不失甲科。」復扣其何所至？沉吟久之，曰：「名滿天下，可惜無福。」已而其言皆驗。

趙名善待【一一】，仕至岳州守。其子汝述爲尚書，适、逵、遇皆卿監郎。曾仲躬名逮

【九】永嘉徐宣字漢玉　「宣」，稗海本、學津討原本作「瑄」。

【一〇】次第談命　「談」原作「諸」，據稗海本、學津討原本、涵芬樓本改。

【一一】趙名善待　「善」原闕，據稗海本、學津討原本、涵芬樓本補。

吉，父，文清公之子，能世其家。舉進士不第，至從官以没。吕太史，隆興癸未諒陰榜南宫第七人，又中宏詞科，爲儒宗。不幸得末疾，甫四十六歲而終。術之神驗如此。

以賦罷相

阜陵在位，上庠月書前列試卷，時經御覽。辛丑大旱，七月私試《閔雨有志乎民賦》。魁劉大譽第六韻云：「雨暘固自於天，感召豈有所主【一二】。儻燮調得人，則斯可有節，而聚斂無度，則亦能不雨。此或未明閔之何補？不見商霖未作，相傳説於高宗；漢旱欲蘇，烹弘羊於孝武。」未幾，趙温叔罷相。

小兒瘡痘

小兒瘡痘，固是危事，然要不可擾之。嘗見趙賓暘曰：「或多以酒麵等物發之，非也；或以消毒飲、升麻湯等解之，亦非也。大要在固臟氣之外，任其自然耳。惟《本事方》捻金散最佳。」又陳劒南剛翁云：「痘瘡切不可多服升麻湯，只須以四君子湯加黄芪一味爲穩耳。」二説皆有理，然或有變證，則不得不資於藥。

癸酉歲，兒女皆發痘瘡。同僚括蒼陳坡，老儒也，因言：「向分教三山日，其孫方三歲。發熱七日，瘡出而倒靨色黑，脣口冰冷，危證也。遍試諸藥皆不效，因乞靈於城隍神，

【一二】感召豈有所主　「有」，稗海本、學津討原本作「無」。

以卜生死。道經一士門，士怪其侵晨倉皇，因遮扣之，遂告以故。士曰：『恰有藥可起此疾，奇甚。』因爲經營少許，俾服之，移時，即紅潤如常。後求其方，甚祕惜之。及代歸，方以見驢。其法用狗蠅七枚狗身上能飛者。擂細，和醅酒少許調服。蠅，夏月極多易得，冬月則藏於狗耳中，不可不知也。」

既而次女瘡後，餘毒上攻，遂成内障，目不辨人，極可憂。遍試諸藥，半月不驗。後得老醫一方，用蛇蜕一具，淨洗，焙令燥。又天花粉即瓜蔞根。等分細末之，以羊子肝破開，入藥在内，麻皮縛定，用米泔水熟煑，切食之，凡旬餘而愈。其後程甥亦用此取效，真奇劑也。

曹西士上竿詩

趙南仲以誅李全之功見忌於趙清臣【一三】，史揆每左右之，遂留於朝。其後恢復事起，遂分委以邊面【一四】。赴鎮之日，朝紳置酒以餞。適有呈緑竿伎者，曹西士賦詩云：「又被鑼聲送上竿，這番難似舊時難。勸君着脚須教穩，多少旁人冷眼看。」末幾，師果不競。

【一三】趙南仲以誅李全之功見忌於趙清臣　「忌」原闕，據稗海本、學津討原本、涵芬樓本補。

【一四】遂分委以邊面　「面」，稗海本、學津討原本、涵芬樓本作「围」。

昌化章氏

昌化章氏，昆弟二人，皆未有子。其兄先抱育族人一子，未幾，其妻得子【一五】。其弟言：「兄既有子，盍以所抱子與我？」兄告其妻，妻猶在蓐曰：「不然，未有子而抱之，甫得子而棄之，人其謂我何？且新生那可保也。」弟請不已，嫂曰：「不得已，寧以吾新生與之。」弟初不敢當，嫂卒與之。

已而，二子皆成立。長曰翊【一六】，字景韓；季曰詡，字景虞。翊之子樵、槱，詡之孫鑄、鑑，皆相繼登第，遂爲名族。孝友睦婣之報如此。婦人有識，尤可尚也。

吳季謙改秩

吳季謙愈，初爲鄂州邑尉，常獲刼盜。訊之，則昔年有某郡倅者，江行遇盜，殺之。其妻有色，盜脇之曰：「汝能從我乎？」妻曰：「汝能從我，則我亦從汝，否則殺我。」盜問故，曰：「吾事夫若干年【一七】，今至此已矣，無可言者。僅有一兒才數月，吾欲浮之江中，幸而有育之者，庶其有遺種，吾然後從汝無悔。」盜許之，乃以黑漆團合盛此兒，藉以文褓，且置銀二片其旁，使隨流去。

如是十餘年。一日，盜至鄂，艤舟。挾其家至某寺設供。至一僧房，庋間黑合在焉，

【一五】其妻得子　「子」原作「翊」，據稗海本、學津討原本、涵芬樓本改。

【一六】長曰翊　「翊」原作「翊」，據稗海本、學津討原本、涵芬樓本改。下同。

【一七】吾事夫若干年　「若干年」，稗海本作「者十年」。

妻一見識之【一八】，驚絶幾倒。因曰：「吾疾作，姑小憩於此，毋撓我。」乘間密問僧，何從得此合？僧言：「某年月日得於水濱，有嬰兒及白金在焉。吾收育之，爲求乳食。今在此，年長矣。」呼視之，酷肖其父。

乃爲僧言始末，且言：「在某所，能爲我聞之有司，密捕之可以爲功受賞，吾寃亦釋矣。」僧爲報尉，一掩獲之，遂取其子以歸。季謙用是改秩。

作邑啓事

龔聖任言，林德崇父，嘗爲劇縣有聲。其與監司啓有云：「鳴琴堂上，將貽不治事之譏；投巫水中，必得擅殺人之罪。」時以爲名言。

劉潛夫宰建陽，亦有一聯云：「每嗟民力，至叔世而張弓；欲竭吏能，恐聖門之鳴鼓。」語意尤勝，信乎治邑之難也。

齋不茹葷必變食

《莊子·人間世》云：「仲尼曰：『齋，吾語若。』顔回曰：『回之家貧，唯不飲酒、不茹葷者數月矣。若此，則可以爲齋乎？』曰：『祭祀之齋，非心齋也。』」鄭玄註曰【一九】：「葷，辛菜也。」按《説文》：「葷，臭菜也。」鍇曰：「通謂芸、薹、椿、韮、蒜、葱、阿魏之屬，

【一八】妻一見識之　「妻」，據稗海本、學津討原本補。

【一九】鄭玄註曰　「鄭玄」，稗海本、涵芬樓本作「成玄英」。

注云：「齊必變食也。」疏曰：「齊必變食，故加牲體至三太牢【二二】。牛、羊、豕具爲一牢。」

胡明仲論梁武曰：「祭祀之齋，居必遷坐，必變服【二三】，必變食【二四】，食爲盛饌。一其心志，潔其氣體，以與神明交，未嘗不飲酒，不茹葷也。」

晦菴釋「齋必變食」，亦取《莊子》，而黄氏亦兼取之。朱又謂：「葷是五辛。」又曰：「今致齋有酒，非也。」然《禮》中乃有「飲不至醉」之説，何邪？

二李省詩

蜀中類試，相傳主司多私意與士人相約爲暗號，中朝亦或有之，而蜀以爲常。李壁季章【二五】、𡌴季永，同登庚戌科，己酉赴類省試【二六】。二公皆以文名一時，而律賦非所長。鄉人侯某者以能賦稱，因資之以潤色。

既書卷，不以詩示侯，侯疑其必有謂。將出門，侯故少留，李遂先出，而侯踵其後。至納卷所，扣吏以二李卷子，欲借一觀，以小金牌與之。吏取以示，則詩之景聯皆曰【二七】：「日射紅鸞扇，風清白獸樽。」侯即於己卷改用之。

【二〇】冕而乘輅者　「冕」，涵芬樓本作「絻」。

【二一】日三舉　「日」原闕，據稗海本補。

【二二】故加牲體至三太牢　「牲」原作「生」，據稗海本、學津討原本、涵芬樓本改。

【二三】必變服　三字，涵芬樓本作「不必變服」。

【二四】必變食　三字，涵芬樓作「齋必變食」。

【二五】李壁季章　「壁」原作「璧」，據《宋史》卷三九八《李壁傳》改。

【二六】己酉赴類省試　「酉」原作「有」，據稗海本、學津討原本、涵芬樓本改。

【二七】則詩之景聯皆曰　「景」，稗海本作「警」。

既而皆中選。二李謝主司，主司問：「此二句，惟以授於昆仲，何爲又以與人？」李怳然不知所以。他日，微有所聞，終身與侯不協。

宗子請給

王介甫爲相，裁減宗室恩數，宗子相率訴馬前，公諭之曰：「祖宗親盡，亦須祧遷，何況賢輩。」荆公行一切不恤之政，獨於此事，未爲不然。

熙寧詔裁宗室授官法及恩例，東坡亦以爲然，曰：「此實陛下至明至斷，所以深計遠慮，割愛爲民。」其後無戚疏少長，皆仰食縣官。西南兩宗無賴者，至縱其婢使與閭巷通，生子則認爲己子而利其請給，此自古所無之弊例也。

鄭安晚前讖

鄭丞相清之，在太學十五年，殊困滯無聊。乙亥歲，甫升舍選，而以無名闕，未及奏名，遂仍赴丁丑省試。臨期，又避知舉袁和叔親試别頭，愈覺不意。及試《青紫明主恩》詩押明字，短晷逼暮，思索良艱，漫檢韻中，有頳字可用，遂用爲末句云：「他年蒙渥澤，方玉帶圍頳。」

歸爲同舍道之，皆大笑曰：「緑衫尚未能得着，乃思量繫玉帶乎？」已而中選，攀附驟貴，官至極品，竟此賜，遂成吉讖。以此知世之叨竊富貴，皆非偶然也。

趙僉判花字樣

趙時杖爲平江僉幕，其訓名不雅。凡書判決杖，吏輩皆用紙貼之，此亦可笑。其押字，作一大口字，而申其下一畫。陳子爽愷作守，初到見之，書其側云：「僉判押字大空空，請改之，庶幾務實。仍請別押一樣來。」聞者無不大笑。正可與李晉仁喏樣爲對也。

一府三守

放翁《筆記》言：「慶曆初，夏竦判永興軍，陳執中、范雍並爲知軍。」一府三守，不知職守如何分？既非長貳，文移書牒之類必有程式。官屬胥吏，何所禀承？國史不載，莫可攷也。然諫官御史不以爲非，三公亦不辭，豈在當時，亦便於事耶【二八】？

今按竦先以都部署兼經略招討使、判永興軍，既而執中爲同都部署經略使知軍，而詔竦判如故。未幾，竦屯鄜州，執中屯涇州。蓋兩人議邊事不合，故分任之。未幾，又以范雍知軍。竦、執中既分出按邊，而領府事猶故。於是一府三守，公吏奔趨往來想不勝其擾，自昔未嘗有也。然則史未嘗不載，而於事安得爲便乎？

【二八】亦便於事耶　「事耶」原作「是耶」，據稗海本、學津討原本、涵芬樓本改。

六么羽調

《演繁露》云：「唐有新翻羽調緑腰【二九】。白樂天詩自集註云：『即六么也。』今世亦有六么，而其曲有高平、仙吕調，又不與羽調相協，不知是唐遺聲否？」

按今六么中，吕調亦有之，非特高平、仙吕也。唐《禮樂志》：俗樂二十八調，中吕、高平、仙吕在七羽之數。蓋中吕、夾鍾，羽也；高平、林鍾，羽也；仙吕、夷則，羽也。安得謂之不與羽調相協，蓋未之攷爾。

香炬錦茵

秦檜之當國，四方餽遺日至。方德帥廣東【三〇】，爲蠟炬以衆香實其中，遣駛卒持詣相府，厚遺主藏吏，期必達，吏使俟命。一日，宴客【三一】，吏曰：「燭盡。適廣東方經略送燭一掩，未敢啓。」乃取而用之。俄而異香滿坐，察之，則自燭中出也。亟命藏其餘枚，數之，適得四十九。呼駛問故，則曰：「經略專造此燭供獻，僅五十條，既成，恐不嘉，試爇其一，不敢以他燭充數。」秦大喜，以爲奉己之專也，待方益厚。

鄭仲爲蜀宣撫，格天閣畢工，鄭書適至，遺錦地衣一鋪。秦命鋪閣上，廣袤無尺寸差，秦默然不樂，鄭竟失志，至於得罪。二公爲計同，一以見疑，一以見厚，固有幸不幸，要不

【二九】唐有新翻羽調緑腰　「羽」原作「調」，「緑」原作「缘」，據稗海本、學津討原本、涵芬樓本改。

【三〇】方德帥廣東　「方德」原作「方滋德」，據稗海本、韓元吉《南澗甲乙集》卷二一《方公墓志銘》删改。

【三一】一日宴客　「宴客」原作「守各」，據稗海本、學津討原本、涵芬樓本改。

若居正之無悔吝也。

登聞鼓

《筆談》言洛京留臺有舊案，言國初取索鹵簿法仗，報言：「本京鹵簿，因清泰間末帝將帶逃走，不知所在。」人傳以爲笑。

今登聞鼓院初供職吏，具須知單狀，稱：「本院元管鼓一面，在東京宣德門外，被太學生陳東等擊碎，不曾搬取前來。」正與此相類，皆可資捧腹也。

義絶合離

莆田有楊氏，訟其子與婦不孝。官爲逮問，則婦之翁爲人毆死，楊亦預焉。坐獄未竟，而值覃霈，得不坐。然婦仍在楊氏家。有司以大辟既已該宥，不復問其餘，小民無知，亦安之不以爲怪也。

其後，父又訟其子及婦。軍判官姚瑤以爲「雖有讎隙，既仍爲婦，則當盡婦禮」，欲併科罪。陳伯玉振孫時以倅攝郡，獨謂：「父子天合，夫婦人合，人合者，恩義有虧則已矣。在法，休離皆許還合【三二】，而獨於義絶不許者，蓋謂此類。況兩下相殺，又義絶之尤大者乎！初間，楊罪既脱，合勒其婦休離，有司既失之矣。若楊婦盡禮於舅姑，則爲反親事

【三二】休離皆許還合 「休」原作「合」，據稗海本改。

鰥，稍有不至，則舅姑反得以不孝罪之矣。當離不離，則是違法。在律，違律爲婚，既不成婚，即有相犯，並同凡人。今其婦合比附此條，不合收坐。」時皆服其得法之意焉。

按《筆談》所載，壽州有人殺妻之父母兄弟數口【三三】。州司以不道，緣坐其妻子。刑曹駮之曰：「毆妻之父母，即爲義絶，況身謀殺，不應復坐。」此與前事正相類。凡泥法而不明於理，不可以言法也。

熊子復

熊克，字子復，博學有文。王季海守富沙日，漕使開宴，命子復譔樂語，季海讀之稱善。詢司謁者曰：「誰爲之？」答曰：「新任某州熊教授也。」自此甚見前席。別後，子復一向官湖湘間，不相聞者幾二十年。及改秩作邑滿，造朝謁光範。季海時爲元樞，詢子復曰：「近亦有著述乎？」子復以兩編獻。

一日，後殿奏事畢，阜陵從容曰：「卿見近日有作四六者乎？」時學士院闕官，上不訪之趙丞相而訪之季海，於是以陸務觀等數人對。上云：「朕自知之，今欲得在下僚未知名者爾。」季海遂及子復姓名。上云：「此人有近作可進來。」季海退以所獻繳入。翌日，上謂季海曰：「熊克之文，朕嘗觀之，可喜。」蓋欲置之三館兼翰苑也。季海奏云：「如此恐太驟，不如且除院轄，徐召試。使克文聲著於士大夫間，則人無間言。」阜陵然

【三三】壽州有人殺妻之父母兄弟數口　「壽」，稗海本作「撫」。

之，遂除提轄文思院。

他日，趙丞相進擬，上曰：「朕自有人。」趙問：「何人？」上曰：「熊克。」又曰：「陛下何以知之？」曰：「朕嘗見其文字。」又問：「陛下何從得其文字，此必有近習爲道地者。」上曰：「不然。」季海雖知由己所薦，以上既不言，亦不敢泄。而趙終疑之。

未幾，召試。故時，學士院發策，率先示大略，試者得爲之備。趙乃以喻周子充云：「此非佳士也。」克屢造請求問目，子充不答，及對策殊略，克大以爲恨。故在玉堂，每當子充制詔，輒無美辭，後竟出知台州。

鄭時中得官

鄭時中，字復亨，三衢人。在上庠日，多游朝紳間。好大言，嘗語同舍曰：「前舉漕薦，乃術者曹谷先許，今復來矣。」有好事聞之曰：「此必谷又許之。」乃與偕走其肆，則鄭實未嘗先往。曹沉吟久之，頻自摇首，推演再三，乃曰：「吾十年前，曾許此命來春必高選，今所見乃不然。雖然，來春定得官，但非登科耳。今秋得舉，却不必問。」鄭乃曰：「吾家無延賞，來年不郊，非科舉何由得官？」谷曰：「某見得如此耳。」

既而程泰之大昌與鄭同薦，程第而鄭不利。時余松茂老爲秦會之客，第三人及第。秦與謀代，余因薦鄭，秦亦悦其辯，設禮有加，鄭無以頌之。

嘗聞其季父行可名仲熊者，言舊在太學，目擊靖康金人欲立張邦昌，秦爲中司，特議立趙氏。金酋召赴軍前，秦遂遣妻王氏南歸。已登舟，王聞變，亟步以往。秦時猶未入北軍，因同入肆買虀麪【三四】。人已盈坐，主人横一卓溝上使坐，王憂懼不能舉筯，秦兼盡之，略無懼色。已，乃同至軍前被執。鄭因於坐間舉此事，謂親得之行可。秦意正欲暴白此事，而人無知者，聞其言大喜。時行可猶仕州縣，即召用之，二年，同爲執政。是歲復亨亦得官，其神驗如此。

詩詞祖述

隆興間，魏勝戰死淮陰，孝宗追惜之。一日，諭近臣曰：「人才須用而後見，使魏勝不因邊釁，何以見其才？如李廣在文帝時，是以不用，使生高帝時，必將大有功矣。」其後，放翁贈劉改之曰：「李廣不生楚、漢間，封侯萬户宜其難。」蓋用阜陵語也。改之大喜，以爲善名我。

異時，劉潛夫作《沁園曲》云：「使李將軍遇高皇帝，萬户侯何足道哉！」又祖放翁語也。

【三四】因同入肆買虀麪　「同」原作「司」，據稗海本、學津討原本、涵芬樓本改。

嘲覓薦舉

直齋陳先生云：向爲紹興教官日，有同官初至者，偶問其京削欠幾何？答云：「欠一二紙。」數月，聞有舉之者。會間，賀其成事，則又曰：「尚欠一二紙。」又越月，復聞有舉者，扣之，則所答如前。余頗怪之。他日，與王深甫言之，深甫笑曰：「是何足怪？子不見臨安丐者之乞房錢乎？暮夜，號呼於衢路曰：『吾今夕所欠十幾文耳。』有憐之者，如數與之，曰：『汝可以歸卧矣。』感謝而退。去之數十步，則其號呼如初焉。子不彼之怪，而此之怪，何哉！」因相與大笑而罷。

校勘記

卷九

形影身心詩

靖節作形影相贈神釋之詩，謂貴賤賢愚，莫不營營惜生。故極陳形影之苦，而以神辨自然，以釋其惑。《形贈影》曰：「願君取吾言，得酒莫苟辭。」《影答形》曰：「立善有遺愛，胡可不自竭。」形累養而欲飲，影役名而求善，皆惜生之惑也。神乃釋之曰：「大鈞無私力，萬理自森著。人爲三才中，豈不以我故。」此神自謂也。又曰：「日醉或能忘，將非趣齡具。」所以辨養之累。又曰：「立善常所忻，誰當與汝譽。」所以解名之役，然亦僅在趣齡與無譽而已。設使爲善見知，飲酒得壽，則亦將從之耶？於是又極其釋曰：「縱浪大化中，不喜亦不懼。應盡便須盡，無事勿多慮。」此乃不以死生禍福動其心，泰然委順，乃得神之自然，釋氏所謂斷常見者也。

坡翁從而反之曰：「予知神非形，何復異人天。豈惟三才中，所在靡不然。」又云：「委順憂傷生，憂死生亦遷。縱浪大化中，正爲化所纏。應盡便須盡，寧復俟此言。」

白樂天因之作《心問身》詩云：「心問身云何泰然，嚴冬煖被日高眠。放君快活知恩否，不早朝來十一年。」身答心曰：「心是身王身是宫，君今居在我宫中，是君家舍君須愛，何事論恩自説功。」心復答身曰：「因我疎慵休罷早，遣君安樂歲時多。世間老苦人何限，不放君閒奈我何。」此則以心爲吾身之君，而身乃心之役也。

坡翁又從而賦六言曰：「淵明形神自我，樂天身心於物。而今月下三人，他日當成幾佛？」

然二公之説雖不同，而皆祖之列子力命之論。力謂命曰：「若之功，奚若我哉？」命曰：「汝奚功於物，而欲比朕？」力曰：「壽夭窮達，貴賤貧富，我力之所能也。」命遂歷陳彭祖之壽，顔淵之夭，仲尼之困，殷紂之君，季札無爵於君，田恒專有齊國，夷、齊之餓，季氏之富：「若是，汝力之所能，奈何壽彼而夭此，窮聖而達逆，賤賢而貴愚，貧善而富惡耶？」力曰：「若如是言，我固無功於物，而物若此耶？此則若之所制耶？」命曰：「既謂之命，奈何有制之者？朕直而推之，曲而任之。自壽自夭，自窮自達，自貴自賤，自富自貧，朕豈能識之哉！」此蓋言壽夭窮達，貧賤富貴，雖曰莫非天命，而亦非造物者所能制之，直付之自然耳。此則淵明神釋，所謂「大鈞無私力」之論也。

其後，楊龜山有讀《東坡和陶影答形》詩云：「君如煙上火，火盡君乃别；我如鏡中像，鏡壞我不滅。」蓋言影因形而有無，是生滅相。故佛云：「一切有爲法，如夢幻泡影。」正言其非實有也，何謂不滅？此則又墮虚無之論矣。

父執之禮

前輩事父執之禮甚嚴。漢馬伏波有疾，梁松來候之，獨拜牀下，援不答。松去，諸子問曰：「梁伯孫，帝壻貴重，公卿莫不憚之，大人獨不爲禮？」援曰：「我乃松之父友也，雖貴，何得失其序乎！」

王丹召爲太子少傅，大司徒侯霸欲與交友，遣子昱候於道，迎拜車下，丹下答之。昱曰：「家君欲與君結友【一】，何爲見拜？」丹曰：「君房有是言，丹未之許也。」然則答拜乃疏之耳。

至國朝東都時，此禮猶在。韓魏公留鑰北京日，李稷以國子博士爲漕，頗慢公，公不與較，待之甚禮。俄潞公代魏公爲留守，未至，揚言曰：「李稷之父絢，我門下士也。聞稷敢慢魏公，必以父死失教至此。吾視稷，猶子也，果不悛，將庭訓之。」公至北京，李稷謁見，坐客次。久之，着道服出，語之曰：「而父，吾客也，只入拜。」稷不獲已，如數拜之。此事或傳李稷爲許將。

熙寧初，吕晦叔子謁歐陽公於潁上，疑當拜與否。既見叙拜，文忠不復辭，受之如受子姪之禮。二子既出，深歎前輩不可及。

崇寧間，陸佃農師在政府日，有大卿岑象先嵓起於農師爲父執。一日來訪，延之堂

【一】家君欲與君結友　「友」，涵芬樓本作「交」。

奥，具冠裳拜之。既而岑作手簡來謝云：「前日登門展慶，蒙公敦篤事契，俾納貴禮。於公有撝謙之光，使老者增僭易之過。然大將軍有揖客，古人以爲美談，今文昌綱轄有受拜客，顧不美於前人乎。」

前輩遇通家子弟，初見請納拜者，既受之，則設席望其家遥拜其父祖，乃始就坐。蓋當時風俗尚厚，雖執政之於庶官亦講此禮，不以爲異也。自南渡以後，則世道日薄矣。然余幼時，猶見親舊通家初見日，必先拜其家影堂，然後請謁。此禮今亦不復見也。

李全

李全，淄州人，第三，以販牛馬來青州。有北永州牛客張介引至漣水。時金國多盜，道梗難行，財本寖耗，遂投充漣水尉司弓卒。因結羣不逞爲義兄弟，任俠狂暴，剽掠民財，黨與日盛，莫敢誰何，號爲李三統轄。後復還淄業屠，嘗就河洗刷牛馬，於游土中蹴得鐵鎗桿，長七八尺。於是就上打成鎗頭，重可四十五斤。日習擊刺，技日以精，爲衆推服，因呼爲李鐵鎗。遂挾其徒横行淄、青間，出没抄掠。

淄、青界内有楊家堡，居民皆楊氏，以穿甲、製韡爲業。堡主曰楊安兒，有力强勇，一堡所服。亦嘗爲盜於山東，聚衆至數萬。有妹曰小姐姐，或云其女，後稱曰姑姑。年可二十，膂力過人，能馬上運雙刀，所向披靡。全軍所過，諸堡皆載牛酒以迎，獨楊堡不以爲意。全知其事，故攻劫之。安兒亦出民兵對壘，謂全曰：「你是好漢，可與我妹挑打一番。若贏時，我妹與你爲妻。」全遂與酣戰終日無勝負，全忿且慙。適其處有叢篠，全令二壯士執鈎刀，夜伏篠中。翌日再戰，全佯北，楊逐之，伏者出，以刀鈎止，大呼，全回馬挾之以去。安兒乃領衆備牛酒，迎歸成姻，遂還青州，自是名聞南北。

時金人方困於敵，張介又從而招之，授以兵馬，衣以紅袍，號紅襖軍。嘉定十一年間，金人愈窮蹙，全因南附【二】，乃與石珪、沈鐸輩結黨以來，知楚州應之純遂納之【三】，累戰功至副總管。明年，金主珣下詔招之，全復書有云：「寧作江淮之鬼，不爲金國之臣。」遂以輕兵往濰州，遷其父母兄嫂之骨葬於淮南，以誓不復北向。時山東已爲韃所破，金不能有，全遂下益都，張林出降，遂併獻濟、莒、滄、濱、淄、密等凡二府九州四十縣，降頭目千人，戰馬千五百匹，中勇軍十五萬人。聞於朝，遂以全爲左武衛大將軍、廣州觀察使、京東忠義軍都統制、馬步軍副總管，特賜銀、絹、緡錢等。

先是，賈涉知鹽城縣，以事忤淮漕，方信孺劾之，未報。涉廉知信孺陰遣梁昭祖航海致餽，以結李全，遂遣人捕得之，亟申於朝，方由是罷，涉召入爲大理司直，未幾，知楚州。時忠義軍頭目李先【四】，拳勇有膽氣，且併領石珪、沈鐸之軍，李全深忌之。至是，極力擠先，涉遂以李先反側聞於朝。於是召先赴密院審察，甫至都門，殿帥馮樹宴之三茅觀後小寨，命勇士扑殺之【五】，於是全愈無忌憚矣。先既誅，漣水人情不安，頭目裴淵等遂請石

【二】全因南附　「全」原作「金」，據稗海本、學津討原本、涵芬樓本改。

【三】知楚州應之純遂納之　「應之純」，《宋史》卷四〇三《賈涉傳》、卷四七六《李全傳》作「應純之」。

【四】時忠義軍頭目李先　「李」，《宋史》卷四七六《李全傳》作「季」。

【五】命勇士扑殺之　「扑」原作「朴」，據涵芬樓本改。

珪爲帥於盱眙。制司大恐，遂令李全率萬人以往，全憚珪，不敢動。制司無策，遂分其軍爲六【六】。乃呼裴淵赴山陽稟議，責以專擅招珪，令密圖之，以功贖罪。會韃兵至漣水，珪亦自疑，遂殺淵以歸韃。

先是，權尚書胡榘嘗言全狼子野心不可倚仗【七】，及全獲捷於曹家莊，擒金人僞駙馬，乃作《濠梁歌》以誚之云【八】：「春殘天氣何佳哉，捷書夜自濠梁來，將軍生擒僞駙馬，虜兵十萬冰山摧。何物輕猥挑胡羯，萬里煙塵暗邊徼，邊臣玩寇不却攘，三月淮堧驚蹀血。廟謨密遣山東兵，李將軍者推忠精，鐵鎗匹馬首破陣，喑嗚叱咤風雲生。摧殺羣妖天與力，虜醜成擒不容逸，失聲走透虜鼓搥，猶截騰驤三百匹。防圍健使催賜金，曹家莊畔殺胡林，遊魂欲反定懸膽，將軍豈知關塞深。君不見，往日蘄王邀兀术，圍合狐跳追不得，夫人明日拜函封，乞罪將軍縱狂逸。豈知李侯心膽麄，捕縛猘子纔須臾，金牛走敵猛將有，沔州斬賊儒生無。宗社威靈人制勝，養鋭圖全勿輕進，會須入汴縛酇王，笳鼓歸來取金印。」既而涉以病歸，遂以鄭損繼之。損與涉素不相成，幕中諸客懼損修怨，乃嗾李全申請，乞差真德秀、陳韡、梁丙知楚州。於是朝廷遂改損爲四川制置，乃以知閤門事許國用徐本中例換授朝議大夫，再轉爲太府少卿、知楚州。

國自是歉然，懼儕輩輕己。開閫之初，命管軍已下皆執朝參之禮。時全已爲保寧軍節度使，前閫皆與抗禮。至是，幕府宋恭、苟夢玉等懼變【九】，遂調停，約全拜於庭下，國

【六】遂分其軍爲六　「六」原作「五」，據《宋史》卷四七六《李全傳》改。

【七】權尚書胡榘嘗言全狼子野心不可倚仗　「尚」原作「上」，據學津討原本、涵芬樓本改。

【八】乃作濠梁歌以誚之云　「濠梁歌」，涵芬樓本作「濠梁凱歌」。

【九】苟夢玉等懼變　「苟」原作「茍」，據涵芬樓本改。下同逕改。

答拜於堂上。議已定，及庭參，國乃傲然坐而受之，全大慙憤，竟還青州。

至冬，國大閲兩淮軍馬，全妻李姑姑者，欲下教場犒軍，實求釁耳，幕府復調停力止。及淮西軍回，人僅得交子五貫，乃盡以弓刀售之李軍，而淮西軍亦怨矣。未幾，全將劉慶福自青來，謀以丁祭之夕作亂，以謀泄而止。既而制府出榜，以高顯爲詞，指摘北軍。慶福亦大書一榜，揭於其右，語殊不遜。次日，慶福開宴於萬柳亭，游幕諸客及青州倅姚翀在焉。酒行方酣，忽報全至海州，促慶福北還。時國方納謁，北軍徑自南門入，直趍制府。强勇軍方解甲，望見北軍，皆棄去，遂排大門而入。帳前親兵欲御之，國乃大呼曰：「此輩不過欲多得錢絹耳。」方行喝犒，聞北軍大喊登城，張旗幟，火已四起，飛矢如雨。國額中一箭，徑趨避於楚臺。北軍刼掠府庫，焚燬殆盡。國在楚臺久之，使令姚翀求和。翀遂縋城而出，以直繫書「青州姚通判」，以長竿揭之馬前，往見李姑姑。李遜謝不能統轄諸軍以致生變。姚遂請收軍，李云：「只請制置到此商量，便可定也。」姚亟回報，則國已遁矣。次日，北軍得國於三茅道堂，以小竹輿輿至李軍。國不能發一語，復送還楚臺，以兵環守，國遂死焉。文武官遇害者凡數十人。未幾，全乃入弔，行慰奠禮，且上章自劾，朝廷不敢問也。遂進全爲少保，而以大理卿徐希稷知楚州【一〇】。

軍變之先一日，苟夢玉已知其謀，亟告於國，國不以爲然。至是，全得其告變之書，欲殺之，而夢玉已歸滁。乃命數十騎邀於路而殺之。制府捐三千緡捕賊，而全亦捐五千緡，

【一〇】而以大理卿徐希稷知楚州　「希」，《宋史》卷四七六《李全傳》作「晞」。下同。

無狀大率如此。希稷至楚，一意逢迎，全益以驕。

既而還青州，或傳爲金人所擒，或以爲已死。劉琸乘時自誇以驅除餘黨【一一】。及丞相入其言【一二】，遂召希稷，而以琸爲代，琸即以盱眙軍馬自隨。中途所乘馬無故而踣，琸怒，遂斬一濠寨官，人疑其非吉徵也。琸初至，軍聲頗振，不數日，措置乖方。南、北軍已相疑，適忠義軍總管夏全自盱眙領五千人來。先是，全欲殺夏，琸爲解免之，至是，琸留以自衛，且資其軍以制全。然夏軍素驕，時作過刼掠居民【一三】，琸乃捕爲首數人斬之，猶未戢。乃劄忠義都統權司張忠政權副都統【一四】，忠政辭不就。楊姑姑知之，遂呼忠政謀所以拒制司之策。忠政曰：「朝廷無負北軍，夫人若欲忠政反，惟有死耳。」遂歸家，令妻子自經，次焚告勑寶貨於庭，然後自盡。

制司聞變，遂戒嚴。命夏全封閉李全、劉全、張林等府庫，且出榜令北軍限三日出城。是日，諸營搬移自東北門出。夏軍坐門首搜檢，凡金銀婦女多攘取之。餘皆疑懼不敢出，制司又從而驅逐之。有黑旗一對僅百人，乃北軍之精鋭者，堅不肯出。潛易衣裝，與夏軍混雜。南軍欲注矢揮刃，則呼曰：「我夏太尉軍也。」南軍遂不疑之。至晡，大西門上火忽起，至夜，遂四面縱火，殺害軍民。琸遂命守子城，護府庫。凡兩日夜，軍皆無火飯，飢困不復用命。夏全知事急，遂挺身入北軍。李姑姑遂與夏劇飲，酒酣，泣曰：「少保今不知存亡，妾願以身事太尉，府庫人馬，皆太尉物也。本一家人，何爲自相戕？若今日勦除

【一一】劉琸乘時自誇以驅除餘黨　「誇」，涵芬樓本作「詭」。

【一二】及丞相入其言　「及」，涵芬樓本作「史」。

【一三】時作過刼掠居民　「作」，涵芬樓本作「有」。

【一四】乃割忠義都統權司張忠政權副都統　「忠政」，《宋史》卷四七六《李全傳》作「正忠」。

李氏，太尉能自保富貴乎？」夏全惑其説，乃陰與李軍合，反戈以攻南軍。琸屢遣人招夏議事，竟不至，乃以十萬貫犒軍求和。夏全乃令開一路，以馬軍二百衛送琸出大西門。星夜南奔，至寶應，已四鼓矣。從行官屬惟余元廙、沈宣子，餘悉死焉。夏軍回至淮陰，乃爲時青、令暉夾擊，盡得所擄財物七巨艘。既至盱眙，范成、張惠閉門拒之，且就軍中殺其母妻，於是夏全乃輕身北竄。劉琸遂移司於揚之堡寨，朝廷遂改楚爲淮安州，命將作少監姚翀知州事。

時李全猶未還，王義深、國安用爲權司。劉慶福與張甫謀就楚之淮河縛大浮橋。或告李姑姑以二人欲以州獻金人，姑姑即遣人請姚翀議事，翀不獲已而往，則大廳已設四果卓，餘二客則慶福及甫也。慶福先至，姑姑云：「哥哥不快，可去問則箇。」謂李福也。時福卧於密室，凡迂曲數四乃至。慶福至榻前云：「哥哥没甚事？」福云：「煩惱得恁地。」劉覘福榻有劍出稍，心動，亟出，福急揮劍中其腦。既而甫至，於外呼云：「總管没甚事否？」福隱身門左，俟其入，即揮劍，又仆之，福遂攜二首以出，乃大張樂劇飲。姚遂揭榜，以劉、張欲謀作逆【一五】，密奉朝旨已行誅戮，乃聞於朝。李福增秩，姑姑賜金，進封楚國夫人。未幾，福復以預借糧券求釁，遂召北軍入城，官民死者甚衆，姚翀賴國安用匿之而免。於是朝廷諸閫各主勦除分屯之説，久之不決。既而盱眙守彭忳乃遣張惠、范成入淮安，説國安令殺李福及李姑姑。未幾，李福就戮，而姑姑則易服往海州矣。

【一五】以劉張欲謀作逆　「逆」，涵芬樓本作「過」。

其後分屯之説已定，而江閫所遣趙灊夫勸殺之兵適至【一六】。北軍怒爲張、范所賣，欲殺之，二人遂遁去。國安用追至盱眙，彭忳宴之，方大合樂，忽報軍變，始知張、范已獻盱眙於北矣，彭忳遂爲所擒。

既而李全至楚，揭榜自稱山東、淮南行省，於是盡據淮安、海州、漣水等處。先是，全遣張國明入朝禀議，嫚書至，朝廷未有以處之。會時青亦遣人至，國明遂遣人報全，全遂殺青。國明極言李全無它意，朝廷遂遣趙拱奉兩鎮節鉞印綬以往。而江閫乃遣申生結全帳下謀殺之，事覺，全囚申生，以其事上於朝。葢全時已有叛志矣。會鹽城陳遇謀於東海截奪全青州運糧之船，全由是愈怒，遂興問罪之師。首攻海陵，守臣宋濟迎降，遂進圍揚州。朝廷始降詔削奪全官爵，住結錢糧，會諸路兵誅討，然戰多不利，内外爲之震動。是時全合諸項軍馬，併驅鄉民二十餘萬，一夕築長圍數十里，圍合揚之三城，爲必取之計。會元夕，欲示閑暇，於城中張燈大宴，全亦張燈於平山堂中。夜，全乘醉引馬步極力薄城，趙范命其弟葵領兵出城迎戰，至三鼓，勝負未決。葵先命李虎、丁勝同持兵塞其甕門。至是，全欲還，而門已塞，進退失據，且戰且退，遂陷於新塘，由是各散去。次日於沮洳亂屍中，得一紅袍而無一手指者，乃全也。先是，全投北，嘗自斷一指，以示不復南歸。時紹定四年正月。後三日，北軍悉遁，制府露布聞於朝，遂乘勝復泰之鹽城。後三月，淮南諸州北軍皆空城而去矣。

【一六】而江閫所遣趙灊夫勸殺之兵適至　「夫」原作「大」，據稗海本、學津討原本、涵芬樓本改。

其雛松壽者，乃徐希稷之子。賈涉開閫維揚日，嘗使與諸子同學。其後全無子，屢託涉祝之。涉以希稷向與之念，遂命與之，後更名壇云【一七】。劉子澄嘗著《淮東補史》，紀載甚詳。然余所聞於當時諸公，或削書所未有者，因摭其槩於此，以補劉氏之闕文云。

王公衮復讎

王宣子尚書母，葬山陰獅子塢，爲盜所發。時宣子爲吏部員外郎，其弟公衮待次烏江尉，居鄉物色得之，乃本村無賴嵇泗德者所爲。遂聞於官，具服其罪，止從徒斷，黥隸他州，公衮不勝悲憤。時猶拘留鈐轄司，公衮遂誘守卒飲之以酒，皆大醉，因手斷賊首，朝復提之自歸有司。宣子亟以狀白堂，納官以贖弟罪。

事下給舍議，時楊椿元老爲給事，張孝祥安國兼舍人，書議狀曰：「復讎，義也。夫讎可復，則天下之人，將交讎而不止，於是聖人爲法以制之。當誅也，吾爲爾誅之，當刑也，吾爲爾刑之，以爾之讎，麗吾之法。於是凡爲人子而讎於父母者不敢復，而惟法之聽，何也？法行則復讎之義在焉故也。今夫佐、公衮之母，既葬而暴其骨，是僇尸也。父母之讎，孰大於是。佐、公衮得賊而輒殺之，義也，而莫之敢也，以爲有法焉。律曰：『發冢開棺者絞。』二子之母，遺骸散逸於故藏之外，則賊之死無疑矣。賊誠死，則二子之讎亦報，此佐、公衮所以不敢殺之於其始獲，而必歸之吏也。獄成而吏出之，使賊陽陽出入閭

【一七】後更名壇云　「壇」原作「壇」，據《宋史》卷四五《理宗紀五》改。

巷與齊民等【一八】。夫父母之讎，不共戴天者也。二子之始不敢殺也，蓋不敢以私義故亂法。今獄已成矣，法不當死，二子殺之，罪也；法當死，而吏廢法，則地下之辱，沈痛鬱結，終莫之伸，爲之子者，尚安得自比於人也哉！佐有官守，則公衮之殺是賊，協於義而宜於法者也。《春秋》之義，復讎。公衮起儒生，尫羸如不勝衣。當殺賊時，奴隸皆驚走，賊以死捍，公衮得不死，適耳。且此賊掘冢至十數，嘗敗而不死，今又敗焉，而又不死，則其爲惡，必侈於前。公衮之殺之也，豈特直王氏之寃而已哉！椿等謂公衮復讎之義可嘉，公衮殺掘冢法應死之人爲無罪，納官贖弟之請當不許，故縱失刑有司之罰宜如律。」詔：「給舍議是。」

其後，公衮於乾道間爲勑令所删定官。一日，登對。孝宗顧問左右曰：「是非手斬發冢盜者乎？」意頗喜之。未幾，除左司。

公衮爲人癯甚。王龜齡嘗贈詩有云「貌若尫羸中甚武」者，蓋紀實也。

富春子

寶慶間，有孫氏子名守榮，善風角鳥占，其術多驗，號富春子。薄游霅上，聞譙樓鼓角聲，驚曰：「旦夕且有變，而土人當有典郡者。」適見富公王元春，因賀之曰：「旦夕鄉郡之除，必君也。」王以爲誕。越兩月，而潘丙作亂，王果以告變之功典郡，自是人始神之。

【一八】使賊陽陽出入閭巷與齊民等　「等」，學津討原本、涵芬樓本作「齒」。

後登史衛王之門，頗爲信用。一日，聞鵲噪，史令占之，云：「來日晡時，當有寶物至，然非丞相所可用者。今已抵關，必有所礙，而未入耳。」翌日，果李全以玉柱斧爲貢，爲閽者遲留，質之於府而後納。

史嘗得李全書，置之袖間，未啓也。因扣云：「吾袖中書，所言何事？」對曰：「假破囊二十萬耳。」剥封，果然，史以此深忌之。後以他故，黥置遠郡死焉。後未見有得其術者。

王宣子失告命

輦轂之下，政先彈壓，然一智不足以勝衆姦。王佐宣子雖以文魁天下，而吏才極高，壽皇深喜之。尹臨安日，禁戢羣盜甚嚴，都城肅然。

既而以治辦受賞增秩，告命甫下，置卧内，旦起忽失之。宣子知爲所侮，略不見之辭色。他日奏事畢，從容以白上曰：「鼠輩惡臣窮其姦，故爲是以沮臣爾。」上曰：「何以處之？」對曰：「臣若張皇物色，正墮其計中，惟有置之不問。異時從吏部求一公據足矣，今未敢請也。」上稱善。

配鹽幽菽

昔傳江西一士，求見楊誠齋，頗以該洽自負。越數日，誠齋簡之云：「聞公自江西來配鹽幽菽，欲求少許。」士人忙然莫曉，亟往謝曰：「某讀書不多，實不知爲何物？」誠齋徐檢《禮部韻略》豉字示之，注云：「配鹽幽菽也。」然其義亦未可深曉。《楚辭》曰：「大苦鹹酸辛甘行。」説者曰：「大苦，豉也。言取豉汁調以鹹酢椒薑飴蜜，則辛甘之味皆發而行。」然古無豆豉。史《急就篇》乃有「蕪夷鹽豉」。《史記·貨殖傳》有「蘖麴鹽豉千答」【一九】。《三輔决録》曰：「前對大夫范仲公，鹽豉蒜果共一筩。」蓋秦、漢以來始有之。

疽陰陽證

族伯臨川推官，平生以體孱氣弱，多服烏附、丹砂。晚年疽發背，其大如扇，醫者悉歸罪於丹石之毒，凡菉粉、羊血解毒之品，莫不遍試，殊不少損。

或以後市街老祝醫爲薦者，祝本瘍醫，然指下極精。診脉已，即云：「非敢求異於諸公，然此乃極陰證。在我法中，正當多服伏火硃砂及三建湯，否則非吾所知也。」諸子皆有難色，然其勢已殆，姑嘗試一二小料。而祝復俾作大劑，頓服三日後，始用膏藥敷貼，而丹砂、烏附略不輟口，餘半月而瘡遂平。凡服三建湯二百五十服，此亦可謂奇工矣。

【一九】史記貨殖傳有蘖麴鹽豉千答　「千」原作「中」，據涵芬樓本、《史記》卷一二九《貨殖列傳》改。

洪景盧所載，時康祖病心痔，用聖惠方治腰痛，鹿茸、附子藥服之而差。又福州郭醫用茸、附醫漏痔疾，皆此類也。

蓋癰疽皆有陰陽證，要當一決於指下。而今世外科往往不善於脉，每以私意揣摩，故多失之。此不可不精察也。

陳周士

禍福報應之説，多傅會傳訛，未可盡信。今有鄉曲目擊曉然一事，著之於此，以爲世戒。

陳周士造，直齋侍郎振孫之長子，登第爲嘉禾倅，攝郡。一日，宴客於月波樓。有監酒者勇爵，代庖於此，乃趙與簒德淵之隸【二〇】。是日，適以小舟載客薄遊，初不知郡將之在樓也。周士適顧見，周急艤棹趨避。周士令詢之，知爲周也，怒形於色曰：「某不才，望輕，遂爲一卒相侮如此。」乃捃摭其數事【二一】，作書達之於趙，備言贓濫過惡。時趙守吴，即日遣逮，決脊編置，仍押至嘉禾示衆。時方炎暑，周士乃裸而暴之烈日中，瘡血臭腐，數日而死。臨危歎曰：「陳通判屈打殺我，當訴之陰府矣。」時寳祐丙辰季夏也。是歲十二月，周士疽發背而殂。吁！可畏哉！

【二〇】乃趙與簒德淵之隸　「簒」原作「篆」，據涵芬樓本改。

【二一】乃捃摭其數事　「捃」原作「窘」，據稗海本改。

秀王嗣襲

秀安僖王，壽皇本生父也。用濮安懿王故事，以子孫嗣襲。安僖薨，子伯圭嗣，是爲崇王，謚憲靖。長孫曰師夔，早卒，師揆嗣，是爲澧王。師垂、師禼皆先卒，師禹嗣，是爲和王。師皐又卒。師嵓，寶慶元年自知慶元府入嗣，未朝謝而薨，是爲永王。師彌以寶慶三年嗣，至寶祐六年，歷三十一年而後薨，是爲潤王。次師貢，先薨。曾孫希字行，亦皆先亡。至景定二年，玄孫與澤以浙西倉歸班襲嗣，至咸淳七年薨，是爲臨海郡王。其次與旹先卒。是歲冬，與澤以知全州換授吉州刺史，主奉香火。其間以傍宗人繼者，葢十居五六焉。

卷十

古今左右之辨

南人尚左，北人尚右，或問孰爲是？因攷其説於此，與有識者訂之。

《檀弓》鄭氏註云：「喪尚右，右，陰也；吉尚左，左，陽也。」《老子》亦云：「吉事尚左，凶事尚右。」河上公註：「左，生位也；右，陰道也。」《禮正義》：「案特牲、少牢，吉祭皆載右胖【一】。」《士虞禮》：「凶事載左胖，吉祭載右胖。從地道尊右，凶事載左胖，取其反吉也。」《老子》又曰：「偏將軍處左，上將軍處右。」河上公註：「卑而居陽，以其不專殺；尊而居左，以其主殺也。」吴世傑《漢書刊誤》云：「凶事尚右，孔子有娣之喪之事也【二】。」《禮》：「乘君之乘車，不敢曠左。」註謂：「車上貴左，乘車則貴左，兵車則貴右。乘車，君在左，御者在中。兵車，君在中，御者在左。」《少儀》論乘兵車云：「軍尚左。」《疏》云：「軍將尊，尚左。」按《老子》「上將軍處右，偏將軍處左」，非指車同言也。《左傳》：「韓厥代御，居中。」杜註：「自非元帥，御皆在中，將在左。」乃知兵車惟君及元帥然後尚右，其餘軍將亦尚左而已。

校勘記

【一】吉祭皆載右胖　「胖」原作「胖」，據學津討原本、涵芬樓本改。

【二】孔子有娣之喪之事也　「娣」，涵芬樓本作「姊」。

按古人主當阼，以右爲尊而遜客，而己居左，則左非尊位也。後世以左爲主位，而貴不敢當，則以左爲尊也。如魏無忌迎侯生，而虚車左，何也？地道陰道尚右，故後世之祀，以右爲上，今宗廟亦然。人家門符，左神荼，右鬱壘，攷張平子賦亦云：「守以鬱壘，神荼副焉。」《左傳》載：「天子所右，寡君亦右之；天子所左，寡君亦左之。」則以右爲助之重且大者。漢右賢左戚。他如左官、左遷，又皆以左爲輕。或謂左手足不如右强，故論輕重者，必重右而輕左。漢制尚右，詳見《班史》。

史記多誤

班孟堅《漢書》，大抵沿襲《史記》，至於季布、蕭何、袁盎、張騫、衛霍、李廣等贊，率因《史記》舊文，稍增損之。張騫贊，即《史記·大宛傳》後。或有全用其語者，前作後述，其體當然。至如《司馬相如傳贊》，乃固所自爲，而《史記》乃全載其語，而作太史公曰，何邪？又遷在武帝時，雄生漢末，亦安得謂「揚雄以爲靡麗之賦【三】，勸百而諷一」哉！諸家註釋，皆不及之。又《公孫弘傳》載，平帝元始中，詔賜弘子孫爵。徐廣註謂：「後人寫此以續卷後。」然則，相如之贊，亦後人剿入，而誤以爲太史公無疑。

至若《管仲傳》云「後百餘年有晏子」，《孫武傳》云「後百餘歲有孫臏」，《屈原傳》云「後百餘年有賈生」，皆以其近似類推之耳。至於《優孟傳》云「其後二百餘年秦有優

【三】亦安得謂揚雄以爲靡麗之賦 「揚」原作「楊」，據涵芬樓本改。

旃」，而《淳于髡傳》亦云「其後百餘年楚有優孟」，何邪？殊不思優孟在楚莊王時，淳于髡在齊威王時。楚莊乃春秋之世，齊威乃戰國之時，謂前百餘年楚有優孟可也，今乃錯謬若此。且先傳髡而後敘孟，其次序曉然，謂之非誤，可乎？

文意相類

李德裕《文章論》云：「文章當如千兵萬馬，風恬雨霽，寂無人聲。」黄夢升《題兄子庠之辭》云：「子之文章，電激雷震，雨雹忽止，闃然泯滅。」歐公喜誦之，遂以此語作《祭蘇子美文》云：「子之心胸，蟠屈龍蛇，風雲變化，雨雹交加，忽然揮斥，霹靂轟車。人有遭之，心驚膽破，震汗如麻。須臾霽止，而四顧山川草木，開發萌芽。子於文章，雄豪放肆，有如此者，吁可怪耶！」東坡《跋姜君弼課策》亦云：「雲興天際，欻然車蓋，凝盧未舜【四】，瀰漫霮䨴。驚雷出火，喬木糜碎，般地蕘空，萬夫皆廢。霤練四墜，日中見沫，移晷而收，野無完塊。」張文潛《雨望賦》云：「飄風擊雲，奔曠萬里，一蔽卒然。如百萬之卒赴敵驟戰兮，車旗崩騰而矢石亂至也。已而餘飄既定，盛怒已泄，雲逐逐而散歸，縱横委乎天末。又如戰勝之兵，整旗就隊，徐驅而回歸兮，杳然惟見夫川平而野闊。」皆同此一機括也。

【四】凝盧未舜　「盧」、「舜」，涵芬樓本作「矑」、「瞬」。

楊太后

慈明楊太后養母張夫人善聲伎，隨夫出蜀，至儀真長蘆寺前僦居。主僧善相，適出見之，知其女當貴。因招其父母飯，語之故，且勉之往行都，當有所遇。以無資告，僧以二千楮假之，遂如杭。

或導之入慈福宫，爲樂部頭。后方十歲，以爲則劇孩兒。憲聖尤愛之，舉動無不當后意。有嫉之者，適太皇入浴，儕輩俾服后衣冠爲戲，因譖之后。后笑曰：「汝輩休驚，他將來會到我地位上在。」其後茂陵每至后所必目之，后知其意。一日内宴，因以爲賜，且曰：「看我面，好好看他。」傅伯壽草《立后制》有云：「洪惟太母，念我文孫。美其冠於後庭，俾之見於内殿。」葢紀實也。

既貴，恥其家微，陰有所遺，而絶不與通。密遣内璫求同宗，遂得右庠生嚴陵楊次山以爲姪。既而宣召入見，次山言與淚俱，且指他事爲驗，或謂皆后所授也。后初姓某，至是始歸姓楊氏焉。次山隨即補官，循至節鉞郡王云。長蘆僧事與章獻玉泉事絶相類。

脱靴返棹二圖贊

牟存叟端明守當塗日，郡圃有脱靴亭，以謫仙采石得名，存叟繪以爲圖。又以山谷崇寧初守當塗，方九日而罷，葢坐嘗作《荆州承天院塔記》，轉運判官陳舉承執政趙挺之風旨，摘其間數語以爲幸災謗國，除名謫宜州，遂作《返棹》一圖以爲對。各系以贊，未幾流傳中都。時相丁大全、内侍董宋臣聞而惡之，遂捃摭其在都日餽遺過客錢酒等物，並指爲贓。下所居郡，監逮甚嚴。自此朝紳結舌，馴致開慶之禍焉。

二贊削藁久矣，余偶得之。《脱靴》云：「錦袍兮烏幘，神清兮氣逸，凌轢兮萬象，麾斥兮八極。我思古人，伊李太白。孰爲使之朝禁林而暮采石也，其天寶之嬖倖歟？疏擿詞章，浸潤宫掖。吾觀脱靴之圖，未嘗不嫉小人之情狀，而傷君子之疎直。惟公之高躅兮，霍神龍之不可以羈紲。矧富貴如敝屣兮，其得失又何所欣戚也。」

《返棹》云：「幅巾兮野服，貌腴兮神肅，孤騫兮風雅，唾視兮爵禄。我思古人，伊黄山谷。曷爲使之六年僰道而九日姑孰也，其符紹之朋黨歟？組織寺記，指擿實録。吾觀返棹之圖，未嘗不感君子之流落，而痛小人之報復。惟公之高風兮，渺鶩鴻之不可以信宿。矧吾道猶虚舟兮，其去來又何所榮辱也。」

予嘗謂山谷初以言語掇禍，公又以山谷得罪，是殆有數。然清名照映於二百年間，士之生世，亦何憚而不爲君子哉！

輕容方空

紗之至輕者，有所謂輕容，出唐《類苑》云：「輕容，無花薄紗也。」王建《宫詞》云：「嫌羅不著愛輕容。」元微之有寄白樂天白輕容，樂天製而爲衣。而詩中容字乃爲流俗妄改爲庸，又作榕【五】，蓋不知其所出。《元豐九域志》：「越州歲貢輕容紗五疋。」是也。

又有所謂方空者。《漢元帝紀》：「罷齊三服官。」註云：「春獻冠幘，縱爲首服，紈素爲冬服，輕綃爲夏服，凡三。」師古曰：「縱與纚同，音山爾反，即今之方目紗也。」又後漢建初二年，詔齊相省冰紈、方空縠、吹綸絮。紈，素也。冰，言色鮮潔如冰。《釋名》曰：「縠，紗也【六】。方空者，紗薄如空也。或曰：空，孔也。即今之方目紗也。綸如絮而細，吹者，言吹噓可成，亦紗也【七】。」荆公詩云「春衫猶未著方空」者是也。

二紗名，世少知，故表出之。

范公石湖

文穆范公成大，晚歲卜築於吴江盤門外十里。蓋因闔閭所築越來溪故城之基，隨地勢高下而爲亭榭。所植多名花，而梅尤多。别築農圃堂對楞伽山，臨石湖，蓋太湖之一派，范蠡所從入五湖者也，所謂姑蘇前後臺，相距亦止半里耳，壽皇嘗御書石湖二大字以

【五】又作榕　「榕」原作「庸榕」，據稗海本、學津討原本、涵芬樓本删改。

【六】縠紗也　「紗也」原作「縿」，據《後漢書》卷三《章帝紀》改。

【七】亦紗也　「亦」原作「此」，據《後漢書》卷三《章帝紀》改。

賜之。公作《上梁文》，所謂「吴波萬頃，偶維風雨之舟；越戍千年，因築湖山之觀」者是也。又有北山堂、千巖觀、天鏡閣、壽樂堂，他亭宇尤多。一時名人勝士，篇章賦咏，莫不極鋪張之美。

乾道壬辰三月上巳，周益公以春官去國，過吴，范公招飲園中。夜分，題名壁間云：「吴臺、越壘，距門纔十里，而陸沉於荒煙蔓草者千七百年。紫薇舍人始創别墅，登臨得要，甲於東南。豈鴟夷子成功於此，扁舟去之，天閟絶景，須苗裔之賢者，然後享其樂邪？」爲擊節，而前後所題盡廢焉。

多蚊

吴興多蚊，每暑夕浴罷，解衣盤礴，則營營羣聚，噆嘬不容少安，心每苦之。坡翁嘗曰：「湖州多蚊蚋，豹脚尤甚【八】。」且見之詩云：「飛蚊猛捷如花鷹。」又云：「風定軒窗飛豹脚。」蓋湖之豹脚蚊著名久矣。舊傳崇王入侍壽皇，聖語云：「聞湖州多蚊，果否？」後侍宴，因以小金盒貯豹脚者數十枚進呈。蓋不特著名，亦且塵乙覽矣。

蓋蚊乃水蟲所化，澤國故應爾。聞京師獨馬行街無蚊蚋，人以爲井市燈火盛故也。吴興獨江子滙無蚊，舊傳馬自然嘗泊舟於此所致。故錢信《平望蚊》詩云：「安得神仙術，試爲施康濟，使此平望村，如吾江子滙。」然余有小樓在臨安軍將橋，面臨官河，污穢

【八】豹脚尤甚　「甚」，涵芬樓本作「毒」。

特甚。自暑徂秋，每夕露眠，寂無一蚊，過此僅數百步，則不然矣，此亦物理之不可曉者。渡淮蚊蚋尤盛，高郵露筋廟是也。孫公《談圃》云：「泰州西洋多蚊，使者按行，以艾煙薰之，方少退。有一廳吏醉仆，爲蚊所嘬而死。」世傳范文正詩云：「飽似櫻桃重，飢如柳絮輕，但知從此去，不要問前程。」即其地也。聞大河以北，河冰一解，如雲如煙。若信、安、滄、景之間，夏月牛馬皆塗之以泥，否則必爲所斃。

按《爾雅》：鷏，蟁母，一名蚊母，相傳此鳥能吐蚊。陳藏器云：「其聲如人嘔吐，輒出蚊一二升。」李肇《唐史補》稱：「江東有蚊母鳥，亦謂之吐蚊鳥。夏夜則鳴，吐蚊於叢葦間，湖州尤甚。」又曰：「端新州有鳥，類青鵃而嘴大。」常於池塘捕魚，每一鳴，則蚊羣出其口，亦謂之吐蚊鳥，又謂之鷏，然以其羽爲扇，却可辟蚊。嶺南又有蚊子木，實如枇杷，熟則自裂，蚊盡出而實空。塞北又有蚊母草者，其説亦然。」《淮南子》曰：「水蠆爲蟏，孑分爲蟁，兔齧爲蟹。物之所爲，出於不意，弗知者驚，知者不怪。」今孑分，污水中無足蟲也，好自伸屈於水上，見人輒沉，久則蜕而爲蚊，蓋水蟲之所變明矣。

東方朔隱語云：「長喙細身，晝亡夜存，嗜肉惡煙，爲指掌所捫。」若生草中者，吻尤利，而足有文彩，號爲豹脚。又其字或從昬，志其時也【九】，又爲閩，以蟲之在門中也。《説文》曰：「秦謂之蜹，楚謂之蚊。」《夏小正》云：「丹鳥，螢也。羞白鳥，謂螢以蚊爲糧云。」

【九】志其時也　「時」，涵芬樓本作「出時」。

然則育蚊者非一端，固不可專歸罪於水也。因萃數説，戲爲吾鄉解嘲。孑，俱折反；孓，勿二反。

俞侍郎執法

吾鄉前輩俞且軒侍郎，善墨戲竹石，葢源流射澤而自成一家，逮今爲人寶重。然久知其能畫，而不知其爲人，因書其槪於此。

侍郎名澂，字子清，用伯祖閣學俟字居易。恩入仕，中刑法科。短小精悍，清談簡約，樂易無涯岸，而居官守正不阿。其爲福建檢法，陳應澂丞相帥三山，治盜過嚴，一日，驅數十囚欲投諸海。澂白其長曰：「朝廷有憲部而郡國無憲臺，可乎？」力爭之，因命閲實。遂爲區别戮者、黥者各若干。陳始怒而後喜其有守，悉從之，且薦以京削。

爲刑部郎白，有鄉豪素以俠稱，爲時所畏，殺人諉罪其奴。獄上，駁之，請自鞫豪，因得其直。光宗壯之，即日除大理少卿，然竟爲豪擠去。又常德有舟梢程亮，殺巡檢宋正國一家十二口，累歲始獲，乃在寧廟登極赦前，吏受其賂，欲出之。澂奏援太祖朝戮范義超故事，以爲殺人於異代，既更開國大霈，猶所不赦，況亮乎？於是遂正典刑，他可紀者尚多。後權刑部侍郎，以侍制致仕，家居十年乃終，年七十八。且軒，其自號也。

俞氏自退翁起家，未七十而納禄者，至澂凡五人，且皆享高年，有園池、琴書、歌舞之欒，鄉曲榮之。後余得竹石二紙於故家，葉如黍米，木石亦奇潤，自成一家。上題印曰：「居易戲作。」葢閣學俟所爲也。因知子清戲墨有所來，此亦人所未知者，因併表而出之。

尹惟曉詞

梅津尹涣惟曉未第時，嘗薄遊苕溪籍中，適有所盻。後十年，自吴來霅，艤舟碧瀾，問訊舊遊，則久爲一宗子所據，已育子，而猶挂名籍中。於是假之郡將，久而始來。顔色瘁赧，不足膏沐，相對若不勝情。梅津爲賦《多令》云：「蘋末轉清商，溪聲供夕涼。緩傳杯，催唤紅妝。焕綰烏雲新浴罷，拂地水沉香。歌短舊情長，重來驚鬢霜。悵緑陰，青子成雙。説着前歡佯不采，颺蓮子，打鴛鴦。」數百載而下，真可與杜牧之「尋芳較晚」之爲偶也。

都廁

《劉安别傳》云：「安既上天，坐起不恭。仙伯主者，奏安不敬，應斥。八公爲安謝過，乃赦之，謫守都廁三年。」半山詩云：「身與仙人守都廁，可能雞犬得長生？」然則都廁者，得非今世俗所謂都坑乎？

然廁字亦有數義。《説文》云：「圂，廁也，圊也。」《莊子・庚桑楚篇》：「適其偃。」

註云：「偃，屏廁也。屏廁則以偃溲。」《儀禮·既夕禮》：「甸人築泠坎，隸人涅廁、塞廁。」《萬石君傳》：「建爲郎中，每五日歸謁親，切問侍者，取親中裙廁牏，身自澣洗。」孟康註曰：「廁，行清；牏，行中受糞函也。」

他如：晉侯食麥，脹如廁，陷而卒。趙襄子如廁，心動，執豫讓。高祖如廁，心動，見柏人。金日磾如廁，心動，擒莽何羅。范睢佯死置廁中。李斯如廁見鼠。賈姬如廁逢彘。陶侃如廁見朱有。劉寔、王敦並誤入石崇廁。郭璞被髪廁上。劉和季廁上置香爐。沈慶之夢鹵簿入廁中。崔浩焚經投廁中。錢義廁神。李赤廁鬼。文類甚多，皆爲溷廁之廁無疑。

而《汲黯傳》：「大將軍青侍中，上踞廁見之。」音訓則謂牀邊爲廁。《張敞傳》：「孝文皇帝居霸陵，北臨廁。」服虔註曰：「廁，側臨水。」韋昭則曰：「高岸狹水爲廁。」《張釋之傳》：「從行至霸陵，上居外臨廁。」師古註亦曰：「岸之邊側也。」因併攷著於此云。

敬巖註唐書

王元敬大卿佖，强直自遂，不輕許可，嘗註《唐書》，自以爲人莫能及。括蒼老士某者，深於史學，亦嘗增註《唐書》，因攜以求正焉。王讀至建成、元吉之事，遽笑云：「建成，儲君也，當以弒書，豈得謂殺？此書殊未事』，今卿弑兄之字，出於何書？」王倉卒無以爲答。是知文字未可以輕訾議也。然。」遂擲還之。某士者大不平，徐起答之曰：「殺兄之字，蓋本《孟子》『象日以殺舜爲

黄子由夫人

黄子由尚書夫人胡氏，與可元功尚書之女也。俊敏强記，經史諸書略能成誦。善筆札，時作詩文亦可觀。於琴奕寫竹等藝尤精，自號惠齋居士，時人比之李易安云。

時趙師羼從善知臨安府，立放生池碑於湖上，高文虎炳如内翰爲之作記，誤書「鳥獸魚鼈，咸若商曆以興」。既已鋟石分送朝行，胡夫人一誦，即知其誤。會炳如以藏頭策題得罪多士，而從善又以學舍張蓋毆人等，嘗斷其僕。諸士既聞其事，遂作小詞譏詆之：「作爲夏王道不是商王，這鳥獸魚鼈是你者？」乃胡氏首指其誤也。

他日，胡氏殂，其婢竊物以逃，捕得之，送臨安府。從善銜之，遂鞫其婢，指言主母平日與奕者鄭日新通，鄭，越人，世號越童。所失物乃主母與之耳，因逮鄭繫獄黥之。未幾，子由以帷簿不修去國。事之有無固不可知，而從善之用心亦薄矣。

後十餘年，從善死，其子希蒼亦死。其婦錢氏悍處，獨任一僕幹主家事。有老僕知其私，頗持之。錢氏與幹者欲滅其口，遂以他事係官，竟斃於獄，且擅焚之。未幾，僕家聲其寃於憲臺。時林介持憲節方振風采，遂逮錢氏於庭，經營巨援，僅爾獲免，而幹者遂從黥

籍。信人之存心，不可以不近厚，而報復之理，昭昭不容揜也如此。

洪景盧【一〇】

洪景盧居翰苑日，嘗入直，值制詔沓至，自早至晡，凡視二十餘草。事竟，小步庭間，見老叟負暄花陰。誰何之？云：「京師人也，累世爲院吏，今八十餘。幼時及識元祐間諸學士，今子孫復爲吏，故養老於此。」因言：「聞今日文書甚多，學士必大勞神也。」洪喜其言，曰：「今日草二十餘制，皆已畢事矣。」老者復頌云：「學士才思敏捷，真不多見。」洪矜之云：「蘇學士想亦不過如此速耳。」復首肯咨嗟曰【一一】：「蘇學士敏捷亦不過如此，但不曾檢閱書册耳。」洪爲赧然，自恨失言【一二】。嘗對客自言如此，且云：「人不可自矜，是時使有地縫，亦當入矣。」

吳郡王冷泉畫贊

莊簡吳秦王益，以元舅之尊，德壽特親愛之，入宫，每用家人禮。憲聖常持盈滿之戒，每告之曰：「凡有宴召，非得吾旨，不可擅入。」

一日，王竹冠練衣，芒鞵筇杖，獨携一童，縱行三竺、靈隱山中，濯足冷泉磐石之上，遊人望之，儼如神仙，遂爲邏者聞奏。次日，德壽以小詩召之曰：「趁此一軒風月好，橘香

【一〇】洪景盧　涵芬樓本作「洪景盧自矜」。

【一一】復首肯咨嗟曰　「復」，涵芬樓本作「老者復」。

【一二】自恨失言　「恨」，涵芬樓本作「知」。

酒熟待君來。」令小璫持賜，王遂亟往。

光堯迎見，笑謂曰：「夜來冷泉之遊，樂乎？」王恍然頓首謝【一三】。光堯曰：「朕宫中亦有此景，卿欲見之否？」蓋壘石疏泉【一四】，像飛來香林之勝。架堂其上曰冷泉。中揭一畫，乃圖莊簡野服濯足於石上，且御製一贊云：「富貴不驕，戚畹稱賢。埽除膏粱，放曠林泉。滄浪濯足，風度蕭然。國之元舅，人中神仙。」於是盡醉而罷，因以賜之，亦可謂戚畹之至榮矣。畫今藏其曾孫潔家，余嘗見之。

絹紙

坡翁嘗醉中爲河陽鄭倅書，明日視之，紙乃絹也，遂自題於後云：「古者本謂絹紙，近世失之云。」蓋古人多以絹爲紙，烏絲欄乃織成爲卷而書之。所謂舋紙者，亦以舋爲紙也。按《蔡倫傳》云：「用縑帛者，謂之紙。縑貴簡重，不便於人，乃用木膚麻皮等。」隋《修文殿御覽》載，晉人藏書數，有白絹草書、白絹行書、白鍛絹楷書之目。又魏太和間，博士張楫上《古今字帖》，其《巾部》辨紙字云：「今世其字從巾。蓋古之素帛，依舊長短，隨事截絹，枚數重疊，即名蟠紙，故字從糸，此形聲也。蔡倫以布擣剉作紙，故字從巾，是其聲雖同，而糸、巾則殊也。」盧仝《茶歌》有「白絹斜封三道印」之句，豈以絹書之邪？

【一三】王恍然頓首謝　「首」原作「者」，據稗海本、涵芬樓本改。

【一四】蓋壘石疏泉　「疏」，涵芬樓本作「覓」。

談重薄命

吴興人談重元鼎少領鄉薦不第，晚就南廊，更數試，復不入等。章文莊兄弟皆與之同舍。嘉定戊辰，文莊兄弟在朝，談入京將更試，請曰：「二兄何以授我？」乃相與作備對數十付。

已而文莊入爲攷官，得談卷甚喜。所批稍高，編排當在上二等。已而曰：「名器不可以故人私之，但使脱助教足矣。」於是稍移向下。既而算計四等，合放若干，而談之名適在末等之首，竟垂翅而歸。一文學之微，造物亦靳之耶？

椰酒菊酒

今人以椰子漿爲椰子酒，而不知椰子花可以釀酒。唐殷堯封《寄嶺南張明府》詩云：「椰花好爲酒，誰伴醉如泥。」

九日菊酒，以淵明採菊，白衣送酒得名。而不知《西京雜記》所載菊花酒法，以菊花舒時，併採莖葉雜秫米釀之，至來年九月九日始熟。此皆目前之事，而未有言者，何也。

混成集

《混成集》，修内司所刊本，巨帙百餘。古今歌詞之譜，靡不備具。只大曲一類凡數百解，他可知矣，然有譜無詞者居半。

《霓裳》一曲共三十六段。嘗聞紫霞翁云，幼日隨其祖郡王曲宴禁中，太后令内人歌之，凡用三十人，每番十人，奏音極高妙。翁一日自品象管作數聲，真有駐雲落木之意，要非人間曲也。又言：「無太皇最知音，極喜歌。木笪人者，以歌《杏花天》，木笪遂補教坊都管。」

間憶舊事，因書之以遺好事者，蓋二曲皆今人所罕知云。

明真王真人

王妙堅者，本興國軍九宫山道媪也。居嘗以符水呪棗等術行乞村落，碌碌無他異。既而至杭，多遊西湖兩山中。一日，至西陵橋茶肆少憩，適其鄰有陳生隸職御酒庫。其妻適見之，因扣以婦人頭膩音膩。不可疎者，還可禳解否？媪曰：「此特細事。」命市真麻油半斤，燒竹瀝投之，且爲持呪，俾之沐髮。蓋是時恭聖楊后方誅韓，心有所疑，而髮膩不解，意有物祟【一五】，以此徧求禳治之術。會陳妻以油進，用之良驗，意頗神之，遂召妙堅

【一五】意有物祟　「祟」原作「出示」，據文淵閣《四庫全書》本改。

入宫，賜予甚厚，日被親幸。且爲創道宇，賜名明真，俾主之【一六】，累封真人。同時有黄冠易如剛者，嗜酒誇誕，薄知其事，欲以奇動。於是以黄絹方丈帚書大符以進。后大喜，賜予亦渥，後住太乙東宫。

牙

《詩》曰：「王之爪牙。」故軍將皆建旗於前，曰「大牙」，凡部曲受約束，禀進退，悉趨其下。近世重武，通謂刺史治所曰牙。緣是從卒爲牙中兵，武吏爲牙前將。俚語誤轉爲衙。

《珩璜論》云：「突厥畏李靖，徙牙於磧中。牙者，旗也。」《東京賦》：「竿上以牙飾之，所以自表識也。太守出有門旗，其遺法也。」後人遂以牙爲衙，早晚衙，亦太守出則建旗之義。或以衙爲廨舍，兒子爲衙内。《唐韻》注：「衙，府也。」亦訛。

武德元年，宇文化及下牙，方敢啓狀。《釋文》：「牙，旗名也，軍中所建。」高保勗病，召衙内指揮使梁延副。衙内，蓋官稱耳。唐謂前殿爲正衙，豈亦以衛仗建旗而名邪？

字舞

州郡遇聖節錫宴，率命猥妓數十羣舞於庭，作「天下太平」字，殊爲不經。而唐《樂府

【一六】俾主之　「主」原作「生」，據稗海本、學津討原本、涵芬樓本改。

雜録》云：「舞有字，以舞人亞身於地，布成字也。」王建《宮詞》云：「羅衫葉葉綉重重，金鳳銀鵞各一叢。每遇舞頭分兩向，太平萬歲字當中。」則此事由來久矣【一七】。

【一七】則此事由來久矣　「來」原作「亦」，據稗海本、學津討原本、涵芬樓本改。

卷十一

黃德潤先見

黃洽德潤事阜陵爲臺諫，執政未嘗有大建明，或譏其循默【一】。淳熙末，上將内禪。一日，朝退，留二府賜坐，從容諭及倦勤之意，諸公交賛，公獨無語。上顧曰：「卿以爲何如？」對曰：「皇太子聖德，誠克負荷。顧李氏不足母天下，宜留聖慮。」上愕然色變。公徐奏：「陛下問臣，臣不敢自默。然臣既出此語，自今不復得覲清光，陛下異日思臣之語，欲復見臣，亦不可得矣。」退即求去甚力，以大資政知潭州。

後壽皇在重華宫，每撫几嘆曰：「悔不用黃洽之言。」或至淚下。

譜牒難攷

歐公著族譜，號爲精密。其言詢生通，自通三世生琮，爲吉州刺史，當唐末，黃巢陷州縣，率州民捍賊，鄉里賴以保全，琮以下譜亡。自琮八世生萬，爲安福令，公爲安福九世孫。以是攷之，詢在唐初，至黃巢時，幾三百年，僅得五世。琮在唐末，至宋仁宗纔百四十

校勘記

【一】或譏其循默　「譏」，涵芬樓本作「議」。

五年，乃爲十六世，恐無是理。後世譜牒散亡，其難攷如此。歐陽氏無他族，其源流甚明，尚爾，矧他姓邪？

滕茂實

滕茂實字秀穎，吴人。國史作杭州人。初名裸，登政和第，徽宗改賜今名。靖康初，以太學正兼明堂司令，與路允迪、宋彦通奉使金國，割三鎮。太原尋奉密詔，據城不下，金人怒之，囚於雲中。淵聖北遷，茂實冠裳迎謁，拜伏號泣，請侍舊主俱行。不從，且誘之曰：「國破主遷，所以留公者，蓋將大用。」遂留之鴈門。

先是，自分必死，遂囑友人董詵以奉使黄旛裹屍而葬，且大書九篆字云：「宋使者東陽滕茂實墓。」復作詩，自敘云：「茂實奉使無狀，不復返父母之邦，所當從其主以全臣節。或怒而與之死，幸以所杖旛裹其屍，及以所篆九字刊之石，埋之臺山寺下，不必封樹。蓋昔年病中，嘗夢遊清涼境界，覺而病愈，恐亦前緣。今預作哀辭，幾於不達方之淵明則不可，若蘇屬國牧羊海上而五言之作，始敢援此例云。」詩曰：「齏鹽老書生，繆列王都官，索米了無補，從事敢辭難。殊憐復盟好，仗節來榆關，城守久不下，川途望漫漫。僉輩果不惜，一往何當還。牧羊困蘇武，假道拘張騫。流離念窘束，坐閲四序遷，同來悉已歸，我獨留塞垣。形影自相弔，國破家亦殘，呼天竟不聞，痛甚傷肺肝。相逢老兄弟，悼嘆安得歡，波瀾卷大厦，一木難求安。就不違我心，渠不汗我顔。昔燕破齊王【二】，羣臣望風奔，王蠋獨守節，齊人有甘言【三】。經首自絶脰，感慨今昔聞，未嘗食齊禄，徒以老爲民。況我禄數世，一死何足論，遠或没江海，近或死朝昏。斂我不須衣，裹屍以黄旛，題作宋臣墓，篆字當深刊。我室年尚少，兒女皆童頑，四海無置錐，飄流倍悲酸。誰當給衣食，使不厄飢寒。歲時一酹我，猶足慰我魂，我魂亦悠悠，異鄉寄沉冤。他時風雨夜，草木號空山。」後竟以憂憤成疾殂。北人哀其忠，爲之起墓鴈門山，歲時致祭焉。

所記張浮休之弟確，嘗爲烏延帥幕，獨不廷謁。童貫及徽宗本以五月五日生，以俗忌移之十月十日，皆可以補史闕。

後董詵自拔歸南，上所爲詩，贈直龍圖閣。國史雖有本傳，甚略，且無其詩並敘，與此亦少異。余訪之北方紀録，得其實焉。

何宏中

何宏中字廷遠，先世居鴈門。父子寄【四】，守武州宣寧尉，没王事【五】。宏中，宣和元年武舉，廷對第二名，調滑州韋城尉。汴京被圍，獨韋城不下。後爲河東、河北兩路統制。接應副使武漢英守銀冶路，立山寨七十四所。漢英戰死，宏中堅守，以糧盡被擒。

金人憐其忠，授之以官，廷遠投牒於地曰：「我嘗以此物誘人出死力，若輩乃欲以此

【二】昔燕破齊王　「王」，涵芬樓本作「土」。

【三】齊人有甘言　「齊」，涵芬樓本作「燕」。

【四】父子寄　「寄」，稗海本、涵芬樓本作「奇」。

【五】没王事　「没」，學津討原本、涵芬樓本作「殁」。

嚇我邪？」囚西京獄。久之，免爲黄冠，自號通理先生。起紫微殿，遷徽宗、東華君御容以事之。所著有《成真》、《通理》二集。

正隆四年病殁，臨終有詩云：「馬革盛屍每恨遲，西山餓死亦何辭，姓名不到中興曆，自有皇天后土知。」其志亦可哀矣！國史乃失其傳焉。

姚孝錫

姚孝錫字仲純，豐縣人，登宣和六年第，調代州兵曹。金人寇鴈門，州將恇怯議降，孝錫竟投牀大鼾，不與其議。既得脱去，遂注五臺簿【六】，移疾不仕，因家焉，時年三十九。治生積粟至數萬石，遇饑歲，盡出以賑貧乏，鄉人德之。所居正據五臺之勝，亭榭數十座，花竹百畝。中歲，盡以家事付諸子，日與賓朋放浪山水詩酒間，自號醉軒。至八十三乃終，有集號《雞肋》。

有《題滕茂實祠》云【七】：「本期蘇、鄭共揚鑣，不意芝蘭失後凋，遺老秪今猶涕淚，後生無復識風標。西陘鴈度霜前塞，滹水樵爭日暮橋，追想平生英偉魄，凌雲一笑豈能招。」七言如「節物後先南北異，人情冷暖古今同」，「久客交情諳冷暖，衰年病骨識陰晴」，「玄晏暮年常抱病，子山終日苦思歸」，「深林有獸鳥先噪，廢圃無人泉自流」，「食貧豈復甘秦炙，客病空懷奏楚音」。五言如「岸漲魚吹沫，山空石轉雷」，「谷虚生地籟，境寂散天

【六】遂注五臺簿　「注」原作「往」，據稗海本改。

【七】有題滕茂實祠云　「題」，稗海本、學津討原本作「謁題」。

香」，皆佳句也。

蜀娼詞

蜀娼類能文，蓋薛濤之遺風也。放翁客自蜀挾一妓歸，蓄之别室，率數日一往。偶以病少疎，妓頗疑之。客作詞自解，妓即韻答之云：「説盟説誓，説情説意，動便春愁滿紙。多應念得脱空經，是那箇先生教底？　不茶不飯，不言不語，一味供他憔悴。相思已是不曾閑，又那得工夫呪你？」或謗翁嘗挾蜀尼以歸，即此也。

又傳一蜀妓述送行詞云：「欲寄意，渾無所有，折盡市橋官柳。看君著上征衫，又相將放船楚江口。後會不知何日又，是男兒，休要鎮長相守。苟富貴無相忘，若相忘有如此酒。」亦可喜也。

榿木

杜詩《乞榿木》詩無音【八】，或讀作豈，而韻書亦無此字。集中又有「榿林礙日吟風葉」，鄭氏註曰：「五來反。」若然，當作剴字。

余嘗見陳體仁端明云：「見前輩讀若欹韻。」頗以爲疑，後見《劒南》詩有：「著書增木品，搜句覓榿栽。」又荆公詩云：「濯錦江邊木有榿，小園封植佇華滋。」益信欹音爲然。

【八】杜詩乞榿木詩無音　「杜」原作「狂」，據稗海本、學津詩原本、涵芬樓本改。

榿，惟蜀有之，不才木也，或謂即榕云。

辨章

《毛詩・采菽》：「平平左右。」《毛氏傳》曰：「平平，辨治也。」《正義》云【九】：「《堯典》『平章百姓』，《書傳》作『辨章』，則平、辨義通。」《讀詩記》引《荀子》云：「分不亂於上，能不窮於下，治辨之極也。《詩》云：『平平左右。』」

今攷《書傳》，不見辨章事。《史記》作便章。徐廣云：「下云便程，則訓平爲便也。」駰按：《尚書》並作平字。」《索隱》云：「古文《尚書》作平字。此文蓋讀平爲浦庚切。平既訓辨，遂爲辨章。」鄒誕生本亦同。

漢以伏生書爲今文，安國書爲古文。《堯典》，今古文皆有之，而作辨章者，今文也。特未知《詩疏》所授《書傳》爲誰作耳？昌黎《袁氏先廟碑》亦云：「贊辨章。」

曹泳

紹興乙亥十月二十二日，秦檜亡。翼日，曹泳勒停，安置新州。先是，二十一日車駕幸檜第視疾，時已不能言，懷中出一劄，乞以熺代輔政，上視之無語。既出，呼幹辨府問何人爲此？則答以曹泳，遂有是命。

【九】正義云　「義」原作「議」，據學津討原本、涵芬樓本改。

泳初竄名軍中，並緣功賞列得班行。嘗監黄嵒酒税，秩滿到部，注某闕。鈔上省，檜押敕，顧見泳姓名，問何處人？省吏對：「此吏部擬注，不知也。」命於侍右書鋪物色召見之，熟視曰：「公，檜恩家也。」泳怳然不知所答。則又曰：「公忘之邪？」泳曰：「昏忘，實不省於何處遭遇太師？」檜入室，有頃，取小册示泳使觀之。首尾不記他事，但有字一行曰：「某年月日，某人錢五千，曹泳秀才絹二疋。」蓋微時，索遊富人家得錢五千，求益不可，泳時爲館客，探囊中得二縑曰：「此吾束脩之餘也，今舉以遺子。」既別，不相聞。雖知檜貴震天下，不謂其即秦秀才也。泳曰：「不意太師乃能記憶微賤如此。」檜曰：「公真長者。」命其子孫出拜之。俾以上書易文資，驟用之至户部侍郎、知臨安府。與謝伋嘗有隙，台州之獄，泳有力焉。

檜暮年頗有異志，泳實預其密謀。熺本檜妻黨王氏子，蠢騃。嘗燕親賓，優者進妓，熺於座中大笑絶倒，檜殊不懌。檜素畏内，妾嘗孕，逐之，生子爲仙遊林氏子，曰一飛，以檜故，仕至侍郎兼給事中。其兄一鳴，弟一鶚，皆位朝列。泳嘗勸檜還一飛以補熺處，未果而檜死云。

此事聞之謝伋之孫直。《中興遺史》所載則曹筠也，與此頗有異同，故詳載之。

朱漢章本末

紹興三十二年六月十一日内禪【一〇】，前一日宰相朱倬罷。倬字漢章，三山人，登宣和第。或謂張浚明槖薦之，非也，其實因劉貴妃以進。妃，北人，流寓閩中，有殊色。中貴人掌神御者圖上其貌，久之不省，始歸西外之宗家。它日，上見圖悅之，命召入，遂有寵。其父懋，後至節度使。倬居鄉里識之，夤緣締交。後爲學官，請外，得舒州。將陛辭，刺知上燕閑所觀史傳，於奏疏中道之，大稱旨，留爲郎。不數年，爲中司，遂至宰相。

最惡王十朋，其在臺，嘗風陳丞相康伯去之。陳以告汪聖錫，汪曰：「彼爲中司，胡不自擊之？」陳曰：「畏公議也。」汪曰：「彼且畏公議，相公獨不畏公議乎？」既而十朋不自安，請外，將予郡，倬又曰：「顛人如何作郡？」乃得外大宗丞。公論大喧，然上眷殊厚。

辛巳，視師回至平江，洪遵景嚴爲守【一一】。時倬與康伯並相，遵以求入爲禱【一二】，倬唯唯，康伯曰：「進退近臣，當由上意，非某所敢知也。」及將内禪，康伯奏：「書詔方冗，翰苑獨員洪遵在近。」欲召之，倬惡其非出己，即曰：「不可。其弟邁新爲右史，今復召遵，此蘇軾與轍所以變亂元祐也。」上卒召遵副端。

【一〇】紹興三十二年六月十一日内禪　「二」原作「三」，據《宋史》卷三二《高宗紀九》改。

【一一】洪遵景嚴爲守　「嚴」原作「岩」，據稗海本、涵芬樓本改。下同。

【一二】遵以求入爲禱　「以」原作「依」，據稗海本、學津討原本改。

張震真父爲同列言：「上方行堯、舜之事，此人豈可輔初政？不去之，必爲天下患。」遂力攻之。上初不聽。時競傳覃霑在學生員皆免解，倬子端厚嘗肄業，既蔭補矣，頗欲並緣在學人例，竄名其間。真父廉得其事，疏中言之，上始怒，遂罷相。景嚴適當制，有云：「爲君子邦家之基，曾未聞於成效；有元良天下之本，乃欲冀於疇庸【一三】。」時真父疏不付出，内外迄莫知其所坐，雖倬亦自疑懼，惴惴累年。

汪公帥閩，至郡，方欲謁之，一夕暴下卒。國史本傳乃謂高宗有内禪意，倬請徐之，及孝宗即位，諫臣以爲言，以憂懼卒。或以爲服藥而殂，皆不然也。

陸務觀得罪

陸務觀以史師垣薦，賜第。孝宗一日内宴，史與曾覿皆預焉。酒酣，一内人以帕子從曾乞詞。時德壽宫有内人與掌果子者交涉，方付有司治之。覿因謝不敢曰：「獨不聞德壽宫有公事乎？」遂已。

它日，史偶爲務觀道之，務觀以告張燾子宫。張時在政府，異日奏【一四】：「陛下新嗣服，豈宜與臣下燕狎如此。」上媿問曰：「卿得之誰？」曰：「臣得之陸游，游得之史浩。」上由是惡游，未幾去國。

【一三】乃欲冀於疇庸　「冀」，涵芬樓本作「異」。

【一四】異日奏　「異」原作「翼」，據涵芬樓本改。

蘇師旦麻

蘇師旦將建節，學士顔棫、莫子純皆莫肯當制。易祓彦章爲樞密院檢詳文字，師旦爲都承旨，祓與之昵，欣然願任責。遂以國子司業兼兩制，竟爲師旦草麻，極其諛佞。至用前人舊對所爲有文事，有武備，無智名，無勇功者，蓋以孔子比之，子房不足道也。既宣布，物論譁然，亟擢祓左司諫。諸生爲之語曰：「陽城毁裴延齡之麻，由諫官而下遷於司業；易祓草蘇師旦之制，由司業而上擢於諫官。」既而韓誅，蘇得罪，祓遂遠貶。

雷變免相

乾道丁亥十一月二日冬至，郊祀有風雷之變，宰相葉顒、魏杞皆策免。先是，會慶節，金國使在庭時受誓戒矣。議者欲權免上壽，就館錫宴，廟堂姑息，不能主其議，宴集英如常，天變豈偶然哉！洪邁當制，有曰：「理陰陽而遂萬物，所嗟論道之非；因災異而策三公，實負在天之愧。」蓋有所風也。

高宗立儲

孝宗與恩平郡王璩，同養於宫中。孝宗英睿夙成，秦檜憚之，憲聖后亦主璩。高宗聖意雖有所向，猶未堅決。嘗各賜宫女十人。史丞相浩時爲普安府教授，即爲王言，上以試王，當謹奉之，王亦以爲然。閱數日，果皆召入。恩平十人皆犯之矣，普安者，完璧也。【一五】已而皆竟賜焉。上意遂定。

慈懿李后【一六】

慈懿李皇后，安陽人，父道，本戚方諸將，故羣盜也。后天姿悍妬，既正椒房，稍自恣。始成肅謝后事高宗及憲懿聖甚謹，至后頗偃蹇。或乘肩輿直至内殿，成肅以爲言，后恚曰：「我是官家結髪夫妻。」葢謂成肅自嬪御册立也。語聞，成肅及壽皇皆大怒，有意廢之。史太師已老，嘗詔入見北宫，密與謀，浩以爲不可，遂已。宫省事祕，莫得詳也。其後益無忌憚。

貴妃黄氏有寵，后妬，每欲殺之。紹熙二年【一七】，光宗初郊，宿青城齋宫，后乘便，遂寘之死地。或以聞，上駭且忿怒，於是遂得心疾。及上不豫，兩宫有間言，天下寒心，皆歸過於后。

后以慶元庚申上仙，權殯赤山。甫畢，雷震山崩，亟復修治之。

【一五】普安者完璧也　六字原闕，據稗海本、學津討原本、涵芬樓本補。

【一六】慈懿李后　「懿」原作「孝」，據涵芬樓本改。下同逕改。

【一七】紹熙二年　「熙」原作「興」，據稗海本、《宋史》卷三六《光宗紀》改。

道學

伊洛之學行於世，至乾道、淳熙間盛矣。其能發明先賢旨意，遡流徂源，論著講解卓然自爲一家者，惟廣漢張氏敬夫、東萊吕氏伯恭、新安朱氏元晦而已。朱公尤淵洽精詣，蓋其以至高之才，至博之學，而一切收斂，歸諸義理。其上極於性命天人之妙，而下至於訓詁名數之末，未嘗舉一而廢一。蓋孔、孟之道，至伊洛而始得其傳，而伊洛之學，至諸公而始無餘藴。必若是，然後可以言道學也已。

此外有横浦張氏子韶，象山陸氏子静，亦皆以其學傳授。而張嘗參宗杲禪，陸又嘗參杲之徒德光，故其學往往流於異端而不自知。程子所謂今之異端，因其高明者也。至於永嘉諸公，則以詞章議論馳騁，固已不可同日語也。

世又有一種淺陋之士，自視無堪以爲進取之地，輒亦自附於道學之名。裒衣博帶，危坐闊步。或抄節語録以資高談，或閉眉合眼號爲默識。而扣擊其所學，則於古今無所聞知，攷驗其所行，則於義利無所分别。此聖門之大罪人，吾道之大不幸，而遂使小人得以藉口爲僞學之目，而君子受玉石俱焚之禍者也。

韓侂胄用事，遂逐趙忠定。凡不附己者，指爲道學盡逐之。已而自知道學二字，本非不美，於是更目之爲僞學。臣僚之薦舉，進士之結保，皆有「如是僞學者，甘伏朝典」之辭。一時嗜利無恥之徒，雖嘗自附於道學之名者，往往旋易衣冠，强習歌鼓，欲以自别。甚者，鄧友龍輩，附會迎合，首啓兵釁。而向之得罪於慶元初者，亦從而和之，可嘆也已。

鄧友龍開邊

鄧友龍，長沙人，嘗從張南軒游，自詭道學。既登朝，時論方攻僞學，因諱而晦其事。時外祖章文莊公爲學官，喜滑稽。嘗以祀事同齋宿，談謔之際，友龍不能堪，以語及之云云。章戲之曰：「若然，則又是道學矣。」友龍面發赤，大銜之。

未幾入臺，章公由學士院補外。公本謝丞相客也。會友龍爲右史，而宇文紹節自右史代之，於是召文莊爲宗政少卿，友龍不能平，以嗾紹節。紹節甫供職，未及受告，首論其事，語侵謝，蓋亦以見厭於韓矣。章命既寢，謝遂去國，而友龍亦出爲淮西漕，日夕謀復入。

時金人方困於北兵，且其國歲荐飢，於是沿邊不逞之徒號爲「跳河子」者，時時剽獵事狀，陳説利害。友龍得之以爲奇貨，於是獻之於韓。韓用事久，思釣奇立功以自蓋，得之大喜。附而和者雖不一，其端實友龍發之也。孔子所以畏鄙夫患得患失者，有以夫。

文莊論安丙矯詔

安丙之誅吴曦也，矯詔自稱宣撫副使，遂徑入銜上奏。時章文莊直學士院，因謂：「矯制假命，一時權宜濟事可也。事定奏功，便當退用初銜，而遽稱所假，是豈復有朝廷乎！今爲朝廷計，宜先赦其矯詔之罪，然後賞其斬曦之功，則恩威並用，折衝萬里之外矣。」而時相方自以爲功，謂此詔非矯，實朝廷密旨，且詣御樓受俘，於是疏不果上。已而受俘之議雖格，而竟以所矯官職授之。其後丙亦自斃，否則又一曦也。

王沈趨張説

張説之爲承旨也，朝士多趨之。王質景文、沈瀛子壽，始俱在學校有聲，既而俱立朝，物譽亦歸之。相與言：「吾儕當以詣説爲戒。」衆皆聞其説而壯之。已而，質潛往説所，甫入客位，而瀛已先在焉，相視愕然。明日喧傳，清議鄙之，久皆不安而去。

協韻牽强

詩辭固多協韻，晦菴用吴才老補音多通【一八】，然亦有太甚者。古人但隨聲取協，方言又多不同。至沈約以來，方有四聲之拘耳，然亦正不必牽强也。《離騷》一經，惟「多艱

【一八】晦菴用吴才老補音多通　「才」原作「士」，據稗海本、涵芬樓本改。

多替」之句，最爲不協。孫莘老、蘇子容本云「古亦應協」，未必然也。晦菴以艱音巾，替音天，雖用才老之説，然恐無此理。以余觀之，若移「長太息以掩涕」一句在「哀生民之多艱」下，則涕與替正協，不勞牽强也。

沈君與

吴興東林沈偕君與，即東老之子也，家饒於財，少游京師入上庠。好狎游，時蔡奴聲價甲於都下，沈欲訪之。乃呼一賣珠人於其門首茶肆中，議價再三不售，撒其珠於屋上，賣珠者窘甚。君與笑曰：「第隨我來，依汝所索還錢。」蔡於簾中窺見，令取視之，珠也。大驚，惟恐其不來。後數日乃詣之，其家喜相報曰：「前日撒珠郎至矣。」接之甚至，自是常往來。一日，携上樊樓，樓乃京師酒肆之甲，飲徒常千餘人。沈遍語在坐，皆令極量盡歡，至夜，盡爲還所直而去，於是豪侈之聲滿三輔。既而擢第，盡買國子監書以歸。

時賈收耘老隱居苕城南横塘上，沈嘗以詩遺之蟹曰：「黄秔稻熟墜西風，肥入江南十月雄。横跪蹣跚鉗齒白，圓臍吸脇斗膏紅。虀須園老香研柚，羹藉庖丁細擘葱。分寄横塘溪上客，持螯莫放酒杯空。」

耘老得之不樂曰：「吾未之識，後進輕我。」且聞其不羈，因和韻詆之云：「彭越孫多伏下風，蝤蛑奴視敢稱雄。江湖縱養膏腴紫，鼎鑊終烹爪眼紅。嘲稱吴兒牙似鍍，劈慚湖女手如葱。獨憐盤内秋臍實，不比溪邊夏殼空。」

君與怒曰：「吾聞賈多與郡將往還預政，言人短長，曾爲人所訟。吾以長上推之，乃鄙我若此。」復用韻報之云：「蟲腹無端苦動風，團雌還却勝尖雄。水寒且弄雙鉗利，湯老難逃一背紅。液入幾家煩海滷，醞成何處污園葱。好收心躁潛蛇穴，毋使雷驚族類空。」

賈晚娶真氏，人謂賈秀才娶真縣君以爲笑，沈所指團雌爲此。賈尋悔之，而戲語已傳播矣。

吴倜

吴倜字公度，吴興人，試補太學爲第一。崇寧五年，羣禮部七千之士而魁之，其名聲風采，人莫不求識面而願交。邃經學，妙語言，爲時聞人。

其父伯陽，嘗夢若遊奕使者立東階，問：「秀才在否？」曰：「不在。」遂去，出門見旍旛容物，彌望不絶，曰：「秀才歸。」但道天赦曾來，已而捷音至。先以名次高下商價，自榜尾行間前列以至首選，自百千漸至千緡，乃出其榜。初自删定勑令所出爲寧海推官。

時蔡京罷相居城中，意其生計從容，委買雪川土物無虚月，倜意不平。念吾以文學起身，而不以儒者見遇，報以實直。京覺之而怒。

重和二年，召爲九域圖志所編修官。時京以太師魯公賜第京師，朝朔望。一日，上問京：「卿曩居杭，識推官吴倜乎？今以大臣薦，欲除官。」對曰：「識之，其人傲狠無上。」上驚曰：「何以知之？」曰：「吾知陛下御諱而不肯改，乃以一圈圍之。」蓋言「倜」字也，上默然不懌。未幾，言者承風旨論罷，自是不復出。

及京敗，知鄆州孫橐言巴人有草祭之謡【一九】，上其事。甚者論其即倉爲宅，拆倉字爲人君二字，謂京有不臣之心。雖若附會，然亦平日好以字畫中傷善類之報也。

御宴煙火

穆陵初年，嘗於上元日清燕殿排當，恭請恭聖太后。既而燒煙火於庭，有所謂地老鼠者，徑至大母聖座下，大母爲之驚惶，拂衣徑起，意頗疑怒，爲之罷宴。穆陵恐甚，不自安，遂將排辦巨璫陳詢盡監繫聽命。黎明，穆陵至陳朝謝罪，且言内臣排辦不謹，取自行遣。恭聖笑曰：「終不成他特地來驚我，想是誤耳，可以赦罪。」於是子母如初焉。

朱芮殺龍

吴興郭南朱教授失其名。嘗江行，舟人忽報小龍見，請禱之。朱出視之，小蛇也，以箸夾入沸湯中。蛇躍出自投於江，却行波面，盼朱再四乃没。有頃，片雲霹靂，煙霧蔽舟。

【一九】知鄆州孫橐言巴人有草祭之謡　「橐」、「巴」，《宋史》卷三四七《孫鼛傳》作「鼛」、「邑」。

既而，舟上一竅如錢，朱已斃於舟中矣。

又王村芮祭酒燁，初任仁和尉。長河堰有龍王廟，每祭則有小蛇出，或止香罏，或飲於杯，往來者謹事之。堰歲數壞，人以爲龍所爲。芮疲於修築之役，一日，焚香設奠，蛇果出爐上。芮端笏數之曰：「有功於民者乃得祀。龍，廟食於此，未嘗有功，而歲數壞堰，勞民之力，爲罪多矣。無功有罪，於國法當殺。」即舉笏擊之，應手碎。是夕，宿於近地，疾風甚雨，大木盡拔，土人大恐，而芮處之自若。後卒爲名臣，其幸不幸也如此。

卷十二

姜堯章自敘單丙文附

番易布衣姜夔堯章，出處備見張輯宗瑞所著《白石小傳》矣。近得其一書，自述頗詳，可與前傳相表裏云。

某早孤不振，幸不墜先人之緒業，少日奔走，凡世之所謂名公鉅儒，皆嘗受其知矣。內翰梁公於某爲鄉曲，愛其詩似唐人，謂長短句妙天下。樞使鄭公受其文【一】，使坐上爲之，因擊節稱賞。參政范公以爲翰墨人品，皆似晉、宋之雅士。待制楊公以爲於文無所不工，甚似陸天隨，於是爲忘年友。復州蕭公，世所謂千嵓先生者也，以爲四十年作詩，始得此友。待制朱公既愛其文，又愛其深於禮樂。丞相京公不獨稱其禮樂之書【二】，又愛其駢儷之文。丞相謝公愛其樂書，使次子來謁焉。稼軒辛公深服其長短句如二卿。孫公從之、胡氏應期、江陵楊公、南州張公、金陵吴公，及吴德夫、項平甫、徐子淵、曾幼度、商翬仲、王晦叔、易彦章之徒，皆當世俊士，不可悉數。或愛其人，或愛其詩，或愛其文，或愛其字，或折節交之。若東州之士則樓公大防、葉公正則，則尤所賞激者。嗟乎！四海之內，

校勘記

【一】樞使鄭公受其文　「受」，涵芬樓本作「愛」。

【二】丞相京公不獨稱其禮樂之書　「獨」，涵芬樓本作「特」。

知己者不爲少矣，而未有能振之於窶困無聊之地者。舊所依倚，惟有張兄平甫，其人甚賢。十年相處，情甚骨肉。而某亦竭誠盡力，憂樂關念【三】。平甫念其困躓場屋，至欲輸資以拜爵，某辭謝不願，又欲割錫山之膏腴以養其山林無用之身。惜乎平甫下世，今惘惘然若有所失。人生百年有幾，賓主如某與平甫者復有幾，撫事感慨，不能爲懷。平甫既殁，稚子甚幼，入其門則必爲之悽然，終日獨坐，逡巡而歸。思欲捨去，則念平甫垂絶之言，何忍言去！留而不去，則既無主人矣！其能久乎？」云云。

同时黄白石景説之言曰：「造物者不欲以富貴浼堯章，使之聲名焜燿於無窮也，此意甚厚。」又楊伯子長孺之言曰：「先君在朝列時，薄海英才，雲次鱗集，亦不少矣！而布衣中得一人焉，曰姜堯章。」嗚呼！堯章一布衣耳，乃得盛名於天壤間若此，則軒冕鍾鼎，真可敝屣矣。

是時又有單煒丙文者，沅陵人，博學能文，得二王筆法，字畫遒勁，合古法度，於攷訂法書尤精。武舉得官，仕至路分，著聲江湖間，名士大夫多與之交，自號定齋居士。與堯章投分最稔，亦韻士也。堯章詩詞已板行，獨雜文未之見，余嘗於親舊間得其手藁數篇，尚思所以廣其傳焉。

【三】憂樂關念　「關」，涵芬樓本作「同」。

白石禊帖偏旁攷

堯章攷古極精，有《絳帖評》十卷行於世，審訂深妙，人服其贍。又嘗於故家見其所書《禊帖偏旁攷》亦奇，因識於此，與好古者共之。

「永」字無畫，發筆處微折轉。「和」字口下横筆稍出。「年」字懸筆上湊頂。「在」字左反剔。「歲」字有點，在山之下，戈畫之右。「事」字脚斜拂不挑。「流」字内云字處就回筆，不是點。「殊」字挑脚帶横。「是」字下疋音疎。凡三轉不斷。「趣」字波略反卷向上。「欣」字欠右一筆作章草發筆之狀，不是捺。「抱」字已開口。「死生亦大矣」，「亦」字是四點。「興感」，「感」字，戈邊亦直作一筆，不是點。「未嘗不」，「不」字下反挑處有一闕。

右法如此甚多，略舉其大概。持此法亦足以觀天下之《蘭亭》矣。

禊序不入選帖

逸少《禊序》，高妙千古，而不入選。或謂「絲竹管絃，天朗氣清」，有以累之。不知「絲竹管絃」，不特見《前漢·張禹傳》，而《東都賦》亦有「絲竹管絃，燁煜抗五聲」之語。然此二字相承，用之久矣。張衡賦：「仲冬之月，時和氣清」。又晉褚爽《禊賦》亦曰：

「伊暮春之令月，將解禊於通川，風搖林而自清，氣扶嶺而自鮮。」況清明爲三月節氣，朗即明，又何嫌乎？

若以筆墨之妙言之，固當居諸帖之首，乃不得列官法帖中，又何哉？豈以其表表得名，自應別出，不可與諸任齒耶？亦前輩選詩不入李、杜之意耳，識者試評之。

淳紹歲幣

紹興歲幣，銀二十萬兩、絹二十萬疋。紅絹十二萬疋，疋重十兩。浙絹八萬疋，疋重九兩。樞密院差使臣四員管押銀綱，户部差使臣十二員管押絹綱。同左帑庫子、秤子，於先一年臘月下旬，至盱眙軍歲幣庫下卸。續差將官一員，部押軍兵三百人，防護過淮。交割官正使，例差淮南漕屬；副使，本軍倅或鄰州倅【四】。例用歲前三日，先賫銀百鋌、絹五百匹，過淮呈樣金人。交幣正使，例是南京漕屬；副使，諸州同知。於所賫銀、絹內，揀白絹六疋、銀六鋌，三分之，令走馬使人，以一分往燕京，一分往汴京漕司呈樣，一分留泗州歲幣庫，以備參照。例用開歲三日長交，通不過兩月結局。初交絹十退其九，以金人秤尺無法，又胥吏需索作難之故。數月後所需如欲，方始通融，然亦十退其四五。自初交至結局，通支金人交幣官吏糜費銀一千三百餘兩、金三十五兩、木綿三十六疋、白布六十二疋、酒三百四十石，共折銀六百二十兩，本色酒二千六百瓶，茶果雜物等並在外，俱係淮東漕司出備。又貼耗銀二千四百餘兩，每歲例增添銀二百餘

【四】本軍倅或鄰州倅　「鄰州倅」，涵芬樓本作「鄰州倅充」。

兩，並淮東漕司管認。凡吾正副使并官吏飯食【五】，並淮東漕司應辦。下至安泊棚屋廚廁等，皆自盱眙運竹木往彼蓋造，彼皆不與焉。盱眙日差倚郭知縣部夫過淮搬運銀絹，兼應辦事務。其揀退者，遇夜復搬運過淮，歸盱眙庫交收，其勞人往復如此。且我官吏至淮北岸約三百餘步【六】，始至交幣所，皆徒步而往，雨濘，則攝衣躡屐跙踔而行，艱苦不可具道也。

淳熙十三年，淮南漕司幹官權安節爲歲幣使，其金人正使一毫不取，揀退銀絹甚多，逼令携歸，安節固拒，金人至遣甲兵逼逐。安節不勝其憤曰：「寧死於此，不得交，誓不回，雖野宿不火食亦無害。」聲色俱厲。彼度不能奪，竟如數收受，給公文而歸。壽皇知之，喜曰：「安節在彼界能如此，甚可重。若非遇事，何自知之。」遂除監六部門。時通判揚州汪大定，亦同此役，頗著勞績，亦蒙獎拔焉。

若正旦、生朝遣使，每次禮物金器一千兩、銀器一萬兩、綵段一千匹。錦茸背，緊絲撚金線，青絲綾，樗蒲綾，線子羅。又有腦子、香茶等物，及私覿香茶、藥物、果子、幣帛、雜物等，復不與焉。若外遣泛使，則其禮物等又皆倍之。又有起發副使土物之費。正使五百貫，銀絹各一百兩疋。副使四百貫，銀絹各一百兩疋。又有公使各藥等錢，上節銀各五十兩、絹十疋，中節銀絹各十兩疋，下節各五兩疋。又有朝辭回程宣賜等費。正副使各金二十五兩，并腰帶笏馬。回程茶藥各二兩，銀合及泛賜等物在外。若盱眙等軍，在路四處應辦南北賀正生辰，常使往回程各八次，賜御筵每處費錢一萬八千

【五】凡吾正副使并官吏飯食　「飯食」，涵芬樓本作「飯食之類」。

【六】且我官吏至淮北岸約三百餘步　「三」，涵芬樓本作「二」。

五百餘貫，而沿途應辦復不預。若北使之來，賜予尤不貲焉。宣和甲辰歲幣銀二十萬兩，絹三十萬疋，緣礬二千栲栳，例五番運送交納。又代輸燕京税物綿絲雜物計一百萬貫，内絲綿並要燕京土産。紹興壬戌初講和，歲幣銀絹各二十五萬疋兩。今每歲各減五萬疋兩。至兀术病篤之際，告戒其四行府帥云：「江南累歲供需歲幣，竭其財賦，安得不重斂於民。非理擾亂，人心離怨，叛亡必矣。」在彼者尚知有此，爲我者當何如哉！

時聘使往來，旁午於道。凡過盱眙，例遊第一山，酌玻璨泉，題詩石壁，以紀歲月，遂成故事，鐫刻題名幾滿。紹興癸丑，國信使鄭汝諧一詩云：「忍耻包羞事北庭，奚奴得意管逢迎，燕山有石無人勒，却向都梁記姓名。」可謂知言矣。噫！開邊之用固無窮，而和戎之費亦不易，余因詳書之。

書籍之厄

世間凡物未有聚而不散者，而書爲甚。隋牛弘請開獻書之路，極論廢興，述五厄之説，則書之厄也久矣，今姑摭其概言之。

梁元帝江陵蓄古今圖書十四萬卷，隋嘉則殿書三十七萬卷。唐惟貞觀、開元最盛，兩都各聚書四部至七萬卷。宋宣和殿、太清樓、龍圖閣、御府所儲尤盛於前代，今可攷者，《崇文總目》四十六類三萬六百六十九卷，史館一萬五千餘卷，餘不能具數。南渡以來，復加集録館閣書目五十二類四萬四千四百八十六卷、續目一萬四千九百餘卷，是皆藏於官府耳。

若士大夫之家所藏，在前世如張華載書三十車，杜兼聚書萬卷，韋述蓄書二萬卷，鄴侯插架三萬卷，金樓子聚書八萬卷，唐吴兢西齋一萬三千四百餘卷。宋室承平時，如南都戚氏、歷陽沈氏、廬山李氏、九江陳氏、番易吴氏、王文康、李文正、宋宣獻、晁以道、劉莊輿，皆號藏書之富。邯鄲李淑五十七類二萬三千一百八十餘卷，田鎬三萬卷，昭德晁氏二萬四千五百卷，南都王仲至四萬三千餘卷，而類書浩博，若《太平御覽》之類，復不與焉。次如曾南豐及李氏山房，亦皆一、二萬卷，然其後靡不厄於兵火者。

至若吾鄉故家如石林葉氏、賀氏，皆號藏書之多，至十萬卷。其後齊齋倪氏，月河莫氏，竹齋沈氏、程氏、賀氏，皆號藏書之富，各不下數萬餘卷，亦皆散失無遺。近年惟直齋陳氏書最多，蓋嘗仕於莆，傳録夾漈鄭氏、方氏、林氏、吴氏舊書至五萬一千一百八十餘卷，且倣《讀書志》作《解題》，極其精詳，近亦散失。至如秀嵓、東窗、鳳山三李、高氏、牟氏，皆蜀人，號爲史家，所藏僻書尤多，今亦已無餘矣。

吾家三世積累，先君子尤酷嗜，至鬻負郭之田以供筆札之用。冥搜極討，不憚勞費，凡有書四萬二千餘卷【七】，及三代以來金石之刻一千五百餘種，庋置書種、志雅二堂，日事校讎，居然籯金之富。余小子遭時多故，不善保藏，善和之書，一旦埽地，因攷今昔，有

【七】凡有書四萬二千餘卷　「十」，涵芬樓本作「千」。

感斯文，爲之流涕。因書以識吾過，以示子孫云。

雷書

神而不可名，變化而不可測者，莫如雷霆。《淮南子》曰：「陰陽相薄，感而爲雷，激而爲電。」故先儒爲之説曰：「陰氣凝聚，陽在内而不得出，則奮擊而爲雷霆。聲，陽也；光，亦陽也。光發而聲隨之，陽氣奮擊欲出之勢也。」或問世所得雷斧何物也？曰：「此猶星隕而爲石也。本乎天者，氣而非形，偶隕於地，則成形矣。」或問人有不善爲雷震死者何也？曰：「人作惡有惡氣，霹靂乃天地之怒氣，是怒氣亦惡氣也，怒氣與惡氣相感故爾。」或問雷之破山、壞屋、折樹、殺畜何也？曰：「此氣鬱而怒，方爾奮擊，偶或值之，則遭震矣。」

康節嘗問伊川曰：「子以爲雷起於何處？」伊川曰：「起於起處。」然則先儒之所言者，非不精詳，而余猶謂有不可曉者焉。大中祥符間，岳州玉真觀爲火所焚，惟留一柱，有「謝仙火」三字，倒書而刻之。慶曆中，有以此字問何仙姑者，云：「謝仙者，雷部中鬼也，掌行火於世間。」後有於道藏經中得謝仙事，驗以爲神。又吴中慧聚寺大殿二柱，嘗因雷震，有天書「勣溪火」三字，餘若符篆不可曉。及近歲德清縣新市鎮覺海寺佛殿柱，亦爲雷震，有字徑五寸餘，若漢隸者，云：「收利火謝均思通。」又云：「酉異李汋火。」此乃得之目擊者。又宜興善權廣教寺柱，亦有雷書「駱審火」及「謝均火」者。華亭縣天王寺，亦有雷書「高洞揚雅一十六人火令章」凡十一字，皆倒書。内「令章」二字特奇勁，類唐人書法，然則雷之神，真有謝姓者邪。近丁亥六月五日，雷震衆安橋南酒肆，卓間有雷書「丠尭永」三字，此類甚多，殊不可測，此所以神而不可知者乎？孔子不語怪力亂神，非不語也，蓋有未易語者耳。

賈相壽詞

賈師憲當國日，卧治湖山，作堂曰半閒，又治圃曰養樂，然名爲就養，其實怙權固位，欲罷不能也。每歲八月八日生辰，四方善頌者以數千計。悉俾翹館謄考，以第甲乙，一時傳誦，爲之紙貴，然皆諂詞囈語也。偶得首選者數闋，戲書於此。

陳惟善合《寶鼎》詞云【八】：「神鼇誰斷，幾千年再，乾坤初造。算當日、枰棊如許，爭一着吾其衽左。談笑頃、又十年生聚，處處《豳風》葵棗。江如鏡、楚氛餘幾，猛聽甘泉捷報。天衣細意從頭補。爛山龍、華蟲黼藻。宫漏永、千門角鑰，截斷紅塵飛不到。街九軌、看千貂避路，庭院五侯深鎖。好一部、太平六典，一一周公手做。赤舄繡裳，消得道斑爛衣好。儘龐眉鶴髮，天上千秋難老。甲子平、頭纔一過，未説汾陽考。看金盤、露滴瑶池，籠尾放班回早。」

【八】陳惟善合寶鼎詞云　「陳惟善合」、「寶鼎」，涵芬樓本作「陳合惟善」、「寶鼎現」。

廖瑩中羣玉《木蘭花慢》云：「請諸君着眼，來看我、福華編。記江上秋風，鯨濤漲雪，雁徼迷煙。一時幾多人物，只我公、隻手護山川。爭覩階符瑞象，又扶紅日中天。因懷。下走奉櫜鞬，磨盾夜無眠。知重開宇宙，活人萬萬，合壽千千。皐夔太平世也，要東還、越上是何年【九】。消得清時鍾鼓，不妨平地神仙。」

陸景思《甘州》云：「滿清平世界，慶秋成，看看斗米三錢。論從來活國，論功第一，無過豐年。辦得閒民一飽，餘事笑談間。若問平戎策，微妙難傳。玉帝要留公住，把西湖一曲，分入林園。有茶爐丹竈，更有釣魚船。覺秋風、未曾吹着，但砌蘭、長倚北堂萱。千千歲，上天將相，平地神仙。」

奚滅倬然《齊天樂》云【一〇】：「金飈吹淨人間暑，連朝弄涼新雨。萬寶功成，無人解得，秋入天機深處。閒中自數，幾心酌乾坤，手斟霜露。護了山河，共看玄影在銀兔。而今神仙正好，向青空覓箇，沖澹襟宇。帝念羣生，如何便旨，從我乘風歸去。夷遊洞府，把月杼雲機，教他兒女。水逸山明，此情天付與。」

從槖《陂塘柳》云：「指庭前、翠雲金雨，霏霏香滿仙宇。一清透徹渾無底，秋水也無流處。君試數，此樣襟懷，頓得乾坤住。閒情半許，聽萬物氤氳，從來形色，每向靜中覷。琪花路。相接西池壽母，年年弦月時序。荷衣菊佩尋常事，分付兩山容與。天證取，此老平生，可向青天語。瑶巵緩舉，要見我何心，西湖萬頃，來去自鷗鷺。」

【九】越上是何年　「越」，涵芬樓本作「赴」。

【一〇】奚滅倬然齊天樂云　「滅」原作「減」，據稗海本、涵芬樓本改。

郭應酉居安《聲聲慢》云：「捷書連晝，甘雨灑通宵【一二】，新來喜沁堯眉。許大擔當，人間佛力須彌。年年八月八日，長記他三月三時，平生事，想祇和天語，不遣人知。一片閒心鶴外，被乾坤係定，虹玉腰圍。閶闔雲邊，西風萬籟吹齊。歸舟更歸何處是，天教家在蘇堤。千千歲，比周公，多箇綵衣。」且侑以儷語云：「綵衣宰輔，古無一品之曾參；衮服湖山，今有半閑之姬旦。」所謂三月三者，蓋頌其庚申蘋草坪之捷，而歸舟乃舫齋名也。賈大喜，自仁和宰除官告院。既而語客曰：「此詞固佳，然失之太俳，安得有著綵衣周公乎？」

事聖茹素

余家濟南歷城，曾大父少師遭靖康狄難，一家十六人皆奔竄四出。大父獨逃空谷，晝伏宵行。一旦，遇追騎在後，自度不可脫，遂急竄古祠，亟伏佑聖坐下，傍無蔽障，亦不過待盡而已。須臾，北軍大索，雖眢井、林奔、棟梁間，極其冥搜，而一坐之下，初不知有人焉。及抵杭，則一家不期而集，不失一人，豈非神所佑乎！逮今吾家世事佑聖甚虔，凡聖降日，齋戒必謹。蓋以答神庥詔子孫，非世俗祈福田利益比也。

【一二】甘雨灑通宵　「甘雨」，涵芬樓本作「甘」。

笏異

汪伯彥初拜相於維揚，正謝上殿，而笏墜中斷，上以他笏賜之，非吉徵也。未幾，有南渡之擾。

金淵叔參預日，一日，奏事下殿，與臺臣劉應弼邂逅。忽所持笏鏗然有聲【一二】，視之，有紋如線，上下如一，若墜於地者，殊不可測。甫退朝，則劉彈章已出。蓋降陛相遇之際，正白簡初上之時也，可謂異矣。時淳祐甲辰歲也。

三教圖贊

理宗朝，有待詔馬遠畫《三教圖》。黃面老子則跏趺中坐，猶龍翁儼立於傍，吾夫子乃作禮於前。此蓋内璫故令作此，以侮聖人也。一日傳旨，俾古心江子遠作贊，亦故以此戲之。公即贊之曰：「釋氏趺坐，老聃傍睨，惟吾夫子，絕倒在地。」遂大稱旨。其辭亦可謂微而婉矣。

捕猿戒

鄧艾征涪陵，見猿母抱子，艾射中之。子爲拔箭，取木葉塞創。艾歎息，投弩水中。

【一二】忽所持笏鏗然有聲　「持」原作「特」，據稗海本、學津討原本、涵芬樓本改。

范蜀公載吉州有捕猿者，殺其母之皮，并其子賣之龍泉蕭氏。示以母皮，抱之跳躑號呼而斃，蕭氏子爲作《孝猿傳》。

先君向守鄞江，屬邑武平素産金絲猿，大者難馴，小者則其母抱持不少置。法當先以藥矢斃其母，母既中矢，度不能自免，則以乳汁遍灑林葉間，以飲其子，然後墮地就死。乃取其母皮痛鞭之，其子亟悲鳴而下，束手就獲。蓋每夕必寢其皮而後安，否則不可育也。噫！此所謂獸狀而人心者乎！取之者不仁甚矣。故先子在官日，每嚴捕弋之禁云。

火浣布

東方朔《神異經》所載，南荒之外有火山，晝夜火然。其中有鼠重百斤，毛長二尺餘，細如絲，可作布。鼠常居火中，時出外，以水逐而沃之方死。取其毛緝織爲布，或垢，浣以火，燒之則淨。《十洲記》云：「炎州有火林山，山上有火鼠，毛可織爲火浣布，有垢，燒即除。」其説不一。魏文帝嘗著論，謂世言異物，皆未必真有。至明帝時，有以火浣布至者，於是遂刊此論。是知天壤間何所不有？耳目未接，固未可斷以爲必無也。

昔温陵有海商漏舶，搜其槖中，得火鼠布一疋，遂拘置郡帑。凡太守好事者，必割少許歸以爲玩。外大父常守郡，亦得尺許。余嘗親見之，色微黄白，頗類木綿，絲縷蒙茸，若蝶紛蜂黄然。每浣以油膩，投之熾火中，移刻，布與火同色。然後取出，則潔白如雪，了無所損，後爲人强取以去。或云，石岩有絲【一三】，可織爲布，亦不畏火。未知果否。

曆差失閏

咸淳庚午十一月三十日冬至，後爲閏十一月，既已頒曆，而浙西安撫司準備差遣臧元震以書白堂，且作《章歲積日圖》，力言置閏之誤。

其説謂曆法以章法爲重，章歲爲重。蓋曆數起於冬至，卦氣起於中孚，而十九年爲之一章。一章必置七閏，必第七閏在冬至之前，必章歲至朔同日，此其綱領也。《前漢·律曆志》云：「朔旦冬至，是謂章月。」《後漢志》云：「至朔同日，謂之章月。積分成閏，閏七而盡，其歲十九，名之曰章。」《唐志》云：「天數終於九，地數終於十，合二終以紀閏餘。」此章法之不可廢也如此。今頒降庚午歲曆，乃以前十一月三十日爲冬至，又以冬至後爲閏十一月，殊所未曉。竊謂庚午之閏，與每歲閏月不同，庚午之冬至，與每歲之冬至又不同。蓋自淳祐壬子數至咸淳庚午，凡十九年，是爲章歲，其十一月是爲章月。以十九年七閏推之，則閏月當在冬至之前，不當在冬至之後。以至朔同日論之，則冬至當在十一月初一日，不當在三十日。今若以冬至在前十一月三十日，則是章歲至朔不同日矣。若以閏月在冬至後，則是十九年之内，止有六閏，又欠一閏矣。且尋常一章，共計六千八百四十日，於内加七閏月，除小盡，積日六千九百四十日，或六千九百三十九日，止有一日來

【一三】石岩有絲　「岩」，涵芬樓本作「炭」。

去。今自淳祐十一年辛亥章歲十一月初一日章月冬至後起算，十九年至咸淳六年庚午章歲十一月初一日，合是冬至，方管六千九百四十日【一四】。今算造官以閏月在十一月三十日冬至之後，則此一章，止有六閏，更加六閏除小盡外，實積止有六千九百十二日，比之前後章數歲之數，實欠二十八日，曆法之差，莫甚於此。況天正冬至，乃曆之始，必自冬至後積三年餘分，而後可以置第一閏。今庚午年章歲丙寅日申初三刻冬至，去第二日丁卯，僅有四箇時辰。且未有正日，安得便有餘分？且未有餘分，安得便有閏月？則是後一章發頭處便算不行，其繆可知也。今欲改正庚午曆，却有一説，簡而易行。蓋曆法有平朔，有經朔，有定朔。一大一小，此平朔也；兩大兩小，此經朔也；三大三小，此定朔也，此古人常行之法。今若能行定朔之説而改正之，則當以前十一月大爲閏十月小，以閏十一月小爲十一月大，則丙寅日冬至即可爲十一月初一，却以閏十一月初一之丁卯爲十一月初二日，庶幾遞趲下一日，直至閏十一月二十九日丁未，却爲大盡。如此，則冬至既在十一月初一，則至朔同日矣，閏月既在冬至節前【一五】，則十九年七閏矣。此則昔人所謂晦節無定，由時消息，上合履端之始，不得歸餘於終，正此謂也。蓋自古之曆，行之既久，未有不差，既差，未有不改者。漢曆五變，而《太初曆》最密，《元和曆》最差。唐曆九變，而《大衍曆》最密，《觀象曆》最繆。本朝開基以後，曆凡九改，而莫不善於《紀元曆》。中興以後，曆凡七改，而莫善於《統元曆》。且後漢元和初曆差，亦是十九年不得七閏。雖曆

【一四】方管六千九百四十日　「九」原作「八」，據稗海本、學津討原本改。

【一五】閏月既在冬至節前　「冬」原闕，據涵芬樓本補。

已頒，亦改正之，今何惜於改正哉。

於是朝廷下之有司，差官偕元震至蓬省與太史局官辨正，而太史之辭窮。朝廷從其説而改正之，因更《會天曆》爲《承天曆》。元震轉一官判太史局，鄧宗文、譚玉等已下，各降官有差焉。

余雖不善章蔀元紀之術，然以杜征南《長曆》以攷《春秋》之月日，雖甚精密，而其置閏之法則異乎此，竊有疑焉。謂如隱公二年閏十二月，五年、七年亦皆閏十二月，然猶是三歲一閏，五歲再閏。如莊公二十年置閏，其後則二十四年以至二十八年，皆以四歲一閏，無乃失之疏乎？僖公十二年閏【一六】，至十七年方閏；二十五年閏，至三十年方閏。率以五歲一閏，何其愈疏乎？如定公八年置閏，其後則十年，以至十二年、十四年，皆以二歲一閏，無乃失之數乎？閔之二年辛酉既閏矣，僖之元年壬戌又閏，僖之七年、八年，哀之十四年、十五年，皆以連歲置閏，何其愈數乎？至於襄之二十七年，一歲之間，頓置兩閏，蓋曰十一月辰在申，司曆過也。於是既覺其繆，故前閏建酉，後閏建戌，以應天正。然前乎此者，二十一年既有閏，二十四年、二十六年又有閏。歷年凡六，置閏者三，何緣至此失閏已再，而頓置兩閏乎？近則十餘月，遠或二十餘年，其疏數殆不可曉。豈别有其術乎？抑不明置閏之法以致此乎？併著於此，以扣識者。

【一六】僖公十二年閏 「僖」原作「禧」，據學津討原本、涵芬樓本改。下同。

卷十三

漢改秦曆始置閏

余嘗攷《春秋》置閏之異於前矣，後閱程氏《攷古編》，謂漢初不獨襲秦正朔，亦因秦曆以十月爲歲首，不置閏，當閏之歲，率歸餘於終爲後九月。《漢紀》、《表》及《史記》自高帝至文帝，其書後九月皆同，是未嘗推時定閏也。至太初元年【一】，改用夏正，以建寅爲歲首，然猶歷十四載，至征和二年，始於四月後書閏月，豈史失書耶？抑自此始置閏也。余因其説深疑之，精思其故【二】，頗得其説焉。

蓋閏月之不書者，亦偶以其時無可書之事耳。正如《春秋經》桓公四年、七年，其所紀事至夏而止，以是年秋、冬無可紀之事也。定公十四年，至秋而止，亦以是年冬無可紀之事也。魯史紀事之法，大率如此，其於閏月亦然。觀文公六年，經書閏月不告月，《春秋》書閏，方見於此。復以杜預《長曆》攷之，自隱至哀凡更三十餘閏，至此方書，豈曰前乎此者，皆史失書，抑豈曰，自此始有閏邪。今《漢紀》事，正效《春秋》，如太初元年、三年，天漢元年、三年皆止於秋，太始元年則止於夏，皆以其後無事可紀，故不書耳。然則閏

校勘記

【一】至太初元年　「元」原作「九」，據稗海本改。

【二】精思其故　「故」原作「失」，據稗海本、涵芬樓本改。

月不書，亦若是乎？蓋三歲一閏，五歲再閏，古曆法也。若謂自此始置閏，則合自此後三歲、五歲，累累書之。然自征和二年至後元元年，當置閏而不書，自後元二年至昭帝始元元年，乃因事而後書。其後當閏歲，又皆不書，是知不書者，偶無事耳。然則非史失書，亦非自此置閏也。雖然，此非余臆説也，復證以《史記·曆書》，自太初更曆以至征和也，如太初二年，天漢元年、四年，太始二年皆有閏，則知余言似可信云。

綱目誤書

《綱目》一書，朱夫子擬經之作也。然其間不能無誤，而學者又從而爲之説。蓋著書之難，自昔而然。今漫摭數事與同志評之，非敢指擿前輩以爲能也。

北齊高緯，以六月遊南苑，從官暍死者六十餘人，見《本紀》。《通鑑》書曰：「賜死。」賜，乃暍之訛耳。《綱目》乃直書曰：「殺其從官六十人。」而不言其故，其誤甚矣。尹起莘乃爲之説曰：「此朱子書法所寓。」且引《孟子》殺人以挺與刃與政之説，固善矣，然其實則《通鑑》誤之於前，《綱目》承之於後耳。緯荒遊無時，不避寒暑，於從官死者尚六十人，則其餘可知矣。據事直書，其罪自見，何必没其實哉！

又郭威弑二君，《綱目》於隱帝書殺，於湘陰王書弑。尹又爲之説云：「此二君有罪無罪之别也，此書法所寓也。」然均之弑君，隱帝立已數年，湘陰未成乎君，不應書法倒置如此，亦恐誤書耳。

又隋開皇十七年，詔諸司論屬官罪，聽律外決杖。《綱目》條下云，蕭摩訶子世畧在江南作亂，摩訶當從坐。大理少卿趙綽固諫，上命綽退，綽曰：「臣奏獄未決，不敢退。」帝乃釋之。按《通鑑》，摩訶當從坐，上曰：「世畧年未二十，亦何能爲？以其名將之子爲人所逼耳。」因赦摩訶。綽固諫不可，上不能奪，欲綽去而赦之，因命綽退。綽曰：「臣奏獄未決，不敢退。」上曰：「大理其爲朕特捨摩訶也。」因命左右釋之。此乃綽欲令摩訶從坐，而帝特赦之耳，《綱目》誤矣。

又《通鑑》貞觀元年，杜淹薦邸懷道云：「親見其諫煬帝幸江都。」上曰：「卿何自不諫？」曰：「臣不居重任，知諫不從。」上曰：「知不可諫【三】，何爲立其朝？卿仕世充尊顯，何亦不諫？」曰：「臣非不諫，但不從耳。」上曰：「世充若拒諫，卿何得免禍？」淹不能對。按此實責其知煬帝之不可諫，而猶立其朝耳。今《綱目》乃於上言世充拒諫，易其語曰：「然則何以立於其朝？」失其實矣。

又《綱目》開元九年冬十一月罷諸王都督刺史以後凡四條。按《通鑑》，是年之末十二月幸驪山云云，是歲諸王爲都督刺史者悉召還云云。此非十一月事，亦非十二月事也，當依《通鑑》作是歲爲是。

又《綱目》書德宗貞元二年十一月皇后崩，不書氏。按《通鑑》，是年十一月甲午立淑

【三】知不可諫　稗海本作「卿知諫不從」。

妃王氏爲后，至丁酉崩，特四日耳。此承《通鑑》所書，而逸其上文耳。

尹又謂唐史妃久疾，帝念之，遂立爲后，册訖而崩，必有所寓意者。亦過也。

秦會之收諸將兵柄

秦會之既主和，懼諸將不從命，於是詔三大將入覲。一日，至都堂，問以克復之期曰：「上驅馳霜露十餘年，似厭兵矣【四】，今決在何時可了，遲速進退之計當若何？」張、韓對曰：「前者提兵，直趨某地，請糧若干，率裁量不盡得。而退軍出某所，某人坐視不肯併力，或申請輒不報，常若不能專力【五】。」云云。檜曰：「有是乎？諸公今不過欲帶行一職事，足以誰何士大夫者，朝廷不靳也。」岳最後至，意大略同，而語加峻曰：「如今文臣不愛錢，武臣不惜命，欲了即了耳。」檜頷之，於是三樞密拜矣。三人累表辭謝，檜與上約，答詔視常時率遲留一二日，凡諸禮例恩賜，各自倍多。檜別下詔，三大屯皆改隸御前矣。

始諸將苦鬭，積職已爲廉車正任，然皆起卒伍，父事大將，常不得舉首，或溷其家室。岳師律尤嚴，將校有犯，大則誅殺，小亦鞭撻痛毒，用能役使深入如意。命既下，諸校新免所隸，可自結和【六】，人人便寬善共命報應【七】。已略定，三人擾擾，未暇問也。稍從容，見檜，始以置銜漏挂兵權爲請。檜笑曰：「諸君知宣撫制置使乎？此邊官爾。諸公今

【四】似厭兵矣　「似」，稗海本作「已」。

【五】常若不能專力　「若」，稗海本作「苦」。

【六】可自結和　「和」，稗海本、學津討原本作「知」。

【七】人人便寬善共命報應　「善」、「報」，稗海本、學津討原本作「喜」、「就」。

爲樞庭官，顧不役屬耶？」三人者悵悵而退，始悟失兵柄焉。

張才彦

歷陽張邵才彦，乃總得居士祁晉彦之兄也。建炎三年，自承務郎上書賜對【八】，假大宗伯奉使撻覽軍前，拘留幽燕者凡十五年。及和議成，紹興十三年，始與洪皓、朱弁俱還。後爲敷文閣待制，奉祠累年。甲乙亥更化，得知池陽，卒。

初，總得爲小官時，嘗爲常子正同、胡明仲寅論薦。其後子正死，明仲斥久矣。紹興二十四年，總得之子安國由鄉薦試得捷集英【九】，攷官置第七，秦塤爲冠。塤試浙漕、南宫，皆第一【一〇】。先臚傳一夕，進御安國卷，紙既厚，筆墨復精妙，上覽之喜甚，擢爲首選，實以抑秦。秦不能堪，啫曰：「胡寅雖遠斥，力猶能使故人子爲狀元邪！」已而廷唱，上又稱其詩，安國詣謝。秦問學何書？曰：「顔書。」又曰：「上愛狀元詩，常觀誰詩？」對曰：「杜詩。」秦色莊，笑曰：「好底盡爲君占却。」

先是太母歸自北方，將發，得與天族别。淵聖偃卧車前，泣曰：「幸語丞相歸我，處我一郡足矣。」才彦時亦聞之，痛憤。至是，服中遺相書，謂彼雖欲留淵聖以堅和好，然所貪者金帛，實不難於還，宜亟遣使。因大忤之，悔已莫及。更爲好詞，上疏頌其靖康乞立趙氏，冀贖失言之罪。上方褒秦和戎之功，才彦遂自祕選躐進敷文待制，秦愈疑之。才彦

【八】自承務郎上書賜對　「務」，稗海本、涵芬樓本作「奉」。

【九】總得之子安國由鄉薦試得捷集英　「捷」，稗海本、學津討原本作「對」。

【一〇】皆第一　「皆」原作「居」，據稗海本、涵芬樓本改。

居四明，杜門絶交不出，懼禍迺爲佯狂。

初，出使未還，妻李卒於家已累年。至是妄言吾妻死非命，且指總得爲辭。蓋是時，實由已病言，或出於狂易，抑知安國得罪【一一】，冀以自免。語轉上聞，於是逮總得赴大理獄，鞫殺嫂事，囚縶甚苦。其年十月，秦死。逼歲，安國叫閽，中批命刑部尚書韓仲通特入棘寺，始得釋去。方被逮時，道無錫，夢大士告以無恐，蓋預知秦亡。然因是總得亦病狂惑。

安國更八郡，有德愛。以當暑送虞雍公飲蕪湖舟中，中暑卒，年纔三十餘，士論惜之。

韓通立傳

舊傳焦千之學於歐陽公，一日，造劉貢父，劉問《五代史》成邪？焦對將脱稾，劉問爲韓堂眼立傳乎【一二】？焦默然，劉笑曰：「如此，亦是第二等文字耳。」《唐餘録》者，直集賢院王皡子融所撰，寶元二年上之。時惟有薛居正《五代史》，歐陽書未出也。此書有紀、志、傳，又博采諸家之説，傚裴松之《三國志》註，附見下方。表韓通於《忠義傳》，且冠之以國初褒贈之典，新、舊《史》皆所不及焉。皡乃王沂公曾之弟，後以元昊反，乞以字爲名。其後吕伯恭編《文鑑》，制、詔一類，亦以褒贈通制爲首，蓋祖子融之意也。

【一一】抑知安國得罪　「知」，涵芬樓本作「亦」。

【一二】劉問爲韓堂眼立傳乎　「堂」，稗海本、學津討原本、涵芬樓本作「瞠」。

老蘇族譜記

滄洲先生程公許字季與，眉山人，仕至文昌，寓居霅上，與先子從容談蜀中舊事，歷歷可聽。其言老泉《族譜亭記》，言鄉俗之薄，起於某人，而不著其姓名者，蓋蘇與其妻黨程氏大不咸，所謂某人者，其妻之兄弟也。老泉有《自尤》詩，述其女事外家，不得志以死，其辭甚哀，則其怨隙不平也久矣。其後東坡兄弟以念母之故，相與釋憾。程正輔於坡爲表弟，坡之南遷，時宰聞其先世之隙，遂以正輔爲本路憲將，使之甘心焉。而正輔反篤中外之義，相與周旋之者甚至。坡詩往復倡和中，亦可概見也。

正輔上世爲縣録事，縣有殺人者，獄已具，程獨疑之，因緩其事，多方物色之，果得真殺人者，而繫者遂得放釋。他日，役滿家居，夢神告之曰：「汝有活冤獄之功，當令汝子孫名宦相繼，爲衣冠盛族。」至其子遂擢第，其後益大，如夢言，然多行不義，德馨弗聞。

有名唐者，宣政間附王、蔡，最貴顯。又有名敦厚字子山者，亦知名。邵康節之孫溥公濟守眉口，子山與之不咸，廉得其罪狀，用疋絹大書，櫝盛之，遣介持抵成都帥府治之前逆旅舍，委之而去。逆旅人得之以告帥，蕭振德起得之，以爲奇貨，逮公濟赴成都獄，嚴鞫之。獄吏知其寃，遂教公濟一切承之，不然，死無以自明，公濟悟，如其教不復辯。獄上，朝論以爲匿名書，法不當受，而制司非得旨，不應擅逮守臣，遂皆罷之。公濟雖得勿問，而憒憒不能堪，訴之於天，許黄籙十壇，至其子始償如數。子山之居極壯麗，一夕大火，不遺寸椽。子山本附秦檜，至右史，後忤意，謫安遠縣令以死焉。

中謝中賀

今臣僚上表，所稱誠惶誠恐，及誠歡誠喜、頓首稽首者，謂之中謝中賀。自唐以來，其體如此。蓋臣某以下，亦略敘數語，便入此句，然後敷陳其詳。如柳子厚《平淮西賀表》「臣負罪積釁，違尚書牋表，十有四年云云，懷印曳紱，有社有人」，語意未竟也，其下即云「臣誠惶誠恐」，蓋以此一句，結上數語云爾。

今人不察，或於首聯之後，湊用兩短句，言震惕之義，而復接以中謝之語，則遂成重複矣。前輩表章如東坡、荆公，多不失此體。近時周益公爲相，《謝復封表》云：「華陽黑水，裂地而封，舊物青氊，從天而下。磨玷之勤未泯，執珪之寵彌加【一三】。臣誠惶誠恐。」或以爲疑，嘗以問公，公答之正如此。

復覆伏三字音義

復、覆、伏三字音義相出入，易於混亂，今各疏於左。

復有三字音。房六切者，復歸之復也，字書訓以往來，是也。《易》卦之復，毛詩「古

【一三】執珪之寵彌加　「加」原作「如」，據稗海本、學津討原本、涵芬樓本改。

復竟」，《論語》「言可復也」、「克己復禮」，皆是也。《易》註云「還」，《語》註「猶覆」，與《詩》「爲恢復之復」，其義一也。扶富切者【一四】，又之義也，字書訓以又，是也。《書》「復歸於亳」，《詩》「復會諸侯」，《語》「復夢周公」，「則不復也」，及「復見」、「復聞」之類，皆是也。芳六切，與覆同音者，反復之復也。《易》乾象贊「反復道也」，《釋文》「芳六反，本亦作覆，是也」。

覆亦有三音，芳六反者【一五】，反覆之覆也，字書訓以反，是也。《中庸》「傾者覆之」，註：「敗也。」與《易》「反復道也」之復，音同義異。敷救切者，覆幬之覆也，字書訓以葢，是也。扶又切者，伏兵也。《左傳》「君爲三覆以待之」，是也。

伏亦有三音，房六切者，伏羲之伏也，字書訓以伺也、匿也、隱也，是也。三伏之伏，及伏羲、伏生、赤伏符，皆是也。扶富切者，鳥抱卵也。《莊子》「越雞不能伏鵠卵」，及《後漢》「大丈夫當雄飛，安能雌伏」，皆是也。《前漢·五行志》「元帝初元中【一六】，丞相府史家雌雞伏子」，顔云：「房富反。」用字者，不可以不辨焉。

岳武穆逸事

杜充之駐建康也，岳飛軍立硬寨於宜興，命親將守之。飛兵出不利，夫人密諭親將選精鋭，具餱糧，潛爲策應之備。未幾，飛兵還，即入教場呼問之曰【一七】：「汝欲何爲？」

【一四】扶富切者　「者」原作「復」，據稗海本、學津討原本、涵芬樓本改。

【一五】芳六反者　「反」，稗海本作「切」。

【一六】前漢五行志元帝初元中　「漢」原闕，據學津討原本、涵芬樓本補。「元帝初元」原作「元年帝初元」，據學津討原本、涵芬樓本删改。

【一七】即入教場呼問之曰　「即」原作「曰」，據稗海本、學津討原本、涵芬樓本改。

曰：「聞太尉軍小不利，故擇敢戰之士以備策應，此男女孝順耳。」飛曰：「吾命汝堅守根本，天不能移，地不能動。汝今不待吾令，擅自動摇，是無師律也。」立命責短狀，將大懼，祈哀吐實，謂此非某所自爲，蓋夫人亦曾有命耳。飛愈怒，竟斬之。

又紹興和議初成，金人以河南歸我。判宗正事士㒟，銜命道荆、襄、宛、洛，祗謁鞏襄原。道過南鄧，岳飛止之曰：「金虜無信，君宜少駐。」㒟以上命有程，辭去。不數舍，煙塵四起，軍聲囂然，於是失色南奔。忽遇大軍，望之，岳幟也，遂馳就之。飛笑曰：「固謂君勿行，正恐此耳。然已遣董御帶、牛觀察在前與之交鋒矣。兵勝敗無常，君王人【一八】，且近屬，吾當以自己兵衛送君。」行數里，兩將捷書至，蓋㒟未行前一日出師也。其後飛得罪下獄，㒟極辯其無辜，且以百口保之。非惟感恩，蓋親見其用兵神速故耳。朝臣併論㒟身爲宗室，不應交結將帥，因指爲飛黨，遂罷宗司與祠云【一九】。

又張魏公之出督也，陛辭之日，與高宗約曰：「臣當先驅清道，望陛下六龍夙駕，約至汴京，作上元帥。」飛聞之曰：「相公得非睡語乎？」於是魏公憾之終身。

若干如干

若干二字，出古禮鄉射。《大射》數射算云：若干絶【二〇】、若干奇。若，如也；干，求也。言事本不定，嘗如此求之。又《曲禮》：「問天子之年，聞之始服衣若干尺矣。」《前

【一八】君王人　「王」原作「正」，據稗海本、學津討原本、涵芬樓本改。

【一九】遂罷宗司與祠云　「司」原作「曰」，據稗海本、學津討原本、涵芬樓本改。

【二〇】若干絶　「絶」，稗海本、學津討原本、涵芬樓本作「純」。

漢·食貨志》顔註云:「設數之言也。干如箇,謂當如箇數也,亦曰如干。」《文選·任彦升竟陵王狀》【二一】:「食邑如干户。」註云:「如干户,即若干户也。」然又爲復姓,後周有若干鳯,及右將軍若干惠。若,音人者反。《釋文》云:「以國爲姓。」然則若干又國名也【二二】。

祠山應語

余世祀祠山張王,動止必禱,應如蓍龜,姑志奇驗數事於此,以彰神休。

先子需澄江次,爲有力者攘去,再以毘陵等三壘干祀第【二三】,逾月不報【二四】。先妣時留霅,禱於南關之祠,有「水邊消息的非遥」之語,及收杭信,則聞霍山所祈亦得此籤,越日臨汀之命下矣。

戊辰年,鑄子甫五歲,病骨蒸,勢殆甚,凡藥皆弗效。禱籤得蠱之上九云:「蠱有三頭,紛紛擾擾,如蟲在皿,執一則了。」退謀之醫,試投逐蟲之劑,凡去蚘蛔二,其色如丹,即日良愈。

甲寅春,往桐川炷香,得籤云:「不堪疾病及東牀」云云。是歲外舅捐館。

壬午五月二十八日,杭城金波橋馮氏火作,次日勢益張,雖相去幾十里,而人情惶惶不自安。時楊大芳、潘夢得皆同居,相慰勞曰:「巫言神語皆吉,毋庸輕動。」余不能決,

【二一】文選任彦升竟陵王狀「彦」原作「参」,據稗海本、學津討原本、涵芬樓本改。

【二二】然則若干又國名也「若」原作「有」,據稗海本、學津討原本、涵芬樓本改。

【二三】再以毘陵等三壘干祀第「第」,稗海本、學津討原本作「地」。

【二四】逾月不報「逾」原作「餘」,據稗海本改。

因卜去就於神，得五十六云：「遭人彈劾失官資，火欲相焚盜欲窺。」於是挈家湖濱，是夕四鼓，遂成焦土。

傅伯壽以啓擢用

傅伯壽爲浙四憲。韓侂胄用事，伯壽首以啓贄之曰：「澄清方効於范滂，跋扈遽逢於梁冀。人無恥矣，咸依右相之山；我則異歟，獨仰韓公之斗。首明趨向，願出鎔陶。」由是擢用至僉書樞密院事。韓敗，追三官，奪執政恩。

林外

林外字豈塵，泉南人。詞翰瀟爽，詼譎不羈，飲酒無算。在上庠，暇日獨遊西湖，幽寂處得小旗亭，飲焉。外美風姿，角巾羽氅，飄飄然神仙中人也。豫市虎皮錢篋數枚藏腰間，每出其一，命酒家保傾倒【二五】，使視其數，酬酒直即藏去。酒且盡，復出一篋，傾倒如初。逮暮，所飲幾斗餘，不醉，而篋中錢若循環無窮者，肆人皆驚異之。將去，索筆題壁間曰：「藥爐丹竈舊生涯，白雲深處是吾家。江城戀酒不歸去，老却碧桃無限花。」明日都下盛傳某家酒肆有神仙至云【二六】。

又嘗爲《垂虹亭》詞，所謂「飛梁遏水」者，倒題橋下，人亦傳爲呂翁作。惟高廟識之

【二五】命酒家保傾倒　「命」原作「入」，據稗海本、學津討原本、涵芬樓本改。

【二六】明日都下盛傳某家酒肆有神仙至云　「某」原作「其」，據稗海本、學津討原本、涵芬樓本改。

曰：「是必閩人也，不然，何得以鎖字協埽字韻。」已而知其果外也。此詞已有紀載，兹不復書。

南劒黯淡灘，湍險善覆舟，行人多畏避之。外嘗戲題灘傍驛壁曰：「千古傳名黯淡灘，十船過此九船翻。惟有泉南林上舍，我自岸上走，你怎奈何我？」雖一時戲語，頗亦有味。

甄雲卿

永嘉甄雲卿字龍友【二七】，少有俊聲，詞華奇麗。而資性浮躁，於鄉人無不狎侮，木待問蘊之爲尤甚。木生朝，爲詞賀之，末云：「聞道海壇沙漲也，明年。」蓋諺云：「海壇沙漲，温州出相。」明年者，俗言且待也。又嘗損益前人酒令曰：「金銀銅鐵鋪，絲綿紬絹綱，鬼魅魍魎魁。」蓋木以癸未魁天下也。

甄辨給雄一時，謔笑皆有餘味。一日登對，上戲問云：「卿安得與龍爲友？」甄倉忙占奏，殊不能佳。及退殿陛，自恨失言曰：「何不云堯、舜在上，臣安得不與夔龍爲友？」聞者惜之。

競渡日，着綵衣立龍首，自歌所作《思遠樓前》之詞，旁若無人。然於性理解悟，凡禪衲機鋒，皆莫能答。將亡之日，命其子燭湯【二八】，且召蘊之，將囑以後事。甄居城外，昏

【二七】永嘉甄雲卿字龍友　稗海本作「永嘉甄龍友字雲卿」。

【二八】命其子燭湯　「湯」原作「煬」，據稗海本、學津討原本、涵芬樓本改。

暮門闔不得入，其子白之，甄曰：「然則勿燭以待旦。」既旦，木聞之亟來，甄喜曰：「吾將行，得君主吾喪，則濟矣。」木許諾，乃入浴更衣，與木訣，坐而逝。既復開目曰：「吾儒無此也。」復卧，乃絶。

西林道人

端平間，周文璞、趙師秀數詩人，春日薄遊湖山，極飲西林橋酒壚，皆大醉熟睡。忽有髽髻道人過而睨之，哂曰：「詩仙醉邪？」顧酒家：「善看客，我當將償酒錢【二九】。」索水小盂，以瓢中藥少投之，入口略嗽，噀之地上，則皆精銀也。時遊人方盛，皆環視駭歎，忽失道人所在。

薄暮，諸公始醒，酒家具道所以，皆悵然自失。其家持銀往市，得錢正可酬所直，了無贏餘。明日，喧傳都下，酒家圖其事於壁，自以爲遇仙酒肆。好事者競趨之，遂爲湖山旗亭之甲，而諸公亦若有悟云。

【二九】我當將償酒錢　「將」，稗海本、學津討原本作「代」。

崔福

崔福，故羣盜也，嘗爲官軍所捕。會夜大雪，方與嬰兒同榻，兒寒夜啼，不得睡覺。捕者至，因以故衣擁兒口，兒得衣，身煖啼止，遂得逸去。因隸籍軍伍，累從陳子華捕賊，積功至刺史、大將軍。

後從陳往江西，留南昌。既而子華易閫金陵，兼節制淮西，而崔仍留洪。時倅攝郡，一日，倅與郡僚宴滕王閣，崔怒其不見招，憾之。適至府治前，民有立牌訴寃者，崔乃携其人，直至飲所，責以郡官不理民事。嗾諸卒盡碎飲器，官吏皆奔逸竄去，莫敢與嬰其鋒。子華知之，遂檄還建康。

會淮西有警，命王鑑出師，鑑請福爲援。福不樂爲鑑用，託以葬女擅歸。鑑怒，遂白其前後過惡，且必正其慢令之罪。會子華亦厭忌之，於是遂從軍法，然後聲其罪於朝。福勇悍善戰有聲，其死也軍中惜之。然其跋扈之跡已不可掩，殺身之禍，實有以自取之也。

張乂林叔弓【三〇】

張乂，延平人。少負才入太學，有聲，爲節性齋長【三一】，既又爲時中齋長。其人眇小而好作爲【三二】，動以苛禮律諸生，同舍多不平之。

莆田林叔弓。亦輕浮之士也，於是以其名字作詩賦各一首嘲之。其警聯云：「身材短小，欠曹交六尺之長；腹内空虚，乏劉乂一點之墨。」詩警句云：「中分爻兩段，風使十横斜。文上元無分，人前强出些。」曲盡形容之妙，聞者絶倒。

【三〇】張乂林叔弓　「弓」，稗海本作「躬」。下同。

【三一】爲節性齋長　「節」，稗海本作「率」。

【三二】其人眇小而好作爲　「其人」，稗海本作「甚」。

又私試《闢四門》賦云："想帝女下嬪，大展親家之禮；諒商均不肖，幾成太子之遊。"《天子之堂九尺》云："假令晏子來朝，莫窺其面；縱使曹交入見，僅露其頭。"《顔淵具體而微》賦云："博我以文，約我以禮，望之儼然；道與之貌，天與之形，眇乎小爾。"亦皆叔弓之所爲也。

優語

宣和中，童貫用兵燕薊，敗而竄。一日内宴，教坊進伎爲三四婢，首飾皆不同。其一當額爲髻，曰蔡太師家人也；其二髻偏墜，曰鄭太宰家人也；又一人滿頭爲髻如小兒，曰童大王家人也。問其故，蔡氏者曰："太師覲清光，此名朝天髻。"鄭氏者曰："吾太宰奉祠就第，此嬾梳髻。"至童氏者曰："大王方用兵，此三十六髻也。"

近者己亥歲，史之爲京尹，其弟以參政督兵於淮。一日内宴，伶人衣金紫，而幞頭忽脱，乃紅巾也。或驚問曰："賊裹紅巾，何爲官亦如此？"傍一人答云："如今做官底都是如此。"於是褫其衣冠，則有萬回佛自懷中墜地。其旁者云："他雖做賊，且看他哥哥面。"

又女官吴知古用事，人皆側目。内宴日，參軍四筵張樂，胥輩請僉文書，參軍怒曰："我方聽𪌭粟，可少緩。"請至三四，其答如前。胥擊其首曰："甚事不被𪌭粟壞了。"蓋是俗呼黄冠爲鷰栗也。

王叔知吴門日，名其酒曰徹底清。錫宴日，伶人持一樽誇於衆曰：「此酒名徹底清。」既而開樽，則濁醪也。旁誚之云：「汝既爲徹底清，却如何如此？」答云：「本是徹底清，被錢打得渾了。」此類甚多，而蜀優尤能涉獵古今，援引經史，以佐口吻、資笑談。

當史丞相彌遠用事，選人改官多出其門。制閫大宴，有優爲衣冠者數輩，皆稱爲孔門弟子。相與言，吾儕皆選人，遂各言其姓曰：「吾爲常從事，吾爲於從政，吾爲吾將仕，吾爲路文學。」别有二人出曰：「吾宰予也。夫子曰『於予與改』，可謂僥倖。」其一曰：「吾顔回也，夫子曰『回也不改』，吾爲四科之首而不改，汝何爲獨改？」曰：「吾鑽故改，汝何不鑽？」回曰：「吾非不鑽，而鑽彌堅耳？」曰：「汝之不改宜也，何不鑽彌遠乎？」其離析文義，可謂侮聖言，而巧發微中，有足稱言者焉。

有袁三者，名尤著。有從官姓袁者，制蜀，頗乏廉聲。羣優四人，分主酒色財氣，各誇張其好尚之樂，而餘者互譏誚之。至袁優，則曰：「吾所好者財也。」因極言財之美利，衆亦譏誚之不已。徐以手自指曰：「任你譏笑，其如袁丈好此何？」

譏不肖子

有士赴攷，其父充役，爲貼書勉其子登第，則名免。子方浪遊都城，窘無資用，即答曰：「大人欲某勉力就試，則宜多給其費，否則至場中定藏行也。」奕者以不露機爲藏行云。

又有士父使從學，月與油燭一千，其子請益，不可，子以書白云：「所謂焚膏繼晷者，非爲身計，正爲門户計。且異日恩封，庶幾及父母耳。有如吝小費，則大人承事，娘子孺人，遼乎邈哉！」聞者絶倒。

卷十四

館閣觀畫

乙亥歲秋，祕書監丞黄𢜭汝濟以蓬省旬點，邀余偕行，於是具衣冠望拜右文殿，然後遊道山堂。堂故米老書扁，後以理宗御書易之。著作之庭，胡邦衡所書，曰蓬巒，曰羣玉堂。堂屏，有坡翁所作竹石，相傳淳熙間，南安守某人，乃取之長樂僧寺壁間，去其故土，而背施髹漆，匣以持獻曾海野，曾殂後，復獻韓相平原，韓誅，簿録送官。左爲汗青軒，軒後多古桂，兩旁環石柱二。小亭曰蓬萊，曰濯纓，曰方壺，曰含章，曰茹芝，曰芸香。射亭曰繹志，曰采良門。「采良」二字，莫知所出。

登渾儀臺，觀銅渾儀。紹興間内侍邵諤所爲，精緻特甚，色澤如銀如玉。此器凡二，一留司天臺，一留此以備測驗。

最後步石渠，登祕閣，兩旁皆列龕藏先朝會要及御書畫，别有朱漆臣匣五十餘，皆古今法書名畫也。是日僅閲秋、收、冬、餘四匣。畫皆以鸞鵲綾、象軸爲飾，有御題者，則加以金花綾。每卷表裏皆有尚書省印，防閑雖甚嚴，而往往以僞易真，殊不可曉。其佳者有董源畫《孔子哭魚丘子圖》，唐模顧愷之《洗經圖》，此二幅絕高古。李成《重巒寒溜》，孫太古《誌公》，展子虔作《伏生》，無名人《三天女》，亦古妙。燕文貴紙畫山水小卷極精。士雷小景【一】，符道隱山水，關仝山水，胡瓌馬，陳晦柏，文與可古木便面，亦奇，餘悉常品，亦有甚謬者。通閱一百六十餘卷，絕品不滿十焉。暇日想像書之，以爲平生清賞之冠。

鍼砭

古者鍼砭之妙，真有起死之功。蓋脉絡之會，湯液所不及者，中其俞穴，其效如神，方書傳記，所載不一。若唐長孫后懷高宗，將產，數日不能分娩。詔醫博士李洞玄候脉，奏云：「緣子以手執母心，所以不產。」太宗問曰：「當何如？」洞玄曰：「留子母不全，母全子必死。」后曰：「留子，帝業永昌。」遂隔腹鍼之，透心至手，后崩，太子即誕。後至天陰，手中有瘢。龐安常視孕婦難產者，亦曰：「兒雖已出胞，而手執母腸胃，不復脱衣。」即捫兒手所在，鍼其虎口，兒既痛，即縮手而生，及觀兒虎口，果有鍼痕。近世屠光遠亦以此法治番易酒官之妻。三人如出一律，其妙如此。蓋醫者，意也，一時從權，有出於六百四十九穴之外者。

《脞説》載李行簡外甥女，適葛氏而寡，次嫁朱訓，忽得疾如中風狀。山人曹居白視

【一】士雷小景　「士」，涵芬樓本作「土」。

之，曰：「此邪疾也。」乃出鍼刺其足外踝上二寸許，至一茶久，婦人醒，曰：「疾平矣。」始言每疾作時，夢故夫引行山林中。今早夢如前，而故夫爲棘刺刺足脛間不可脱，惶懼宛轉，乘間乃得歸。曹笑曰：「適所刺者，八邪穴也。」此事尤涉神怪。余按《千金翼》有刺百邪所病十三穴，一曰鬼宫，二曰鬼信，三曰鬼壘，四曰鬼心，五曰鬼路，六曰鬼枕，七曰鬼牀，八曰鬼市，九曰鬼病，十曰鬼堂，十一曰鬼藏，十二曰鬼臣，十三曰鬼封，然則居白所施正此耳。

今世鍼法不傳，庸醫野老，道聽塗説，勇於嘗試，非惟無益也。此聞趙信公在維揚制閫日，有老張總管者，北人也，精於用鍼，其徒某得其粗焉。一日，信公侍姬苦脾血疾垂殆，時張老留旁郡，亟呼其徒治之，某曰：「此疾已殆，僅有一穴或可療。」於是刺足外踝二寸餘，而鍼爲血氣所吸留，竟不可出【二】。某倉惶請罪曰：「穴雖中，而鍼不出，此非吾師不可，請急召之。」於是命流星馬宵征，凡一晝夜而老張至。笑曰：「穴良是，但未得吾出鍼法耳。」遂别於手腕之交刺之，鍼甫入，而外踝之鍼躍而出焉，即日疾愈，亦可謂奇矣。

然古者，鍼以石爲之。昔金元起欲註《素問》，訪王孺以砭石，答曰：「古人以石爲鍼，必不用鐵。」《説文》有此砭字，許慎云：「以石刺病也。」《東山經》云：「高氏之山多鍼石。」郭璞云：「可以爲砭鍼。」《春秋》：「美疢不如惡石。」服子慎註云：「石，砭石

【二】竟不可出　「出」原作「由」，據稗海本、學津討原本、涵芬樓本改。

也。」季世無復佳石，故以鍼代之耳。

又嘗聞舅氏章叔恭云：昔倅襄州日，嘗獲試銅鍼人，全像以精銅爲之，腑臟無一不具。其外俞穴，則錯金書穴名於旁，凡背面二器相合，則渾然全身，蓋舊都用此以試醫者。其法外塗黃蠟，中實以水【三】，俾醫工以分折寸，按穴試鍼，中穴，則鍼入而水出，稍差，則鍼不可入矣，亦奇巧之器也。後趙南仲歸之內府，叔恭嘗寫二圖，刻梓以傳焉，因併附見於此。

巴陵本末

穆陵既正九五之位，皇兄濟王竑出封宛陵，辭不就。史丞相同叔以其有逼近之嫌，遂徙寓於霅城之西。寶慶元年乙酉正月八日，含山狂士潘甫與弟壬、丙率太湖亡命數十人，各以紅半袖爲號，乘夜踰城而入，至邸索王，聲言義舉推戴。王聞變，易敝衣，匿水竇中，久而得之。擁至州治，旋往東嶽行祠，取龍椅置設廳，以黃袍加之。王號泣不從，脅之以兵，不獲已，與之約曰：「汝能勿傷太后、官家否？」衆許諾，遂發軍資庫出金帛楮券犒軍。命守臣謝周卿率見任及寄居官立班，且揭李全榜於州門，聲言史丞相私意援立等罪。且稱見率精兵二十萬，水陸並進。時皆聳動，以爲山東狡謀。此曉，則執兵者大半皆太湖漁人，巡尉司蠻卒輩多識之【四】，始疑其僞。王乃與郡將謀，帥州兵勦之，其數元不滿百

【三】中實以水　「水」，稗海本、學津討原本作「汞」。下同。

【四】巡尉司蠻卒輩多識之　「尉」原作「校」，據稗海本、《宋史》卷二四六《鎮王竑傳》改。

也，潘王竟逸去。後明亮獲之楚州河岸。寓公王元春遂以輕舟告變於朝，急調殿司將彭忳赴之【五】，兵至，賊已就誅矣。主兵官苟統領者，堅欲入城，意在乘時刼掠。舟抵南關張王祠下，忽若有方巾著白袍人擠之入水，於是亟聞之，朝廷亦以事平，俾班師焉。使非有此，一城必大擾矣。越一日，史相遣其客余天錫來，且頒宣醫視疾之旨。時王本無疾，實使之自爲之計，遂縊於州治之便室，舁歸故第治喪。本州有老徐駐泊云：嘗往視疾，至則已死矣。見其已用錦被覆於地，口鼻皆流血，沾漬衣裳【六】。審爾，則非縊死矣。始欲治葬於西山寺，其後遂藁葬西溪焉。初，朝廷得報，謂出山東謀，史揆懼甚，既而事敗，李全亦自通於朝，以爲初不與聞，疑慮始釋。遂下詔貶王爲巴陵縣公，夫人吴氏賜度牒爲女冠，移居紹興，改湖州爲安吉州【七】。王元春以告變功，遂知鄉郡。時秀王第十三子師彌，逃難菁山園廟，亦獎其能守園陵，躐等升嗣襲。甚者以潘閬嘗從秦王爲記室，有同謀之嫌，亦黜其先賢之祀焉。先是天台宋濟仲楫爲守日【八】，更立諸訪扁，其左題曰：「守臣宋濟立。」未幾變作，或以爲先讖云。

其後魏了翁華父、真德秀希元、洪咨夔舜俞、潘枋庭堅，皆相繼疏其寃。大理評事盧陵胡夢昱季晦，應詔上書，引晉申生爲厲，漢戾太子，及秦王廷美之事，凡萬餘言，訐直無忌，遂竄象州，翁定、杜丰、胡炎皆有詩送之。翁云：「應詔書聞便遠行，廬陵不獨説邦衡。寸心只恐孤天地，百口何期累弟兄。世態浮雲多變換，公朝初日合清明，危言在國爲元氣，君子從來豈願名。」杜云：「廬陵一小郡，百歲兩胡公。論事雖小異，處心應略同。

【五】急調殿司將彭忳赴之　「忳」，《宋史》卷四一《理宗紀一》、卷二四六《鎮王竑傳》作「任」。

【六】沾漬衣裳　「裳」，稗海本作「衾」。

【七】改湖州爲安吉州　「安吉」原作「吉安」，據稗海本、涵芬樓本改。

【八】先是天台宋濟仲楫爲守日　「仲」，涵芬樓本作「中」。

有書莫焚藁，無根豈傷弓。病愧不遠別，寫詩霜月中。」胡云：「一封朝奏大明宫，吹起廬陵古直風。言路從來天樣闊，蠻煙誰使徑旁通。朝中競送長沙傅，嶺表爭迎小澹翁。學館諸生空飽飯，臨汾憂國意何窮。」竟歿於貶所。

端平更化，詔許歸葬，官其一子。洪舜俞當制云：「朕訪落伊始，首下詔求讜言，蓋與諫鼓、謗木同意。以直言求人，而以直言罪之，豈朕心哉。爾風裁峻潔，志概激壯，繇廷尉平上書公車，言人之所難言。方嘉貫日之忠，已墮偃月之計。問塗胥口，訪事瀧頭，曾無幾微見於面，何氣節之烈也。仁祖能起介於遠謫之餘，孝祖能拔銓於投荒之後。撫今懷遠，魂不可招；潦霧墮鳶，追悔何及。仍官厥子，以旌折檻之直，且識投杼之過，爾雖死不朽矣。」以周成子與謀，鞫之棘寺，不服，大理卿徐瑄力辨其非【九】，皆坐貶死。臺諫李知孝莫澤，奉承風旨，凡平日睚眦之怒，悉指以從僞，彈劾無虚日，朝野爲之側足。越再歲，忽頒寬恩，或謂史撄嘗有所覩而然。

辛卯鬱攸之變，太室省部悉爲煨燼，下詔求言。籍田令徐清叟應詔疏略云：「人倫睦則天道順，一或悖其常，則天應之以禍也。巴陵有過，罔克繼紹，大臣協定大計，挈神器歸之陛下。不幸狂寇猝發，陷巴陵於不道，衣服僭擬，死有餘罪。然在彼縱非，而在我者不可不厚。奪爵廢祀，暫焉猶可，久而不赦，厥罰甚焉。況曩因巴陵詿誤，名在丹書者，比以慶賚，生者敘復，死者歸葬。然恩及疎逖，而親者反薄，臣恐寧宗在天之靈，或謂不然

【九】大理卿徐瑄力辨其非　「瑄」，涵芬樓本作「宣」。

也。蓋陛下之與巴陵，俱寧宗皇帝之子，陛下富貴如此，而巴陵僇辱如彼，詎合人父均愛其子之意！近者，京城之火，上延太室，往往緣此。蓋以陛下一念之愠，忍加同氣，累載積年，猶未消釋，有以傷和而召異也。」云云。

癸巳六月，御筆命有司改葬，追復王爵，所有命繼之事，則事關家國，非朕敢私。

丙申歲，正言方大琮奏疏亦云：「古今有不可亡之理，理者何？綱常是也。陛下隱之於心，其有不安者乎？臣在田野間，側聞寧宗皇帝嘉定選擇之時，追記先朝，眷念魏邸，故陛下之立，必自魏來。彼故王退守藩服，變出倉卒，霅川之舉【一〇】，深可痛矣。臣嘗記真德秀之疏曰：『前有避匿之迹，後有討捕之謀。』又記洪咨夔之疏曰：『霅川之變，非濟邸之本心，濟邸之殁，非陛下之本心。』魏了翁直前之疏，徐清叟火災之疏，皆可謂得其情矣。胡夢昱一疏，尤爲惻怛，貫穿百代之興亡，指陳天人之感應，讀之使人流涕。當是時也，天地祖宗，猶有以察陛下之有所制；黄壤沉魄，猶有以亮陛下之不得已。今將十載，天斃老妖，端平改絃，威福自出，此非昭寃雪枉之時乎？臣恭覩六年六月御筆有曰『脅狂陷逆』，又曰『復爵塋墳』【一一】，而立後一事，則以事繫家國，難以輕議。又恭覩二年七月御筆，有曰『衛王功茂，深欲保全其家』，又曰『劄付宅之兄弟，自今臣僚，無復攟摭』。一則牢關固拒，如待深讎，何其重於繼同氣之後；一則丁寧覆護，如撫愛子，何其厚於保姦孽之家。合二筆而觀，有人心者，以爲何如哉！故王之迹，非若秦邸，而秦邸子

【一〇】霅川之舉　「舉」，稗海本、涵芬樓本作「事」。

【一一】又曰復爵塋墳　「塋墳」原作「眡」，據稗海本、學津討原本、涵芬樓本改。

孫，至今繁盛。今也，西溪荒阡，麥飯無主，霜嫠孤寄，抑墮緇流。云云。臣剽聞故王嘗從陛下會朝侍班，同榻共食，情愛備至。使無彌遠先入之言，寧不愴念疇昔之故。若故王者，生蒙友愛之義，死乃不蒙繼絶之恩乎？臣聞真德秀垂歿，語其家以不能申前言爲大恨。又見洪咨夔嘗對臣言曰：『上意未回，則天意亦未易回。』今二臣亡矣！獨夢昱所謂冤不散則禍不消，今雖官其一子，未足償其一門之痛，是不惟故王之冤未散，而夢昱之論亦未明也。羣臣泛議，一語及此，摇手吐舌，指爲深諱。陛下豁然開悟，特下明詔，正權臣之罪，洗故王之冤，則端平德刑之大者明矣。是必改塋高燥，亟謀紹承，幸伉儷之猶存，庶精爽之有託。若敖之鬼不餒，新城之巫永消，則天心之悔禍有期，人心之厭亂有日，特在陛下一念間耳。宋文帝何如主，猶能還二王之家，正徐傅之戮，而況九京之下，所望於英明之主哉。」云云。

丙申明禋，大雷電雨雹，詔求直言。架閣韓祥疏曰：「四海之大【一二】，誰無兄弟，尊爲元首，寧忍忘情，宿草荒阡，彼獨何辜？二三臣子勸陛下紹巴陵之後則弗顧，請陛下行徐傅之誅則弗忍焉。知新城冤魄不日夜惻愴，請命上帝乎？」司農丞鄭逢辰封章略曰：「妖由人興，變不虛發。推原其故，陛下掇天怒者，其失有四：一曰天倫未篤，二曰朝綱未振，三曰近習之勢寖張【一三】，四曰後宮之寵寖盛。何謂天倫未篤？兄弟，人之大倫也。巴陵之死，幽魂藁葬，敗冢荒丘，天陰鬼哭，夜雨血腥，行道之人，見者隕涕。太子申

【一二】四海之大　「大」，稗海本、學津討原本作「人」。

【一三】三曰近習之勢寖張　「近習」，稗海本作「權奸」。

生之死，猶能請命於帝，巴陵亦先帝之子，陛下之兄也。雪川之變，竄身水竇，襟裾霑濡，兇徒迫脇，情實可憐。今乃烝嘗乏祀，嫠婦無歸，豈不掇天怒邪。」云云。

丁酉火災，三學生員上書，謂火起新房廊，乃故王舊邸之所，火至僊林寺而止，乃故王舊宅之林，皆指爲伯有爲厲之驗。太常丞趙琳疏，亦以《春秋》鄭伯有良霄爲厲之驗。一時朝紳韋布，咸謂故王之寃不伸，致干和氣。獨府學生李道子立異一書，援唐立武后事，謂此陛下家事，勿恤人言。又有廣南額外攝官事鄒雲一書，尤爲可駭。大略謂：「濟邸不能一死，受程軍、陳登之徒，班廷拜無於倉猝之際，天日開明，著身無地，夫復何言。今天下之士，反起興憐，陛下又從而加惠之，復其爵位，給其帑藏，可謂曲盡其恩。今天下之士，不知大義所在，復以立嗣爲言，簧鼓天下之聽。且濟邸雖未得罪於天下，而實得罪於《春秋》，濟王不道，法所當除。陛下尚軫在原，猶存爵位，借使勉從羣議，俾延於世，不可也。矧當世情多阻之時，人心趨亂者衆，萬一食夫不靖之徒，有以立楚懷王孫而激亂者，當是之時置國家於何地，其亦不思之甚矣。以真德秀之賢，猶且昧此，況他人乎？」二人並特旨補將仕郎，權夕郎丁伯桂駁之，乃止。殿院蔣峴伯見謂：「火災止是失備，更無餘說。」且云：「濟邸之於陛下，本非同氣之親，非兄弟而强爲兄弟。」又云：「《中庸》達道，始於君臣而次於父子，《大易》二篇，基於父子而成於君臣，而況下於父子者乎？以此見君臣之道，獨立於天地之間。」又云：「君臣既定，父子不必言，兄弟不當問。」又云：「天不能命，神不能語，巫而誣焉。」於是太武學生劉實甫等二百餘人，相弃上書力攻之，峴遂罷言職。

至景定甲子歲，度宗踐祚之初，監察御史常楙長孺奏：「巴陵之事，豈其本心？真宗能還秦邸之後，以成太宗之心，陛下豈不能爲故王續一綫之脉哉！」既而御筆云：「濟王生前之官，先帝已與追復，尚有未復所贈官，嘗曰留以遺後人，即仁皇踐祚，贈秦王太師、尚書令之典也。所宜繼志，以慰泉壤，可追復太師、保静鎮潼軍節度使，仍令所屬討論墳塋之制，日下增修，餘照先帝端平元年六月十二日指揮。」

又至德祐乙亥，邊事俶擾，臺臣以此爲請。而常長孺入爲文昌，一再奏陳，以爲：「此亦挽回天意之機。且霅川之事，非其本心，置之死地過矣，不爲立後又過矣。匹夫匹婦之寃，猶能召飛霜枯草之災，況嘗備儲闈之選乎？且理宗以來，疆土日蹙，災變日至，毋乃巴陵得請於帝乎？若子産所謂有以歸之，斯可矣。欲乞英斷，爲理祖、度攷了此一段未爲之事，不然，臣恐中生之請未已也。」遂有旨：太師、保静鎮潼軍節度使、濟王，特封鎮王，賜謚昭肅。所有墳塋令臨安府兩浙漕司相視，更加修繕。仍令封樁安邊所撥田一萬畝給賜，仍差王應麟前往致祭，蓋應麟亦嘗有請也。又批令於兩班中，擇昭穆相當二三歲以下者，指定一員，以奉其祀。嗚呼！挽回天意，至此亦晚矣，悲夫！

數奇

《李廣傳》：「廣數奇，毋令當單于。」註云：「奇，不偶也，言廣命隻不偶也。數，音所角切；奇，居宜切。」宋景文以爲江南本《漢書》，數乃所具切，角字乃具字之誤耳。然或以爲疑。余因攷《藝文類聚》、《馮敬通集》「吾數奇命薄」，《唐文粹》徐敬業詩「數奇良可歎」，王維詩「衛青不敗由天幸，李廣無功緣數奇」，杜詩「數奇謫關塞，道廣存箕潁」，羅隱詩「數奇當自愧，時薄欲何干」，坡詩「數奇逢惡歲，計拙集枯梧」，觀其偶對，則數爲命數，非疏數之數，音所具切，明矣。

諫筍諫果

世傳涪翁喜苦筍，嘗從斌老乞苦筍詩云：「南園苦筍味勝肉，籠籜稱冤莫採録，煩君更致蒼玉束，明日風雨吹成竹。」又《和坡翁春菜》詩云：「公如端爲苦筍歸，明日青衫誠可脱。【一四】」坡得詩，戲語坐客云：「吾固不愛做官，魯直遂欲以苦筍硬差致仕。」聞者絶倒。嘗賦苦筍云：「苦而有味，如忠諫之可活國。」放翁又從而獎之云：「我見魏徵殊嫵媚，約束兒童勿多取。」於是世以諫筍目之。殊不知翁嘗自跋云：「余生長江南，里人喜食苦筍，試取而嘗之，氣苦不堪於鼻，味苦不可於口，故嘗屏之，未始爲客一設。及來黔，

【一四】明日青衫誠可脱　「青」，涵芬樓本作「春」。

入冬掘苦筍萌於土中，才一寸許，味如蜜蔗，初春則不食，惟𧏙道人食苦筍。四十餘日出土尺餘，味猶甘苦相半。」以此觀之，涪翁所食，乃取其甘，其貴乎苦也。南康簡寂觀有甜苦筍，周益公詩云：「蔬食山間茶亦甘，況逢苦筍十分甜，君看齒頰留餘味，端爲森森正且嚴。」此亦取其甜耳。世人慕名忘味，甘心荼苦者，果何謂哉。

又記涪翁在戎州日，過蔡次律家，小軒外植餘甘子，乞名於翁，因名之曰味諫軒。其後王宣子予以橄欖送翁，翁賦云：「方懷味諫軒中果，忽見金盤橄欖來，想見餘甘有瓜葛，苦中真味晚方回。」然則二物亦可名之爲諫果也。

姚幹父雜文

姚鎔字幹父，號秋圃，合沙老儒也，余幼嘗師之。記誦甚精，著述不苟，潦倒餘六旬，僅以晚科主天台黄巖學，朞年而殂。余嘗得其雜著數篇，議論皆有思致。今散亡之餘，僅存一二，懼復失墜，因録之以著余拳拳之懷。

《喻白蟻文》云：「物之不靈，告以話言而弗聽，俗所謂對馬牛而誦經是已。雖然，羣生之類，皆含佛性【一五】，皆具天機。百舌能語，白鷺能棊，伯牙絃清而魚聽，海翁機露而鷗疑，害稼之蝗知卓茂，害人之鱷識昌黎。若此之類，言可喻，理可化，安可例以馬牛而待之。況夫螻蟻至微，微而有知。自國於大槐以來，則有君臣尊卑。南柯一夢，言語與人

【一五】皆含佛性　「佛」，涵芬樓本作「靈」。

通，井邑與人同。人但見其往來憧憧，而不知其市聲訌訌。固自有大小長幼之序，前呼後喚之響，默傳於寂然無譁之中。一種俱白，號曰地虎，族類蕃昌，其來自古。賦性至巧，累土爲室，有觜至剛，嚙木爲糧。吾嘗窺其窟穴矣，深閨邃閣，千門萬户，離宫別館，複屋脩廊。五里短亭，十里長亭，繚繞乎其甬道；五步一樓，十步一閣，玲瓏乎其蜂房。嗟爾之巧則巧矣，盛則盛矣，然卵生羽化，方孳育而未息，鑽椽穴柱，不盡嚼而不已。遂使脩廊爲之空洞，廣厦爲之頹圮。夫人營創，亦云難只，上棟下宇，欲維安止，爾廼鳩居之而不恤，蠶食之而無恥，天下其寧有是理。余備歷險阻，拙事生涯，造物者計尺寸而與之地，較錙銖而賦之財。苟作數椽，不擇美材，既杉欏之無有，惟梓松之是裁【一六】，正爾輩之所慕，逐馨香而俱來，苟能飽爾之口腹，豈不岌岌乎殆哉。雖然，爾形至微，性具五常；其居親親，無閨門同氣之鬬，近於仁；其行濟濟，有君子遜畔之風，近於禮；有事則同心協力，不約而競集，號令信也；未雨則舍沙負土，先事而綢繆，智識靈也；其徒羽化，則空穴餞之於外，有同室之義也。既靈性之不泯，宜善言之可施，余之諦創爾所見，余之艱難爾宜知。今與爾畫地爲界，自東至西十丈有奇，自南至北其數倍蓰，請遷種類以他適【一七】，毋入範圍而肆窺。苟諄諄而莫聽，是對馬牛而誦經，其去畜類也幾希。以酒酹地，爾其知之。

又效柳河東《三戒》作《三説》，其一曰《福之馬嘉魚》，云：「海有魚曰馬嘉，銀膚燕

【一六】惟梓松之是裁　「梓」，涵芬樓本作「樺」。

【一七】請遷種類以他適　「種」，涵芬樓本作「族」。

尾，大者視睟兒，爨用火燻之可致遠，常淵潛不可捕。春夏乳子，則隨潮出波上，漁者用此時簾而取之。簾爲疏目，廣袤數十尋，兩舟引張之，縋以鐵，下垂水底。魚過者，必鑽觸求進，愈觸愈怒【一八】，愈怒則頰張鬣舒【一九】，鉤若鎖岐者不可脱【二〇】。向使觸網而能退却，則悠然逝矣。知進而不知退，用罹烹醢之酷，悲夫！」

《江淮之蜂蟹》云：「淮北蜂毒，尾能殺人，江南蟹雄，螯堪敵虎，然取蜂兒者不論鬭，而捕蟹者未聞血指也。蜂窟於土或木石，人蹤跡得其處，則夜持烈炬臨之。蜂空羣赴燄，盡殪，然後連房刳取。蟹處蒲葦間，一燈水滸，莫不郭索而來，悉可俯拾。惟知趨炎而不安其所，其隕也固宜。」

《蜀封溪之猩猩》云：「猩猩人面能言笑，出蜀封溪山，或曰交趾。血以赭罽，色終始不渝。嗜酒喜屐，人以所嗜陳野外而聯絡之，伏伺其旁。猩猩見之，知爲餌己，遂斥詈其人姓名，若祖父姓名，又且相戒毋墮奴輩計中，携儔唾罵而去。去後復顧，因相謂曰：『盍試嘗之。』既而染指知味，則冥然忘夙戒，相與沾濡徑醉，相喜笑，取屐加足。伏發，往往顛連頓仆，掩羣無遺。嗚呼！明知而明犯之，其愚又益甚矣。」

繼母服

何自然本何佾德顯之子，其母姚氏死，即出繼何修德揚。後佾再娶周氏，及自然爲中

【一八】愈觸愈怒　「怒」，稗海本、學津討原本作「束」。

【一九】愈怒則頰張鬣舒　「愈」原作「觸」，據稗海本、學津討原本改。「舒」原闕，據稗海本、學津討原本補。

【二〇】鉤若鎖岐者不可脱　稗海本作「鉤着其目致不可脱」。

司曰，周氏死，自然以不逮事，申審合解官申心喪【二一】。下禮官議，以爲母無親繼之別。朝廷不以爲然，復下給舍臺諫議。太學生朱九成等，各上臺諫書，論其當去。集議既上，雖以爲禮有可疑，義當從厚，合聽解官。然竟以禮律不載，無所折衷。

自然去後數日，書庫官方庭堅於《隋書·劉子翊傳》，永寧令李公孝，四歲喪母，九歲外繼，其後父更別娶，後母至是而亡。河間劉炫以無撫育之恩，議不解任。子翊時爲侍御史，駁之曰：「《傳》云『繼母如母』，與母同也。」又曰：「爲人後者，爲其父母朞。按朞者自以本生，非殊親之與繼也。」又曰：「親繼既等，心喪不殊。」又曰：「如謂繼母之來，在子出之後，制有淺深，則出後之人，所後者初亡，後之者始至，此復可以無撫育之恩，而不服重乎？」又曰：「苟以母養之恩，始成母子，則恩由彼至，服自己來，則慈母如母，何待父命。」又曰：「繼母本以名服，豈藉恩之厚薄也。」又曰：「炫敢違禮乖令，侮聖干法【二二】，使出後之子，無情於本生，名義之分，有汙於風俗。」事奏，竟從子翊之議。禮官具白於廟堂，議乃定。乃知讀書不多，不足以斷疑事也。

食牛報

曾鳳朝陽，廬陵人，余嘗與之同寮。忽以疾告，數日，余往問之，因云：「昔年病傷寒，旬餘不解。昏睡中，忽覺爲牛所吞，境界陡黑，知此身已墮牛腹中。於是矍然曰：

【二一】申審合解官申心喪　「申審」，稗海本、學津討原本作「毋審」。

【二二】侮聖干法　「干」，涵芬樓本作「賢」。

『身不足惜，如老母何！』因發誓，自此復見天日，當終身不食太牢。悚然驚寤，流汗如雨，疾遂良愈。持戒已十年矣，昨偶飲鄉人家，具牛炙甚美。朋舊交勉之，忍饞不禁，爲之破戒，歸即得疾。疇昔之夜，夢如往年，恐懼痛悔，以死自誓，今幸汗解矣。」

余聞其説異之，且嘗見傳記小説所載食牛致疾事極衆，然未有耳目所接如此者。余家三世不食牛，先妣及余皆稟賦素弱，自少至老多病。然瘟疫一證，非惟不染，雖奴婢輩亦復無之，益信朝陽之説爲不誣。因併著之，以爲世戒。

卷十五

曲壯閔本末【一】

曲端字平甫【二】，鎮戎軍人，知書善屬文，作字奇偉，長於兵略，屢戰有聲。知延安府時，王庶節制陝西六路軍馬，遂授端吉州團練使、節制司都統制。端雅不欲屬庶，及寇犯陝西，庶召端，則以未受命辭。敵知端、庶不協，併兵寇鄜延，庶督端爲援，端以爲救鄜延，不如全陝西，乃遣吴玠攻華州。既而延安陷，庶無所歸，遂以百騎馳至端軍。端以戎服見，問庶延安失守狀曰【三】：「節制固知愛身，不知爲天子愛城乎？」庶曰：「吾數令不從，誰其愛身者？」端怒曰：「在耀州屢陳軍事，不一見聽，何也？」乃拘其官屬，奪其節制司印。既而以擒史斌功，遷康州防御使、涇原路經略安撫使、知延安府。端不欲往，朝廷疑有叛意，遂以御營提舉召，端疑不行。會張浚宣撫川、陝，以端有威聲，承制拜端威武大將軍、宣州觀察使、宣撫司都統制、知渭州，軍士歡聲如雷。是時端與吴玠皆有重名，陝西人爲之語曰：「有文有武是曲大，有謀有勇是吴大。」婁室寇邠州日，端屢戰皆捷，至白店原，撒離喝乘高望之，懼而號泣，虜人目之爲「啼哭郎君」，其爲敵所畏如此。

校勘記

【一】曲壯閔本末　「閔」，《宋史》卷三六九《曲端傳》作「愍」。下同。

【二】曲端字平甫　「平」，《宋史》卷三六九《曲端傳》作「正」。

【三】問庶延安失守狀曰　「曰」原闕，據稗海本、《宋史》卷三六九《曲端傳》補。

既而浚欲大舉，未測其意，先使張彬往覘之曰：「公常患諸路兵不合，財不足。今宣撫司兵已合，財已足，婁室以孤軍深入，我合諸路攻之不難，萬一粘罕併兵而來，何以待之？」端曰：「不然，兵法先較彼己，今敵可勝，止婁室孤軍。然將士輕鋭，不減前日，我不過止合五路兵耳，然將士無以大異於前。兼敵之入寇，因糧於我，我常爲客，彼常爲主。今當反之，按兵據險，時出偏師以擾其耕。彼不得耕，必將取糧於河東，是我爲主彼爲客。不一二年間，必自困斃，可一舉而滅也。萬一輕舉，後憂方大。」彬以其言復命，浚不悦。

金犯環慶，端遣吴玠拒之彭店原，戰少却，乃劾玠違節制。其秋，兀朮窺江淮，浚議出師，會諸將議所從，端力以爲不然，須十年乃可。端既與浚異趣，時王庶爲宣撫司參謀，與端有宿怨，因譖於浚曰：「端有反心久矣，盍早圖之。」浚積前疑，復聞庶言，大怒，竟以彭原事罷其兵柄與祠，再謫海州團練副使，萬州安置【四】。是時，陝西軍民皆恃端爲命，及爲庶譖，無罪而貶，軍情大不悦。

是年，浚大舉，軍至富平縣。將戰，仍僞立前軍都統制曲端旗以懼之【五】。婁室曰：「聞曲將軍已得罪，必給我也。」遂擁軍驟至，軍遂大潰。浚心愧其言，而欲慰人望，乃下令以富平之役，涇原軍出力最多，既却退之後，先自聚集，皆前帥曲端訓練有方，遂敘復左武大夫，興州居住【六】。紹興初，又敘營州刺史，與祠，徙閬州。浚亦自興州移司閬州，欲復用端【七】。

【四】萬州安置　「州」原作「安軍」，據《宋史》卷三六九《曲端傳》改。

【五】仍僞立前軍都統制曲端旗以懼之　「仍僞」原作「乃爲」，據稗海本、學津討原本改。

【六】興州居住　「住」原作「往」，據稗海本、學津討原本、涵芬樓本改。

【七】欲復用端　「欲」原闕，據稗海本、《宋史》卷三六九《曲端傳》補。

玠既憾之，且懼端復起，乃言曰：「曲端再起，必不利於張公。」王庶又從而譖之，以端嘗作詩云：「不向關中圖事業，却來江上汎扁舟。」舉此以爲指斥。浚入其説，且以張中孚、李彦琪、趙彬降虜，疑端知其謀，於是徙端恭州，置獄，命武臣康隨爲夔路提刑鞫治。康隨者，先知懷德軍，盜用庫金，爲端所劾。時武臣提刑廢已久，浚特以命隨。端既赴逮，知必死，仰天長吁，指其所乘戰馬鐵象云：「天不欲復中原乎？惜哉！」泣數行下，左右皆泣。初至，獄官不知何人，日盛服候之，如事上官之禮，端甚訝之。一日，其人忽前云：「將軍功臣，朝廷所知，決無他慮。若欲早出，第手書一病狀，獄司即以申主，便可憑藉出矣。」端欣然引筆書之，甫就，獄官遽卷懷而去。是晚，即進械，坐之鐵籠，熾火逼之，殊極慘惡。端渴甚求飲，與之酒，九竅流血而死，年四十一，時紹興四年八月三日丁卯申時也【八】。陝西軍士，皆流涕悵恨，多叛去者。

浚尋得罪，詔追復端宣州觀察使。制曰：「頃失意於權臣，卒下獄而遺死，恩莫追於三宥，人將贖以百身。」其後金歸河南之日，又詔謚端壯閔。制曰：「屬委任之非人，致刑誅之橫被，興言及此，流涕何追。」

端爲涇原都統日，有叔爲偏將，戰敗誅之。既乃發喪，祭之以文曰：「嗚呼！斬副將者，涇原統制也，祭叔者，姪曲端也，尚享！」一軍畏服。其紀律極嚴，魏公嘗按視端軍，端執撾以軍禮見【九】，閴無一人【一〇】。公異之，謂欲點視，端以所部五軍籍進。公命

【八】時紹興四年八月三日丁卯申時也　「紹興」原作「建炎」，據學津討原本、涵芬樓本、《宋史》卷二六《高宗紀三》改。

【九】端執撾以軍禮見　「端」原闕，據稗海本、學津討原本補。

【一〇】閴無一人　「閴」，稗海本、學津討原本作「旁」。

點其一部，於庭間開籠縱一鴿以往【一一】，而所點之軍隨至，張爲愕然。既而欲盡觀，於是悉縱五鴿，則五軍頃刻而集，戈甲焕燦，旗幟精明，魏公雖獎，而心實忌之。在蜀日，嘗有詩云：「破碎江山不足論，何時重到滑南村【一二】。一聲長嘯東風裏，多少人歸未斷魂。」亦可見其志也。

至今西北故老，尚能言其寃。而《四朝國史》端本傳之論乃曰：「曲端之死，時論或以爲寃，然觀其狠愎自用，輕視其上，縱使得志，終亦難御，况動違節制，夫何功之可言乎？」此雖史臣爲魏公地【一三】，然失其實矣。信如所言，則秦檜之殺岳飛，亦不爲過。或又比之孔明斬馬謖，尤無謂也。直筆之難也久矣，惜哉！

渾天儀地動儀

舊京渾天儀凡四座，每座約用銅二萬斤。至道儀在測驗渾儀所，皇祐儀在翰林天文局，熙寧儀在太史局天文院，元祐儀在合臺。南渡後，工部員外郎袁正功嘗獻木樣，詔工部折半製造，計用銅八千四百餘斤，後不克成。至紹興七年，嘗自製小樣。十四年，令内侍邵諤領其事，其一留太史局司天臺，其一留祕書省測驗所，皆精銅爲之，工緻特甚，然比之舊京者，不能及其半也。

按渾天儀始於洛下閎，或以爲璿璣玉衡之遺法，非也。其後賈逵、張衡、斛蘭【一四】、

【一一】於庭間開籠縱一鴿以往　「庭」原作「廷」，據稗海本改。「開」，原作「聞」，據稗海本、學津討原本、涵芬樓本改。

【一二】何時重到滑南村　「滑」，稗海本、學津討原本作「渭」。

【一三】此雖史臣爲魏公地　稗海本作「此雖史臣委曲爲魏公庇」。

【一四】斛蘭　「斛」原作「解」，據《新唐書》卷三一《天文志一》、《宋史》卷四八《天文志一》、卷七六《律曆志九》改。

李淳風、梁令瓚、僧一行以下皆能之，獨有候風地震之器曰地動儀者無傳焉。按《漢·張衡傳》，此儀以精銅爲之，其器圓徑八尺，形似酒樽，中有都柱，旁行八道，施關發機。外有八龍，首銜銅丸，每龍作一蟾蜍，仰首張口而承之。機關巧製，皆在樽中。龍必致九州地分，如遇某州分地動，則龍銜之丸，即墜蟾蜍口中，乃鏗然有聲。司候者占之，則知某地分震動矣。

《北史》，信都芳明算術【一五】，有巧思，聚渾天欹器、動地銅烏【一六】、刻漏、候風諸巧事，令算之，皆無遺策。隋臨孝恭嘗著《地動遺經》一卷【一七】，今皆傳焉【一八】。然以理揆之，天文有常度可尋【一九】，時刻所至，不差分毫，以渾天測之可也。若地震則出於不測，蓋陰陽相薄使然，亦猶人之一身，血氣或有順逆，因而肉瞤目動耳。氣之所至則動，氣所不至則不動。而此儀置之京都，與地震之所了不相關，氣數何由相薄，能使銅龍驤首吐丸也？細尋其理，了不可得，更當訪之識者可也。

腹筒

崑山白蓮花寺，乃陸魯望捨宅之所，後有祠堂像設，皆當時物。咸淳中，盛氏子醉遊寺中，因仆其像於水，則滿腹皆魯望平生詩文親藁也。寺僧訟於郡，時太守倪普亦怒之，遂從徒坐，而更塑其像。雖可少雪天隨之辱，然無復當時之腹藁矣。

【一五】信都芳明算術　「算」原作「等」，據稗海本、學津討原本、涵芬樓本改。

【一六】動地銅烏　「動地」，稗海本、學津討原本、涵芬樓本作「地動」。「烏」，稗海本作「壺」。

【一七】隋臨孝恭嘗著地動遺經一卷　「遺」，稗海本、學津討原本作「儀」。

【一八】今皆傳焉　「皆」，稗海本、學津討原本作「無」。

【一九】天文有常度可尋　「常」，稗海本作「晷」。

雲川南景德寺，爲南渡宗子聚居之地。大殿皆欏木爲之，經數百年，略不欹傾，俗傳以爲神匠所爲，佛像尤古。咸淳辛未三月，火忽起自佛腹，其中藏經數百卷，多五代及國初時人手寫，皆硾碧紙，金銀書。間有舍利、珠玉、金銀錢之類，多爲宗子所得。嘗見一僕得金銀書《心經》一囊，凡十卷，長僅二寸，卷首各繪佛像，亦頗極精妙。後經筍一旦遂空，亦竟莫知火起之由，豈釋氏所謂刼火者乎？

龜溪二女貴

隆國黄夫人，湖州德清縣人。初入魏峻叔高家，既出，復歸李仁本，媵其女以入榮邸。時嗣王與芮苦無子，一幸而得男，是爲度宗。然自處極謙抑，雖驟貴盛【二〇】，每遇邸第親戚，至不敢坐。常以妳子自稱，人亦以此名之【二一】，或者有魏妳子之謗，其實不然也。

秦齊國夫人胡氏，亦同邑人，相去纔數里。賈涉濟川以制置，少日，舟過龜溪，見婦人浣衣者，偶聘之【二二】，因至其家。問夫何在，曰：「未歸。」語稍洽，調之曰：「肯相從乎？」欣然惟命。及夫還，扣之，亦無難色，遂携以歸。既而生似道，未幾去【二三】，嫁爲民妻，似道少長，始奉以歸。性極嚴毅，似道畏之。當景定、咸淳間，屢入禁中，隆國至同寢處，恩寵甚渥，年至八十有三。上方賜祕器及冰腦各五百兩，賻銀絹四千兩疋，命中使護葬，帥漕供費【二四】，凡兩輟朝，賜諡尋正，又賜功德寺及田六千畝，可謂盛極矣。故一邑

【二〇】雖驟貴盛　「貴」原作「責」，據稗海本、學津討原本、涵芬樓本改。

【二一】人亦以此名之　「名」，稗海本作「多」。

【二二】偶聘之　「聘」，稗海本、學津討原本、涵芬樓本作「盼」。

【二三】未幾去　「去」，稗海本、學津討原本作「出」。

【二四】帥漕供費　「帥」原作「師」，據學津討原本、涵芬樓本改。

產二女貴人，前此所未有也。

算曆約法

古有數九九之語，葢自至後起，數至九九，則春已分矣，如至後一百六日爲寒食之類也。余嘗聞判太史局鄧宗文云：「豈特此爲然，凡推算皆有約法。」《推閏歌括》云：「欲知求歲閏，先算至之餘，更看大小盡，決定不差殊。」謂如來歲合置閏，止以今年冬至後餘日爲率。且以今年十一月二十二日冬至，則本月尚餘八日，則來年之閏，當在八月，或小盡，則止餘七日，則當閏七月。若冬至在上旬，則以望日爲斷，十二日足，則復起一數焉。《推節氣歌括》云：「中氣與節氣，但有半月隔，若要知仔細，兩時零五刻。」謂如正月中【二五】，子時初刻立春，則數至己卯日寅時正一刻，則是雨水節也【二六】。《推立春歌括》云：「今歲先知來歲春，但看五日三時辰【二七】。」謂如今年甲子日子時立春，則明年合是己巳日卯時立春。若夫刻數，則用前法推之。凡朔、望、大小盡等【二八】，悉有歌括，惜乎不能盡記。然此亦曆家之淺事耳，若夫精微，則非布算乘除不可也。

【二五】謂如正月中　「謂如」，稗海本作「如」。「中」，稗海本作「甲子日」，學津討原本作「甲子」。

【二六】則是雨水節也　「也」原作「正」，據稗海本改。

【二七】但看五日三時辰　「看」，稗海本作「隔」。

【二八】凡朔望大小盡等　「等」，稗海本、學津討原本作「算」。

玉照堂梅品

梅花爲天下神奇，而詩人尤所酷好。淳熙歲乙巳，予得曹氏荒圃於南湖之濱，有古梅數十，散漫弗治。爰輟地十畝，移種成列。增取西湖北山别圃江梅，合三百餘本，築堂數間以臨之。又挾以兩室，東植千葉緗梅，西植紅梅各一二十章，前爲軒楹如堂之數。花時居宿其中，環潔輝映，夜如對月，因名曰玉照。復開澗環繞，小舟往來，未始半月捨去，自是客有遊桂隱者，必求觀焉。頃亞太保周益公秉鈞，予嘗造東閣，坐定者首顧予曰：「一棹徑穿花十里，滿城無此好風光。」人境可見矣！蓋予舊詩尾句，衆客相與歆豔，於是遊玉照者，又必求觀焉。

值春凝寒，又能留花【二九】，過孟月始盛。名人才士，題詠層委，亦可謂不負此花矣。但花豔並秀，非天時清美不宜。又標韻孤特，若三閭大夫，首陽二子，寧槁山澤，終不肯頫首屏氣，受世俗湔拂。間有身親貌悦，而此心落落不相領會，甚至於污褻附近，略不自揆者。花雖眷客，然我輩胸中空洞，幾爲花呼叫稱寃，不特三歎、屢歎、不一歎而足也。因審其性情，思所以爲獎護之策，凡數月乃得之。今疏花宜稱、憎嫉、榮寵、屈辱四事，總五十八條，揭之堂上，使來者有所警省。且世人徒知梅花之貴【三〇】，而不能愛敬也。使予與之言，傳聞流誦，亦將有愧色云。

【二九】又能留花　「又」，稗海本、學津討原本作「反」。

【三〇】且世人徒知梅花之貴　「世」原作「士」，據稗海本、學津討原本改。「貴」，稗海本作「佳」。

紹熙甲寅人日約齋居士書【三一】。

花宜稱凡二十六條

澹陰。曉日。薄寒。細雨。

輕煙。佳月。夕陽。微雪。

晚霞。珍禽。孤鶴。清溪。

小橋。竹邊。松下。明窗。

疎籬。蒼厓。緣苔。銅瓶。

紙帳。林間吹笛。膝上横琴。石枰下棊。

埽雪煎茶。美人淡妝篸戴。

花憎嫉凡十四條

狂風。連雨。烈日。苦寒。

醜婦。俗子。老鴉。惡詩。

談時事。論差除。花徑喝道。

對花張緋幕。賞花動鼓板。作詩用調羹驛使事。

花榮寵凡六條，舊本缺【三二】。

主人好事。賓客能詩。列燭夜賞。名筆傳神。

【三一】紹熙甲寅人日約齋居士書　「熙」原作「興」，據稗海本改。

【三二】以下六條據學津討原本、涵芬樓本補。

專作亭館。　花邊歌佳詞。

花屈辱凡十二條

傄徒攀折【三三】。　主人慳鄙。　種富家園内。

與驫婢命名。　蟠結作屏。　賞花命猥妓。

庸僧窗下種。　酒食店内插瓶。　樹下有狗屎。

枝下晾衣裳【三四】。　青紙屏粉畫。　生猥巷穢溝邊。

昔李義山《襍纂》内，有殺風景等語，今梅品實權輿於此。約齋名鎡，字功父，循王諸孫，有吏才，能詩【三五】，一時所交皆名輩。予嘗得其園中亭榭名，及一歲遊適之目，名《賞心樂事》者，已載之《武林舊事》矣。今止書其賞牡丹及此二則云。

律曆

沈存中云【三六】，近世精於曆者，莫若衛朴，雖一行亦不及之。《春秋》日食三十六，諸曆通驗，密者不過得二十六，惟一行得二十七，朴乃得三十五。朴能不用推算古今日月食，但口诵乘除，不差一算。凡古曆算数，令人就耳一讀，即能暗誦旁通，縱横誦之。嘗令人寫曆書，寫訖，令附耳讀之，有差一算者，讀至其處，則曰：「此誤某字。」其精如此。大乘除皆不下照位，運籌如飛，人眼不能逐。人有故移其一算者，朴自上至下，手循一遍，至

【三三】傄徒攀折　四字原作「主人不好事」，據稗海本、學津討原本、涵芬樓本改。

【三四】枝下晾衣裳　「下」，稗海本作「上」。「晾」，稗海本、學津討原本作「晒」，涵芬樓本作「曬」。

【三五】能詩　「詩」原闕，據稗海本、學津討源本、涵芬樓本補。

【三六】沈存中云　「存中」原作「仲存」，據學津討原本改。

移算處，則檢正而去。熙寧中，撰《奉元曆》【三七】，以無候簿，未能盡其術。自言其得六七而已，然已密於他曆矣。

至姚虞孫乃出新意，用藝祖受命之年，即位之日，元用庚辰，日起己卯，號《紀元曆》。於是立朔既差，定臘亦舛，日食亦皆不驗，未幾遂更焉。

宣和間，妄人方士魏漢津唱爲黄帝【三八】、夏禹以聲爲律、身爲度之説，不以絫黍，而用帝指。凡中指之中寸三，次指之中寸三，小指之中寸三，合而爲九，爲黄鍾律。又云【三九】：「中指之徑圍爲容盛，則度量權衡皆自此出焉。」或難之曰：「上春秋富，手指後或不同，奈何？」復爲之説曰：「請指之歲，上適年二十四，得三八之數，是爲太蔟，人統，過是，則寸有餘，不可用矣。」其敢爲欺誕也如此，然終於不可用而止。此事前所未有，於理亦不可誣。小人欺罔取媚，而世主大臣，方甘心受侮而不悟，可發識者一笑也。

張氏十咏圖

先世舊藏吴興張氏《十咏圖》一卷，乃張子野圖其父維平生詩，有十首也。

其一，《太守馬太卿會六老於南園》云：「賢侯美化行南國，華髮欣欣奉宴娱。政績已聞同水薤，恩輝遂喜及桑榆。休言身外榮名好，但恐人間此會無。他日定知傳好事，丹青寧羡《洛中圖》。」

【三七】撰奉元曆　「撰」原作「選」，據稗海本、學津討原本、涵芬樓本改。

【三八】妄人方士魏漢津唱爲黄帝　「黄」原作「皇」，據稗海本、學津討原本、涵芬樓本改。

【三九】又云　「云」，稗海本、學津討原本作「以」。

其二，《庭鶴》云：「戢翼盤桓傍小庭，不無清夜夢煙汀。静翹月色一團素，閑啄苔錢數點青。終日稻粱聊自足，滿前雞鶩漫相形。已隨秋意歸詩筆，更與幽栖上畫屏。」

其三，《玉蝴蝶花》云：「雪朶中間蓓蕾齊，驟聞尤覺繡工遲。品高多説瓊花似，曲妙誰將玉笛吹。散舞不休零晚樹，團飛無定撼風枝。漆園如有須爲夢，若在藍田種更宜。」

其四，《孤帆》云：「江心雲破處，遥見去帆孤。浪闊疑升漢，風高若汎湖。依微過遠嶼，髣髴落荒蕪。莫問乘舟客，利名同一途。」

其五，《宿清江小舍》。破損，僅存一句云：「菰葉青青緑荇齊。」

其六，《歸燕》云：「社燕秋歸何處鄉，羣雛齊老稻青黄。猶能時暫棲庭樹，漸覺稀疎度苑牆。已任風庭下簾幕，却隨煙艇過瀟湘。前春認得安巢所，應免差池揀杏梁。」

其七，《聞砧》云：「遥野空林砧杵聲，淺沙棲鴈自相鳴。西風送響暝色静，久客感秋愁思生。何處征人移塞帳，即時新月落江城。不知今夜擣衣曲，欲寫秋閨多少情。」

其八，《宿後陳莊》云：「臘凍初開苕水清，煙村遠郭漫吟行。灘頭斜日晁鷺隊，枕上西風鼓角聲。一棹寒燈隨夜釣，滿犂膏雨趁春耕。誰言五福仍須富，九十年餘樂太平。」

其九，《送丁遜秀才赴舉》云：「鵬去天池鳳翼隨，風雲高處約先飛。青袍賜宴出關近，帶取瓊林春色歸。」

其十，《貧女》云：「蒿簪掠鬢布裁衣【四〇】，木鑑雖明亦嬾窺。數畝秋禾滿家食，一

【四〇】蒿簪掠鬢布裁衣　「蒿」，稗海本、學津討原本作「荆」。

機官帛幾梭絲。物爲貴寶天應與，花有秋香春不知。多少年來豪族女，總教時樣畫蛾眉。」

孫覺莘老序之云：「富貴而壽攷者，人情之所甚慕；貧賤而夭短者，人情之所甚哀。然有得於此者，必遺於彼。故寧處康强之貧，壽攷之賤，不願多藏而病憂，顯榮而夭短也。贈尚書刑部侍郎張公諱維，吴興人。少年學書，貧不能卒業，去而躬耕以爲養。善教其子，至於有成。平居好詩，以吟咏自娱。浮游閭里，上下於谿湖山谷之間，遇物發興，率然成章，不事彫琢之巧，采繪之華，而雅意自得。徜徉閑肆，往往與異時處士能詩者爲輩。蓋非無憂於中，無求於世，其言不能若是也。公不出仕，而以子封至正四品，亦可謂貴；不治職，而受禄養以終其身，亦可謂富；行年九十有一，可謂壽攷。夫享人情之所甚慕，而違其所哀，無憂無求，而見之吟咏，則其自得而無怨懟之辭，蕭然而有沉澹之思，其然宜哉。公卒十八年，公子尚書都官郎中先亦致仕家居。取公平生所自愛詩十首，寫之縑素，號《十咏圖》，傳示子孫，而以序見屬。余既愛侍郎之壽，都官之孝，爲之序而不辭。都官字子野，蓋其年八十有二云。」

此事不詳於郡志，而張維之名亦不顯，故人少知者。會直齋陳振孫二卿方修《吴興志》，討摭舊事，見之大喜。遂傳其圖，且詳攷顛末，爲之跋云：「慶曆六年，吴興郡守宴六老於南園，酒酣賦詩，安定胡先生瑗教授湖學，爲序其事。六人者，工部侍郎郎簡年七十九，司封員外郎范説年八十六，衛尉寺丞張維年九十一，俱致仕。劉餘慶年九十二【四一】，周守中年九十五，吴琰年七十二，皆有子弟列爵於朝。劉，殿中丞述之仲父；周，大理丞頌之父；吴，大理丞知幾之父也。詩及序刻石園中，園廢，石亦不存。其事見《圖經》及《安定言行録》。余嘗攷之，郎簡，杭人也，或嘗寓於湖。范説，咸平三年進士【四二】，同學究出身。周頌，天聖八年進士。劉、吴盛族，述與知幾皆有名蹟可見，獨張維無所攷。近周明叔史君得古畫三幅，號《十咏圖》者，乃維所作詩也。首篇即南園宴集所賦，孫覺莘老序之，其略云云，於是始知維爲子野之父也。時熙寧五年，歲在壬子，逆數而上八十二年，子野之生，當在淳化辛卯，其父享年九十有一，正當爲守。會六老之年，實慶曆丙戌。逆數而上九十一年，則周世宗顯德丙辰也。後四年宋興，自是日趨太平極盛之世，及於熙寧、元豐，再更甲子矣。子野於其間擢儒科，登膴仕，爲時聞人。贈其父官四品，仍父子皆耄期，流風雅韻，使人遐想慨慕不能已，可謂吾鄉衣冠之盛事矣！世固知有子野而不知有其父也。自慶曆丙戌後十八年，子野爲《十咏圖》，當治平甲辰。又後八年，孫莘老爲太守爲之作序，當熙寧壬子。又後一百七十七年，當淳祐己酉，其圖爲好古博雅君子所得。會余方緝《吴興人物志》，見之如獲珙璧，因細攷而詳録之，庶幾不朽於世。其詩亦清麗閑雅，如『灘頭斜日鳧鷖隊，枕上西風鼓角聲』，又『花有秋香春不知』，皆佳句也。子野之墓在卞山多寶寺，今其後影響不存矣。此圖之獲，豈不幸哉。」

【四一】劉餘慶年九十二　「餘」原作「維」，據稗海本改。

【四二】咸平三年進士　「咸」原作「治」，據稗海本改。

本朝有兩張先，皆字子野。其一博州人，天聖三年進士，歐陽公爲作墓志；其一天聖八年進士，則吾州人也。二人名姓字偶皆同，而又適同時，不可不知也。且賦詩云：「平生聞説張三影，十咏誰知有乃翁。逢世昇平百年久，與齡耆艾一家同。名賢敘述文章好，勝事流傳繪素工。遐想盛時生恨晚，恍如身在畫圖中。」南園故址在今南門内，牟存叟端平所居是也【四三】。其地尚爲張氏物【四四】，先君爲經營得之，存叟大喜，亦常賦五絶句，其一云：「賈家喜傍水晶宫，正是南園故址中。我欲築堂名六老，追還慶曆太平風。」蓋紀實也。余家又偶藏子野詩一帙，名《安六集》，舊京本也。鄉守楊嗣翁見之，因取刻之郡齋。適二事皆出余家，似與子野父子有緣耳。

耿聽聲

耿聽聲者，兼能嗅衣物以知吉凶貴賤。德壽聞其名，取宫人扇百餘，雜以上及中宫所御，令小黄門持扣之。耿嗅至后扇云：「此聖人也，然有陰氣。」至上扇，乃呼萬歲！上奇之，呼入北宫，又取妃嬪珠冠十數示之。至一冠，奏曰：「此有尸氣。」時張貴妃薨，此其故物也。後居候潮門内【四五】。

夏震微時，嘗爲殿岩饋酒於耿，耿聞其聲，知其必貴，遂以其女妻其子，子復娶其女。時郭棣爲殿帥，耿謁之曰：「君部中有三節度使，他日皆爲三衙。」扣爲何人，則曰：「周

【四三】牟存叟端平所居是也　「平」，稗海本作「明」。

【四四】其地尚爲張氏物　「地」原作「物」，據稗海本、學津討原本、涵芬樓本改。

【四五】後居候潮門内　「潮」原作「朝」，據稗海本改。

虎、彭輅、夏震也。」虎、輅時皆爲將官，獨震方爲帳前佩印官。郭曰：「周、彭地步，或未可知，震安得遽爾乎？」耿曰：「吾所見如此，可必也。」耿因爲三人結爲義兄弟。一日，耿謂虎曰：「吾數夜聞軍中金鼓有殺聲，兵將動，君三人皆當由此而顯矣。」未幾，開禧出師，虎守和州，輅爲金州統戎，皆以功受賞。震則以誅韓功，相繼獲殿巖，虎亦爲帥【四六】，皆立節度使班，悉如耿之言。

周陸小詞

周平園嘗出使，過池陽，太守趙富文彦博招飲。籍中有曹聘者【四七】，潔白純靜，或病其訥而不頎【四八】，公爲賦梅以見意云：「踏白江梅，大都玉軟酥凝就。雨肥霜逗，癡騃閨房秀。莫待冬深，雪壓風欺後。君知否？却嫌伊瘦，又怕伊僝僽。」酒酣，又出家姬小瓊無以侑歡，公又賦一闋云：「秋夜乘槎，客星容到天孫渚。眼波微注，將謂牽牛渡。見了還非，重理霓裳舞。雖無悮，幾年一遇，莫訝周郎顧。」范石湖嘗云：「朝士中姝麗有三傑。」謂韓无咎、晁伯如家姬及小瓊也。禁中亦聞之。異時有以此事中傷公者，阜陵亦爲一笑。

陸放翁在蜀日，有所盼，嘗賦詩云：「碧玉當年爲破瓜【四九】，學成歌舞入侯家。如今顋頷蓬窗底，飛上青天妒落花。」出蜀後，每懷舊遊，多見之賦咏，有云：「金鞭朱彈憶春

【四六】虎亦爲帥　「爲帥」，稗海本作「參馬跡」。

【四七】籍中有曹聘者　「聘」，稗海本、學津討原本作「盼」。

【四八】或病其訥而不頎　「頎」，稗海本、學津討原本作「顈」。

【四九】碧玉當年爲破瓜　「爲」，稗海本、學津討原本、涵芬樓本作「未」。

遊【五〇】，萬里橋東罨畫樓。夢倩曉風吹不斷，書憑春鴈寄無由。鏡中顔鬢今如此，席上賓朋好在否。篋有吴牋三百箇，擬將細字寫春愁。」又云：「裘馬清狂錦水濱，是繁華地作閒人【五一】。金壺投箭消長日，翠袖傳杯領好春。幽鳥語隨歌處拍，落花鋪作無時茵。悠然自適君知否？身與浮名孰重輕。」又以此詩隱括作《風入松》云：「十年裘馬錦江濱，酒隱紅塵。黄金選勝鶯花海，倚疎狂，驅使青春。弄笛魚龍盡出，題詩風月俱新。自憐華髮滿紗巾，猶是官身。鳳樓曾記當年語，問浮名，何似身親。欲寫吴牋説與，這回真箇閒人。」前輩風流雅韻，猶可想見也。

【五〇】金鞭朱彈憶春遊「朱」，稗海本、學津討原本、涵芬樓本作「珠」。

【五一】是繁華地作閒人「是」，稗海本、學津討原本作「最」。

卷十六

三高亭記改本

三高亭，天下絶景也，石湖老仙一記，亦天下奇筆也。余嘗見當時手稾，揩摩抉剔，如洗玉浣錦，信前輩作文不憚於改如此【一】。因詳書於此，與同志評之。記云：「乾道三年二月，吴江縣新作三高祠成。三高者：越上將軍姓范氏，是爲鴟夷子皮；晉大司馬東曹掾姓張氏，是爲江東步兵；唐贈右補闕姓陸氏，是爲甫里先生。三君者不並世，而鴟夷子皮又嘗一用人之國，名大功顯而去之。季鷹【二】、魯望，蕭然臞儒。使有爲於當年，其所成就，固不可渝度。要皆得道見微，脱屣天刑，清風峻節，相望於松江、太湖之上，故天下同高之。而吴江之邑人，獨私得奉烝嘗以夸於四方，若曰吾東家丘云爾。邑大夫趙伯虚勤勞其邑，百廢具舉，以故祠爲陋，將改作，於是歸老之士鄉老王份，獻其地雪灘，左具區，右笠澤，號稱勝絶。乃築堂於其上，告遷於像而奠焉。又屬石湖郡人范成大爲之辭。識。噫！傳曰。不有君子，其能國乎？今乃自放寂寞之濵，掉頭而弗顧，人又從而以爲高，豈盛際之所願哉！後之人高三君之風，而跡尚論。其所以去，爲世道計者，可以懼思

【一】信前輩作文不憚於改如此　「前」原作「何」，據稗海本、學津討原本、涵芬樓本改。

【二】季鷹　「季」原作「争」，「鷹」原作空格，據稗海本、學津討原本、涵芬樓本改補。

過半矣。至於豪傑之士，或肆志乎軒冕，尸祝而社稷莫之能説。宴安流連，卒悔於後者，亦將有感於斯堂，而某何足以述之？然獨嘗怪。屈平既淵潛以。從彭咸，而桂叢之賦，猶召隱士。淮南小山猶爲作隱士之賦。疑若幽隱處林薄，不死而仙。況如三君蟬蜕溷濁，得全於天者。嘗試倚楹而望，水光浮空，雲日下上，風颿煙艇【三】，飄忽晦明。意必往來其間，某。何足以見之，故效援。小山故事。作歌三章以招焉。遂從而歌曰：『若有人兮扁舟，憮亂五湖兮遠遊，衆芳媚兮高丘，獨君兮不可留。長風積兮波浪白，吹澤國。蕩搖空明兮南北一色。浪波稽天兮南北一色。鏡萬里蕩空碧兮鞭魚龍，列星熒熒兮一下其孤篷，渺顧懷兮斯路，與涼月兮入滄浦，君之旂兮獵獵，虹梁千丈兮可以艤楫。餞東流兮悵雲海，悠悠我思兮君無遠邁。戰爭蝸角兮昨夢一笑，水雲得意兮垂虹可以艤棹。仙之人兮壽無涯，樂哉垂虹兮去復來。』載歌曰：『若有人兮横大江，秋風起兮歸故鄉。鴻冥飛兮白鷗舞，吴波鱗鱗兮在下。嗟人胡爲兮天地四方，樂莫樂兮美無度兮吾之土。膾脩鱸兮雪飛，登菰蕈兮芼之。水仙濵兮胥命，君可望兮不可追。驅疾霆兮驅奔雲，宛一息兮江之濵【四】。頫倒景兮揮碧，寥娭宴息兮江之臯。菉蘋堂兮廡杜若，一杯之酒兮我爲君酌。』又歌曰：『若有一人兮北江之渚，披雪而晞兮頩煙雨。緑蔬兮莎棘，歲婉晚兮何以續君食。佪五鼎兮腥腐，羞三石。泉兮終古。鳥烏飛兮擇君屋，歸來故墟兮蒼煙疎木。擢笠澤兮徑秋荷，漭洞庭兮一波。訪故人兮安在？千秋風露兮歸來故墟，月明無人兮蒼石與語。牛宮洳兮生蒲荷，潮西東兮下田一波。訪南涇兮鄰曲，山川良是兮丘

【三】風颿煙艇　「艇」原作「篷」，據稗海本、學津討原本、涵芬樓本改。

【四】宛一息兮江之濵　「兮」原闕，據稗海本補。

壠。多稼石田。九畹兮今其刈，聊舂容兮兹里。』」不見初艸，何以知後作之功，觀前輩著述，而探其用意改定，思過半矣。

攻媿有《讀三高祠記》詩曰：「三高之風天與高，三高之靈或可招，小山之後無此作，具區、笠澤空寥寥。幾從垂虹蕩雙槳，寓目滄波獨怊悵。筆端不倒三峽流，欲遽招之恐長往。前身陶朱今董狐，襟袍磊落吞江湖。瑰詞三章妙天下，大書深刻江之隅。我來誦詩凜生氣，若有人兮在江水，扁舟獨釣鱠鱸魚，茶竈筆牀歸甫里。先生固是丘壑人，只今方迫功與名，謝公掩鼻恐未免，便看林藪生風雲。他年事業滿彝鼎，乞身歸來坐佳境，不嫌俗士三斗塵，容我漁蓑理煙艇。」時范公方爲吏部郎也。

昆命元龜辨證本末

嘉定初元，史忠獻彌遠拜右丞相，相麻，翰林權直陳晦之筆也。有「昆命元龜，使宅百揆」之語。時倪文節思知福州，即具申朝省，謂「昆命元龜」，此乃舜、禹揖遜授受之語，見於《大禹謨》，非僻書也。據《漢書》董賢爲大司馬册文云「允執其中」，蕭咸謂此乃堯禪舜之文，非三公故事。今「昆命元龜」，與「允執其中」之詞何以異？若聖上初無是意，不知詞臣何從而援引此言，受此麻者，豈得安然而不自明乎？給舍臺諫，又豈得不辨白此事乎？竊見曩之詞臣，以聖之清、聖之和褒譽韓侂冑，以有文事、有武備褒譽蘇師旦【五】，然亦未敢用人臣不當用之語。昔歐陽脩論韓琦、富弼、范仲淹立黨事，在爲河北轉運使時，故敢援此爲比，乞行貼麻。

史相得之甚駭，遂拜表繳奏，且謂當時惟知恭聽王言，所有制詞，會合取會詞臣，合與不合貼麻。時陳晦已除侍御史，遂具奏之。其詞内云【六】：「『茲方艱於論相，顧無異於象賢【七】。昆命元龜，使宅百揆。』此蓋演述陛下卜相之意甚明，而思乃以爲人臣不當用之語。臣觀《尚書》所稱『師錫帝曰虞舜』與『乃言底可績』者，其上下文顯是揖遜授受之語，而孫近《行趙鼎制》云：『亶由師錫之公。』蔣芾《行洪适制》云：『用符師錫之公。』陳誠之《行沈該制》云：『言皆可績，僉曰汝諧。』從《大禹謨》之文：『惟口出好興戎，朕言不再。禹曰：枚卜功臣，惟吉之從。帝曰：禹！官占惟先蔽志，昆命元龜，朕志先定，詢謀僉同，鬼神其依，龜筮協從，卜不習吉。禹拜稽首固辭，帝曰：毋！惟汝諧。』今以本朝宰相制詞攷之，《呂夷簡制》曰：『或營求方獲，或枚卜乃從。』《富弼制》曰：『遂膺枚卜，實契具瞻。』《王欽若制》曰：『廟堂虚位，龜筮協謀。』《曾公亮制》曰：『拂龜而見祥，端扆而定制，稽用師言之錫，進居台路之元。』《陳執中制》曰：『攷嘉績而惟茂，質枚卜以僉同。』《趙鼎制》曰：『龜弗克違，既驗詢謀之協。』《陳伯康制》曰：『詢於僉言，蔽自朕志。』無非用《大禹謨》此一段中語，此類甚多，不敢盡舉。唐人作《韋見素相制》曰：『爾惟不矜，朕志先定。』此兩全句，皆用禹事。本朝蘇軾草《賜范純仁詔》亦曰：『蔽自朕

【五】以有文事有武備褒譽蘇師旦　「師」原作「思」，據稗海本、涵芬樓本改。

【六】其詞内云　「詞」，稗海本、學津討原本作「制」。

【七】顧無異於象賢　「異」，稗海本、學津討原本作「易」。

志。』《賜文彦博詔》亦曰：『朕命不再。』至於歷試諸難，蓋堯、舜事。軾於吕太防、胡宗愈詔，屢用『歷試』二字，然臣不敢援此爲例，恐未是命龜的證。國初，趙普拜相，制曰：『詢于元龜，歷選羣后。』又有甚的切者，唐元和中，裴度拜相，制曰：『人具爾瞻，天方賚予，昆命元龜，爰立作相。』云云。古人舉事無大小，未嘗不命龜，如《洪範》、《周禮》、《左傳》，皆可攷也。今思乃以董賢册文『允執其中』爲比，以聖上同之漢哀云云。凡臣所陳，事理甚明，所有已降相麻，即不合貼改。」

繼得旨：陳晦援證明白，無罪可待，倪思輕侮朝廷，肆言誣罔，可特降兩官。其後文節作辨析一狀甚詳，又專作一書曰《昆命元龜説》，備載始末。然一時公論，多以文節出位而言，近於忿激。而陳之論辨雖詳，終不若不用之爲佳也。此事葉靖逸雖載之《聞見録》，略甚，今因詳書本末云。

詩道否泰

詩道否泰，亦各有時。政和中，大臣有不能詩者，因建言，詩爲元祐學術，不可行。時李彦章爲中丞，承望風旨【八】，遂上章論淵明、李、杜而下皆貶之，因詆黄、張晁、秦等，請爲科禁。何清源至修入令式【九】，諸士庶習詩賦者杖一百。聞喜例賜詩，自何文縝後，遂易爲詔書訓戒。是歲冬，初雪，太上皇喜甚。吴居厚首作詩三篇以獻，謂之口號，上和賜

【八】承望風旨　「承」原闕，據稗海本、學津討原本、涵芬樓本補。

【九】何清源至修入令式　「令」原作「合」，據稗海本、學津討原本、涵芬樓本改。

之。自是聖作時出，訖不能禁，而陳簡齋遂以《墨梅》詩擢置館閣焉。

寶慶間，李知孝爲言官，與曾極景建有隙，每欲尋釁以報之。適極有春詩云：「九十日春晴景少，百千年事亂時多。」刊之《江湖集》中，因復改劉子翬《汴京紀事》一聯爲極詩云：「秋雨梧桐皇子宅，春風楊柳相分橋。」初，劉詩云：「夜月池臺王傅宅，春風楊柳太師橋。」今所改句，以爲指巴陵及史丞相。及劉潛夫《黄巢戰塲》詩云：「未必朱三能跋扈，都緣鄭五欠經綸。」遂皆指爲謗訕，押歸聽讀。同時被累者，如敖陶孫、周文僕【一〇】、趙師秀，及刊詩陳起，皆不得免焉。於是江湖以詩爲諱者兩年。其後史衛王之子宅之，壻趙汝楳【一一】，頗喜談詩，引致黄簡、黄中、吴仲孚諸人。洎趙崇龢進《明堂禮成》詩二十韻，於是詩道復昌矣。

賈島佛

唐李洞字子江，苦吟有聲。慕賈浪仙之詩，遂鑄其像事之，誦賈島佛不絶口，時以爲異。

五代孫晟初名鳳，又名忌，好學，尤長於詩。爲道士，居盧山簡寂宫。嘗畫賈島像置屋壁，晨夕事之，人以爲妖。

葢酸鹹之嗜，固有異世而同者，長江簿何以得此於人哉！凡人著書立言，正不必求

【一〇】周文僕　「僕」，稗海本、學津討原本、涵芬樓本作「璞」。

【一一】壻趙汝楳　「楳」原作「祺」，據《宋史》卷四一三《趙善湘傳》改。

合於一時，後世有揚子雲將自知之。

菊花新曲破

思陵朝，掖庭有菊夫人者，善歌舞，妙音律，爲仙韶院之冠，宫中號爲菊部頭。然頗以不獲際幸爲恨，即稱疾告歸。時宦者陳源以厚禮聘歸，蓄於西湖之適安園。一日，德壽按《梁州曲舞》，屢不稱旨。提舉官關禮知上意不樂，因從容奏曰：「此事非菊部頭不可。」上遂令宣唤，於是再入掖禁，陳遂憾恨成疾。有某士者，頗知其事，演而爲曲，名之曰《菊花新》以獻之，陳大喜，酬以田宅金帛甚厚，其譜則教坊都管王公謹所作也。陳每聞歌，輒淚下不勝情，未幾物故。園後歸重華宫，改名小隱園。孝宗朝，撥賜張貴妃，爲永寧崇福寺云。

潘陳同母

陳了翁之父尚書，與潘良貴義榮之父，情好甚密。潘一日謂陳曰：「吾二人官職年齒，種種相似，獨有一事不如公，甚以爲恨。」陳問之，潘曰：「公有三子，我乃無之。」陳曰：「吾有一婢已生子矣，當以奉借。它日生子即見還。」既而遣至，即了翁之母也。未幾生良貴，後其母遂往來兩家焉。一母生二名儒，亦前所未有事。見羅春伯《聞見録》。

省狀元同郡

掄魁、省元同郡，自昔以爲盛事。熙寧癸丑，省元邵剛、狀元余中皆毗陵人。淳熙丁未，省元湯璹、狀元王容皆長沙人。紹熙癸丑，省元徐邦憲、狀元陳亮皆婺州人。紹熙庚戌，省元錢易直、狀元余復皆三山人。寶慶丙戌，省元趙時覩【一二】、狀元王會龍皆天台人。紹定己丑【一三】，省元陳松龍、狀元王朴皆福人【一四】。至淳祐甲辰，省元徐霖、狀元劉夢炎【一五】，皆三衢人。一時士林歆羡，以爲希闊之事。時外舅楊彦瞻以工部郎守衢，遂大書狀元坊以表其閭，既以爲未足，則又揭雙元坊以誇大之，鄉曲以爲至榮。二公不欲雄成【一六】，各以書爲謝且辭焉。彦瞻答之，略云：「嘗聞前輩之言曰：吾鄉昔有第奉常而歸，旗者、鼓者、饋者、迓者、往來而觀者，闐路駢陌如堵牆。既而閨門賀焉，宗族賀焉，婣者、友者、客者交賀焉。至於讎者，亦茹恥羞愧而賀且謝焉。獨鄰居一室，扃鐍遠引，若避寇然，余因怪而問之，愀然曰：『所貴乎衣錦之榮者，謂其得時行道也，將有以庇吾鄉里也。今也，或竊一名，得一官，即起朝富暮貴之想。名愈高，官愈穹【一七】，而用心愈繆。武斷者有之，兼并者有之【一八】，庇姦慝持州縣者有之，是一身之榮，一害之增也。其居日以廣，鄰居日以蹙。吾將入山林深密之地以避之，是可弔，何以賀爲？』吾聞而異其言，因默識而謹書之。凡交遊間，必道此語相訓切，而非心相知者，不道也。執事於不肖，可

【一二】省元趙時覩　「覩」，稗海本作「觀」。
【一三】紹定己丑　「丑」原作「酉」，據稗海本、學津討原本、涵芬樓本改。
【一四】省元陳松龍狀元王朴皆福人　「王」，稗海本、涵芬樓本作「黄」。
【一五】狀元劉夢炎　「劉」，稗海本、學津討原本、涵芬樓本作「留」。下同。
【一六】二公不欲雄成　「雄」，稗海本作「其」。
【一七】官愈穹　「穹」原作「窮」，據稗海本、學津討原本改。
【一八】兼并者有之　五字原闕，據稗海本、涵芬樓本補。

謂心相知，而不以告，罪也。且今日此扁之揭，所以獨異於尋常者，蓋僕之望於執事者亦異焉。人於此時，每以諛獻，僕乃獨以忠告，非求異於人也，所冀進執事之德，成執事之器也。執事不以僕之言爲然則已，若以爲然，則是扁之揭，可以無愧矣。前之不賀者，必將先衆人而賀矣。今冠南宫者，執事友也，幸亦以是語之。

二公得書，爲之悚然。其後徐以道學名，劉以功業顯，或者此書有以啓發之乎？

金剛鑽

玉人攻玉，必以邢河之沙，其鐫鏤之具，必用所謂金剛鑽者。形如鼠糞，色青黑如鐵如石。相傳産西域諸國，或謂出回紇國。往往得之河北沙磧間鷙鳥海東青所遺糞中，然竟莫知爲何物也。蓋天下至堅者莫如玉，古者惟錕鋙刀可以切之。今此物功用乃與錕鋙均，其堅可知矣。

貞觀中有婆羅門言得佛齒，所擊無堅物。時傅奕方卧病，謂其子曰：「是非佛齒。吾聞金剛石至堅，物不能敵，惟羚羊角能破，汝可往擊之。」果應手而碎。是知此物，自昔亦罕知者矣。

多藏之戒

王黼盛時，庫中黄雀鮓自地積至棟，凡滿三楹。蔡京對客，令點檢蜂兒見在數目，得三十七秤。童貫既敗，籍其家，得劑成理中丸幾千斤，傳紀載之，以爲談柄。

近者，官籍賈似道第果子庫，糖霜凡數百甕，官吏以爲不可久留，難載帳目，遂輦棄湖中，軍卒輩或乘時竊出，則他物稱是，可想矣。「胡椒八百斛，領軍鞋一屋」，不足多也。

理度議謚

理宗未祔，議謚，朝堂或擬曰景，曰淳，曰成，曰允【一九】，最後曰禮。議既定矣，或謂與亡金僞謚同，且古有婦人號禮宗者，遂擬曰理【二〇】。蓋以聖性崇尚理學，而天下道理最大，於是人無間言。而不知理字析文取義，乃四十一年王者之象，可謂請謚於天矣。

度宗初議謚，或擬純字，則謂有屯之象；或擬實字，則宗實乃英宗舊名；或擬正字，則有一止之嫌，後遂定爲端文明武景孝皇帝。先是，皇姊周漢國長公主在先朝已謚端孝【二一】，今與廟號上下字暗合，豈偶然哉。

理宗生母全夫人謚慈憲，殊不知僞齊劉豫母亦謚慈憲，當時攷不及此，何耶？

【一九】曰允　「允」，稗海本、學津討原本作「文」。

【二〇】遂擬曰理　「擬」，稗海本、學津討原本作「易之」。

【二一】皇姊周漢國長公主在先朝已謚端孝　「周」原作「因」，據《宋史》卷二四八《周漢國公主傳》改。

謝太后

壽和謝太后方選進時，史衛王夜夢謝魯王深甫衣金紫求見，致禱再三，以孫女爲託，及明，則謝后至。是歲，天台郡元夕，有鵲巢燈山間，衆頗驚異。識者以爲鵲巢乃后妃之祥，是歲謝果正中宮之位。咸淳間，福邸涼堂初成【二三】，有鵲巢於前廡，賓客交慶，至有形之歌詩者。殊不知野鳥入室，不祥莫甚，安得與前事爲比云。

北令邦

《澠水燕談》載，契丹國産大鼠曰毗狸，形類大鼠而足短極肥。其國以爲殊味，穴地取之，以供國王之膳，自公相以下，皆不得嘗，常以羊乳飼之。頃北使嘗携至京，烹以進御，本朝使其國者，亦皆得食之，蓋極珍重之也。

浮休《使遼録》亦謂有令邦者，以其肉一臠，置之食物之鼎，則立糜爛，是以愛重。陸氏《舊聞》云：「狀類大鼠，極肥腯，甚畏日，爲隙光所射輒死。」

《續揮犀》載，刁約使契丹，戲爲詩云：「押燕移離畢，看房賀跋支。餞行三匹裂，密賜十毗狸。」如鼠而大，穴居食果穀，味若豘而脆，契丹以爲珍膳。

數説皆微有異同，要之即此一物，亦竹貀、貛狸之類耳。近世乃不聞有此，扣之北客，

【二三】福邸涼堂初成　「涼」，稗海本作「源」。

亦多不知，何耶？

降仙

降仙之事，人多疑爲持箕者狡獪以愚旁觀，或宿構詩文託爲仙語，其實不然，不過能致鬼之能文者耳。余外家諸舅，喜爲此戲，往往所降多名士，詩亦粗可讀，至於書體文勢，亦各近似其人。一日，元毖舅諸姬，戲以紈扇求詩，遂各題小詞於上，仍寓姬之名於内，行草間有可觀者。

紹興斜橋客邸有請紫姑者，命鱅爲題，詩云：「寒巖雪壓松枝折，斑斑剥盡青虬血【一三】。運斤巧匠斲削成，刳脊半開魚尾裂。五湖仙子多奇致，欲駕神舟探仙穴。碧雲不動曉山横，數聲摇落江天月。」

湖學甲子歲科舉後，士友有請仙問得失者，賦詞云：「凄涼天氣，凄涼院宇，凄涼時候。孤鴻叫斜月，寒燈伴殘漏。落盡梧桐秋影瘦，鑑古畫眉難就。重陽又近也，對黄花依舊。」此人竟失舉。

淳祐間，有降仙於杭泮者，或以鬼議之，大書一詩云：「眼前青白誰知我，口裏雌黄一任君。縱使挾山可超海，也須覆雨更番雲。」或以功名爲問，答曰：「朝經暮史無間日，北履南鞭知幾年。踐履未能求實地，榮枯何必問青天。」報其相譏也。

【一三】斑斑剥盡青虬血　「斑斑」原作「班班」，「虬」原作「此」，據稗海本、學津討原本、涵芬樓本改。

又董無益嘗記女仙三絶句云：「柳條金嫩不勝鴉，青粉牆邊道韞家。燕子未來春寂寞，小窗和雨夢梨花。」「松影侵壇琳觀静，桃花流水石橋寒。東風吹過雙蝴蝶，人倚危樓第幾闌。」「屈曲闌干月半規，藕花香澹水漪漪。分明一夜文姬夢，只有青團扇子知。」亦可喜也。

友人姚天澤亦善此。時先君需清湘次，因至外塾觀子弟捧箕。忽大書曰詩贈周邦君，云：「謝公樓上春光好，五馬行春人未老。鬱孤臺上墨未乾，手捧詔書入黄道？」先子爲一笑，然莫知爲何等語也。未幾，易守臨汀，首披郡志，則舊有謝公樓，所謂「謝公樓上好美酒，三百清銅買一斗」者，與前語適符。然鬱孤臺以後語，竟亦不驗。

又宋慶之寓永嘉時，遇詔歲，鄉士從之結課者頗衆。適逢七夕，學徒醵飲，有僧法辨者在焉。辨善五星，每以八煞爲説，時人號爲辨八煞。酒邊一士致仙扣試事，忽箕動，大書文章伯降，宋怪之，漫云：「姑置此，且求一七夕新詞如何？」復請韻，宋指辨云：「以八煞爲韻。」意欲困之也。忽運箕如飛，大書《鵲橋仙》一闋，云：「鸞輿初駕，牛車齊發，隱隱鵲橋呷軋。尤雲殢雨正歡濃，但只怕來朝初八。霞垂彩幔，月明銀燭，馥郁香噴金鴨。年年此際一相逢，未審是甚時結煞。」亦警敏可喜。

又聞李和父云：「向嘗於貴家觀降仙，扣其姓名，不答。忽作薛稷體大書一詩云：『猩袍玉帶落邊塵【二四】，幾見東風作好春。因過江南省宗廟，眼前誰是舊京人。』捧箕者

【二四】猩袍玉帶落邊塵　「猩」原作「星」，據稗海本、學津討原本改。

皆悚然驚散，知爲淵聖在天之靈。」真否固未可知，然每讀爲之淒然。

文莊公滑稽

外大父文莊章公，自少好雅潔，性滑稽，居一室必汛埽巧飾，陳列琴書，親朋或譏其齷齪無遠志。一日，大書素屏云：「陳蕃不事一室，而欲埽除天下，吾知其無能爲矣！」識者知其不凡。後入太學爲集正，嘗置酒，揭饌單於爐亭，品目多異。其間有大鷄卵者最奇【二五】，其大如瓜，片切飣飣大盤中，衆皆駭愕，不知何物。好事者窮詰之，其法乃以鳧彈數十，黄白各聚一器。先以黄入羊胞蒸熟，次復入大猪胞，以白實之，再蒸而成。嘗迎駕於觀橋，戲以書句爲隱語云：「仰觀天文，俯察地理，吾嘗終日不食，終夜不寢，以思無益，不如學也。」衆皆莫測，公笑云：「乃此橋華表柱木鶴耳。」其他善戲多類此。

其後居兩制，登政地，有《嘉林集》百卷。間作小詞，極有思致。先妣能口誦數闋，《小重山》云：「柳暗花明春事深，小闌紅，芍藥已抽簪。雨餘風軟碎鳴禽，遲遲日，猶帶一分陰。　把酒莫沉吟，身閑無箇事，且登臨。舊遊何處不堪尋，無尋處【二六】、惟有少年心。」今家集已不復存，而外家凋謝殆盡。暇日追憶書之，以寄余《凱風》、「寒泉」之思云。

【二五】其間有大鷄卵者最奇　「鷄」，稗海本、學津討原本作「鵬」。

【二六】無尋處　「無尋」原闕，據稗海本、學津討原本補。

腹腴

余讀杜詩「偏勸腹腴愧少年」，喜其知味。坡詩亦云：「更洗河豚烹腹腴。」黄詩亦云：「故園漁友膾腹腴。」又云：「飛雪堆盤膾腹腴。」按《禮記·少儀》云：「羞濡魚者進尾，冬右腴【二七】。」註云：「腴，腹下也。」《周禮》疏：「燕人膾魚方寸，切其腴以啗所貴。」引以證膴，膴亦腹腴。」《前漢》：「九州膏腴。」師古註云：「腹下肥白曰腴。」

睡

「花竹幽窗午夢長，此中與世暫相忘。華山處士如容見，不覓仙方覓睡方。」然則睡亦有方邪？希夷之説，不過謂舉世此爲息魂離神不動耳【二八】。《遺教經》乃有「煩惱毒蛇，睡在汝心，睡蛇既出，乃可安眠」之語。近世西山蔡季通有睡訣云：「睡側而屈，覺正而伸，早晚以時。先睡心，後睡眼。」晦菴以爲此古今未發之妙。然睡心、睡眼之語，本出《千金方》，季通特引此説，晦菴偶未之記耳。

性所不喜

人各有好惡，於書亦然。前輩如杜子美不喜陶詩，歐陽公不喜杜詩，蘇明允不喜揚

【二七】冬右腴　「冬右」原作「各」，據稗海本、學津詩原本、涵芬樓本改。

【二八】不過謂舉世此爲息魂離神不動耳　「此」，稗海本、學津討原本作「以」。

子，坡翁不喜《史記》。王充作《刺孟》【二九】，馮休著《删孟》，司馬公作《疑孟》，李泰伯作《非孟》，晁以道作《詆孟》，黄次伋作《評孟》，若酸鹹嗜好，亦各自有所喜。非若今人之胸中無真識，隨時好惡，逐人步趨而然者。且以孟、揚、馬遷、陶、杜異世，遇諸名公，尚有所不合。今乃欲以區區之文，以求識賞於當世不具耳目之人，難矣哉！後世子雲之論，真名言也。

黄門

世有男子雖娶婦而終身無嗣育者，謂之天閹【三〇】，世俗命之曰黄門。晉海西公嘗有此疾，此齊李庶生而天閹。

按《黄帝鍼經》曰【三一】：「有具傷於陰，陰氣絶而不起，陰不能用，然其鬚不去，宦者之獨去，何也？願聞其故。岐伯曰：『宦者去其宗筋，傷其衝脉，血瀉不復，皮膚内結，唇口不榮，故鬚不生。』黄帝曰：『有具天官者【三二】，未嘗被傷，不脱於血，然其鬚不生，何耶？』岐伯曰：『此天之所不足，其任衝不盛，宗筋不成，有氣無血，唇口不榮，故鬚不生。』」

又《大般若經》載五種黄門云：「凡言扇搋半釋迦【三三】，唐言黄門，其類有五：一曰半釋迦，總名也，有男根，用而不生子。二曰伊利沙半釋迦，此云妒【三四】，謂他行欲即

【二九】王充作刺孟　「充」原作「克」，據涵芬樓本改。

【三〇】謂之天閹　「之」原闕，據稗海本、學津討原本補。

【三一】按黄帝鍼經曰　「黄」原作「皇」，據稗海本、學津討原本、涵芬樓本改。下同逕改。

【三二】有具天官者　稗海本作「其有天官者」，涵芬樓本作「有其天官者」。

【三三】凡言扇搋半釋伽　「凡」，稗海本、學津討原本作「梵」。

【三四】此云妒　「妒」，稗海本、學津討原本作「妬」。

發【三五】，不見即無，亦具男根而不生子。三曰扇樆半釋迦，謂本來男根不滿，亦不能生子。四曰博叉半釋迦【三六】，謂半月能男，半月不能男。五曰留拏半釋迦【三七】，此云割，謂被割刑者。此五種黄門，名爲人中惡趣受身處。」然《周禮·奄人》鄭氏注云：「奄，真氣藏者，謂之宦人。」是皆真氣不足之所致耳。

馬塍藝花【三八】

馬塍藝花如藝粟，橐駞之技名天下。非時之品，真足以侔造化，通仙靈。凡花之早放者，名曰堂花。或作塘。其法以紙飾密室，鑿地作坎，緶竹置花其上，糞土以牛溲硫黄，盡培溉之法。然後置沸湯於坎中【三九】，少候，湯氣薰蒸，則扇之以微風，盎然盎春融淑之氣，經宿則花放矣。若牡丹、梅、桃之類無不然，獨桂花則反是。蓋桂必涼而後放，法當置之石洞巖竇間，暑氣不到處，鼓以涼風，養以清氣，竟日乃開。此雖揠而助長，然必適其寒温之性，而後能臻其妙耳。

余向留東西馬塍甚久，親聞老圃之言如此。因有感曰：「草木之生，欲遂其性耳。封植矯揉，非時敷榮，人方詫賞之不暇。噫！是豈草木之性哉！」

【三五】謂他行欲即發　「謂」，稗海本、學津討原本作「謂見」。

【三六】四曰博叉半釋迦　「叉」，稗海本作「義」。

【三七】五曰留拏半釋迦　「拏」，稗海本、學津討原本作「孥」。

【三八】馬塍藝花　「塍」原作「滕」，據稗海本、學津討原本、涵芬樓本改。下同。

【三九】然後置沸湯於坎中　「置」，稗海本作「寬」。

卷十七

楊凝式僧淨端【一】

楊凝式居洛日，將出遊，僕請所之，揚曰：「宜東遊廣愛寺。」僕曰：「不若西遊石壁寺。」凝式曰：「姑遊廣愛。」僕又以石壁爲請，凝式曰：「姑遊石壁。」聞者爲之撫掌。吴山僧淨端，道解深妙，所謂端師子者，章申公極愛之【二】。乞食四方，登舟，旋問何風，風所向即從之，所至人皆樂施。葢楊出無心，而端出委順，跡不同而意則同也。

奇對

對偶小技，然亦非易事也。前輩所載已多，今擇所未書而可喜者數聯於此，爲多聞之一助。

《義經》六子，艮、巽、坎、兑、震、離；《周禮》六書，天、地、春、秋、冬、夏。龜從、筮從、卿士從、庶民從；人相、我相、衆生相、壽者相。善待問者如撞鍾，小應小，大應大；措天下者猶置器，安則安，危則危。《左氏》、《公羊》、《穀梁》、《春秋》三傳；

校勘記

【一】本條亦見于周密《癸辛雜識・前集》。

【二】章申公極愛之　「申」，稗海本作「深」。

卦爻、繫辭、彖象，大《易》上經。五刑之屬三千，《小過》、《大過》；一門之聚百指，爲己《家人》、《同人》。知我《春秋》，罪我《春秋》，誰譽誰毀；待以國士，報以國士，爲己爲人。迅雷風烈，烈風雷雨；絶地天通，通天地人。紀信、韓信，假帝假王；仲尼、牟尼，大聖大覺。蟬以翼鳴，不啻若自其口出；龍將角聽，謂其不足於耳歟。司馬相如，藺相如，果相如否？長孫無忌，費無忌，能無忌乎？人有七情，喜、怒、哀、懼、愛、惡、欲；經存六藝，《詩》、《書》、《禮》、《樂》、《易》、《春秋》。九州既别，冀、兖、青、徐、揚、荆、豫、雍、梁；一道相傳，堯、舜、禹、湯、文、武、周、孔、孟。《正月》、《六月》、《七月》、《十月之交》；《北風》、《晨風》、《凱風》、《終風且曀》。孟軻好學，師孔子之孫子思；文后興仁，由太王以至王季。張良借箸前籌，恨不食食其之肉；陳平刻木爲女，果能冒冒頓之圍。下七十二之齊城，憑三寸舌；退一百萬之秦寇，用八千兵。柴也愚，參也魯，師也辟，顔氏其庶幾乎？夷之清，尹之任，惠之和，孔子集大成也。妙法、法因、因果寺，金輪、金剛；錢塘寺名。中和、和豐、豐樂樓【三】，銀杓銀甕。錢塘酒樓。夫子、天尊、大士，頭上不同；宫妃、宦寺、官人，腰間各别。鄒孟子、吴孟子、寺人孟子，一男一女，一不男不女；周宣王、齊宣王、司馬宣王，一君一臣，一不君不臣。調羹止渴，梅全文武之才；學舞貪眠，柳盡悲歡之態。方丈四方方四丈，南、北、東、西；試場三試試三場，經、賦、論、策。朝登箕子之峰，危如累卵；夜宿丈人之

【三】豐樂樓 「樓」，學津討原本作「橋」。

館，安若泰山。觀音大士，妙音、梵音、海潮音；諸相如來，人相、我相、衆生相。龍飛策士，狀元龍，省元龍；度宗龍飛榜，陳文龍爲廷魁，胡躍龍爲省元。虎帳得人，殿帥虎，步帥虎。時范文虎爲殿帥，孫虎臣爲步帥。

笙炭

趙元父祖母齊安郡夫人徐氏，幼隨其母入吴郡王家【四】，又及入平原郡王家，嘗談兩家侈盛之事，歷歷可聽。其後翠堂七楹，全以石青爲飾，故得名。專爲諸姬教習聲伎之所，一時伶官樂師，皆梨園國工也。吹彈舞拍，各有總之者，號爲部頭。每遇節序生辰，則旬日外依月律按試，名曰小排當，雖中禁教坊所無也。

只笙一部，已是二十餘人。自十月旦至二月終，日給焙笙炭五十斤，用錦熏籠藉笙於上【五】，復以四和香熏之。蓋笙簧必用高麗銅爲之【六】，艶以緑蠟，簧暖則字正而聲清越，故必用焙而後可。陸天隨詩云：「妾思冷如簧，時時望君暖。」樂府亦有「簧暖笙清」之語，舉此一事，餘可想見也。艶字，韻書：「千定切，音請。」註：「艶，表果色也。」蓋藏果者，必以銅青故耳。

【四】幼隨其母入吴郡王家　「入」原闕，據稗海本、學津討原本補。

【五】用錦熏籠藉笙於上　「錦」原作「綿」，據稗海本、學津討原本改。

【六】蓋笙簧必用高麗銅爲之　「簧」原作「橫」，據稗海本、學津討原本、涵芬樓本改。

徐謂禮相術

徐謂禮嘗涉獵袁、李之書【七】，自誇閲人貴賤多奇中。與賈師憲丞相爲姻聯，賈時年少，荒於飲博，其生母胡夫人苦之。因扣徐云：「兒子跌宕若此，以君相法言之，何如？」徐曰【八】：「夫人勿多憂，異日必可作小郡太守。」母喜而記其言。他日，賈居相位，徐以親故求進，久之不遂。賈母爲言之，賈不獲已，答曰：「徐親骨相寒薄，止可作小郡太守耳。」遂以上饒郡與之，以終其身，蓋深銜前言也。

然師憲日常馳馬出遊湖山，小憩棲霞嶺下。忽有布裘道者瞪視曰：「官人可自愛重，將來功名不在韓魏公下。」賈意其見侮，不顧而去【九】。既而醉博平康，至於破面。他日復遇道者，頓足驚嘆曰：「可惜！可惜！天堂已破，必不能令終矣。」其後悉驗。

咸淳三事

咸淳癸酉夏，邊遽日聞，既而襄州失守，朝野震動。荆閫李庭芝祥父乞賈平章用張魏公、趙忠簡故事，建督于京，賈則請親行邊。疏凡屢上，朝紳學士上書者無虚日，或欲留行，或贊開督。其後遂置機速房【一〇】，專行密院急切之事。且大開言路，以集衆思，於是言事獻策者，益紛紛然。

【七】徐謂禮嘗涉獵袁李之書「獵」原闕，據稗海本、學津討原本、涵芬樓本補。

【八】徐曰「曰」原闕，據學津討原本、涵芬樓本補。

【九】不顧而去「不顧」原闕，據稗海本、學津討原本、涵芬樓本補。

【一〇】其後遂置機速房「後」原闕，據稗海本、學津討原本、涵芬樓本補。

漢嘉布衣楊安宇者，狂生也，自謂知兵，獻言於朝，遂送機速房看詳。都司許自書擬本房，知其狂妄，遂侮笑之。安宇不勝其憤，遂上書痛詆自書短，且謂其操鄉音穢談，一時傳以爲笑。會奉口有米局之變，京尹吴益區處失當，於是左史李珏自經筵直前論之，吴遂斥出。時好事者爲之語曰：「左史直前論大尹，草茅上疏詆都司。」

時方詔歲，賈公欲優學舍以邀譽，乃以校尉告身、錢帛等俾京庠擬試。時黄文昌方自江閫入爲京尹，益增賞格，雖末綴，猶獲數百千，於是羣四方之士試者紛然。時襄、郢已失，江、淮日以遽告，有無名子作詩，揭之試所云：「鼙鼓驚天動地來，九州赤子哭哀哀。廟堂不問平戎策，多把金錢媚秀才。」邏之，竟不得其人而止。

龔孟鎂策問

癸酉歲，慶元秋試，兩浙運司幹官臨川龔孟鎂爲攷官。龔道出慈溪，忽夢有人以杯湯飲之【一一】，且作「四」字於掌中。曉起，便覺目視眬眬。及入院發策，第一道中誤以一祖十三宗爲十四宗。於是士子大閧，徑排試官房舍，悉遭箠辱，至有負笈而逃者，龔偶得一兵負去而免。

劉制使良貴親至院外撫諭，遂權宜以策題第二道爲首篇，續撰其三，久之始定。於是好事者作隔聯云：「龔運幹出題疏脱，以十三宗作十四宗；　劉制使下院調停，用第二道

【一一】忽夢有人以杯湯飲之　「湯」，稗海本、學津討原本作「酒」。

爲第一道。」襲後爲計使所劾。

明年秋，度宗賓天，於是十四宗之語遂驗。

景定行公田

景定三年壬戌【一二】，賈師憲丞相欲行富國强兵之策。是時劉良貴爲都漕尹天府，吴勢卿餉淮東，入爲浙漕，遂交贊公田之事。欲先行之浙右，候有端緒，則諸路倣行之。於是殿院陳堯道、正言曹孝慶等合奏，謂限田之法，自昔有之。買官户踰限之田，嚴歸併飛走之弊，回買官田，可得一千萬畝，則每歲六七百萬之入，其於軍餉沛然有餘。可免和糴，可以餉軍，可以住造楮幣，可平物價，可安富室。一事行而五利興，實爲無窮之利。御筆批依，而買田之事起矣。

時勢卿已死，良貴獨任提領之職，以太府丞陳訔爲檢閲官以副之【一三】。且乞内批下都省，嚴立賞罰，究歸併之弊。然上意終出勉强，内批云：「永免和糴，無如買逾限之田爲良法。然東作方興，權俟秋成，續議施行。」則上意蓋可見矣。賈相憤然以去就爭之，於是再降聖旨云：「買田永免和糴，自是良法美意，要當始於浙西，庶他路視爲則也。所在利病，各有不同，行移難於一律，可令三省照此施行。」既而賈相内引，入劄力言其便，御筆遵依，轉劄侍從、臺諫、給舍、左右司、三省，奉行惟謹焉。賈相遂先以自己浙西萬畝

【一二】景定三年壬戌　「三」、「戌」原作「二」、「寅」，據稗海本改。

【一三】以太府丞陳訔爲檢閲官以副之　「檢」原作「簡」，據稗海本、學津討原本、涵芬樓本改。

爲官田表倡，嗣榮王繼之，浙西帥機趙孟奎亦申省自陳投賣【一四】。自是朝野卷舌，噤不敢發一語。獨禮書夕郎徐經孫一疏，力陳買田之害，言多剴切，竟不付外。遂四乞休致，而寂無和之者。

先是議以官品逾限田外回買立説，此猶有抑强嫉富之意。既而轉爲派買之説，除二百畝已下免行派買外，餘悉各買三分之一，及其後也，雖百畝之家亦不免焉。立價以租一石者償十八界四十楮，不及石者，價隨以減。買數少者，則全之楮券【一五】，稍多則銀券各半，又多則副以度牒，至多則加以登仕、將仕、校尉、承信、承節、安人、孺人告身。準直以登仕三千楮，將仕千楮，許赴漕試，校尉萬楮，承信萬五千，承節二萬，則理爲進納，安人四千，孺人二千，此則幾於白没矣。遂檄府丞陳𡵆往湖、秀，將作丞廖邦傑往常、潤，任督催之職。六郡則又有專官。平江則知郡包恢，撫參成公策。嘉興則知郡潘墀，撫幹李補，寓公焦焕炎。安吉則知郡謝奕燾，寓公趙與𡵆，撫幹王唐珪，臨安察判馬元演。常州則知郡洪穮，運屬劉子耕【一六】。鎮江則知郡章堈，漕司準遣鄭夢熊。江陰則知軍楊珏，準遣謝司户黄伸。並俟竣事，各轉一官。選人減一，前守臣並以主管公田繫銜【一七】。既而提領劉佐司劾罷嘉興宰叚浚、宜興宰葉哲佐以不即奉行之罪【一八】。又按長洲宰何九齡追毁告身【一九】，永不收敘。以不合出給官由令田主包納【二〇】，失田業相維之初意【二一】。至五月，乃命江陰、平江隸浙西憲司【二二】，安吉、嘉興隸兩浙漕司，常州、鎮江隸總所。每歲

【一四】浙西帥機趙孟奎亦申省自陳投賣　「帥」原作「師」，據稗海本改。

【一五】則全之楮券　「之」，稗海本、學津討原本、涵芬樓本作「支」。

【一六】運屬劉子耕　「屬」原作「熟」，據稗海本、學津討原本、涵芬樓本改。

【一七】前守臣並以主管公田繫銜　「前」原作「削」，「臣」原作「匠」，「主」原作「立」，「田」原作「曰」，據稗海本、學津討原本、涵芬樓本改。「銜」原作「御」，據涵芬樓本改。

【一八】既而提領劉佐司劾罷嘉興宰叚浚宜興宰葉哲佐以不即奉行之罪　「叚」原作「改」，「哲佐」原作「逝左」，據稗海本、學津討原本改。

【一九】又按長洲宰何九齡追毁告身　「告」原作「出」，據稗海本、學津討原本、涵芬樓本改。

方秋租，輸之官倉，特與減饒二分，或水旱，則別義收數。遂立四分司：王大吕，平江；夢玉，嘉興；董楷，安吉；黄震，鎮江、常州、江陰三郡。初以選人爲之，任滿理爲須入。州、縣、鄉、都，則分差莊官以富饒者充應，兩年一替。每鄉創官莊一所，每租一石，明減二斗，不許多收斛面。約束雖嚴詳，而民之受害亦不少。其間毗陵、澄江，一時迎合，止欲買數之多。凡六斗、七斗者，皆作一石。及收租之際，元額有虧，則收足於田主，以爲無窮之害。或内有磽瘠及租佃頑惡之處【二三】，又從而責換於田主，其害尤慘。時中書劉震孫與京尹魏克愚，湖邊倡和詞語【二四】，偶犯時忌，則隨命劾去之【二五】。

甲子秋，彗見，求言。公卿、大夫、士庶始得以伸田里愁嘆不平於上，然至此業已成矣。賈相遂力辨人言，丐辭相位。御筆答云：「言事易，任事難，自古然也。使公田之策不可行，則卿建議之始，朕已沮之矣。惟其上可以免朝廷造楮幣之費，下可以免浙右和糴之擾，公私兼濟，所以命卿決意舉行之。今業已成矣，一歲之軍餉，皆仰給於此。君遽因人言而罷之【二六】，雖可以快一時之異議，其如國計何？如軍餉何？卿既任事，亦當任怨，禮義不愆，何恤人言。卿宜安心奉職，毋孤朕倚毗之意。」自此公論頗沮，而劉良貴以人言藉藉，遂陳括田之勞，乞從罷免，不允。

至咸淳戊辰正月，遂罷莊官，改爲召佃。或一二千，或數百畝，召人承佃，自耕自種，自運自納，止令分司任責拘催。凡承佃之家，復以二分優之。且以既罷莊官，則分司恐難

【二〇】以不合出給官由令田主包納　「包」原作「抱」，據稗海本、學津討原本改。

【二一】失田業相維之初意　「業」原作「葉」，「維」原作「離」，據稗海本、學津討原本、涵芬樓本改。

【二二】平江隸浙西憲司　「浙」原作「折」，據稗海本、學津討原本、涵芬樓本改。

【二三】或内有磽瘠及租佃頑惡之處　「磽」原作「饒」，據稗海本、涵芬樓本改。

【二四】湖邊倡和詞語　「詞」原作「調」，據稗海本、學津討原本、涵芬樓本改。

【二五】則隨命劾去之　「劾」原作「刻」，據稗海本改。

【二六】君遽因人言而罷之　「君」，稗海本、學津討原本、涵芬樓本作「若」。

任責，平江增差催督官三員，安吉、嘉興各一員，常州二員，鎮江、江陰共一員，從各分司奏辟。時提領官編修黄夢炎也。既而常、潤分司劉子澄力陳毗陵向來多買虚數之弊【二七】。遂下提領所，徑將常州公租撥隸淮東總領所催納。殊不知朝廷既不可催，總所又可催乎？

當是時人不敢言而敢怨，南康江天錫以入奏而罷言職【二八】，教授謝枋得以發策而遭貶斥，大社令杜淵、太常簿陸逵【二九】、國子簿謝章，皆於論對及之，或逐去，或補外。至乙亥春，賈既去國，北軍已抵昇、潤【三〇】，察院季可奏乞罷公田之籍【三一】，以收農心，謂：「此事苛擾，民皆破家蕩産，怨入骨髓。若盡還原主，免索原錢而除其籍，庶使浙西之人永絶公田之苦。」然而僅放欠租，季遂再奏，始有旨云：「公田之創，非理宗之本意。稔惡召怨，最爲民苦，截日住罷。其田盡給付原佃主，仰率租户、義兵，會合防拓。」其後勘會，謂招兵非便。且其田當還業主，於種户初無相干。秋成在邇，餉軍方急，合且收租一年。其還田指揮，候秋成後集議施行。有旨將平江、嘉興、安吉公田，照指揮蠲放，却從朝廷照淨催米數回糴。其錢一半給佃主，一半給種户，以溥實惠，然則業主竟無與矣。只業主、佃主之分，當時用事者亦不能曉，況大於此者？然邊遽日急，是時仍收公租，還田之事，竟不及行，嗚呼悲哉！昔隋鑿汴渠，以召民怨，乃爲宋漕運之利。今宋奪民田以失人之心，乃爲大元餉軍之利。古今害民興利之事，於此亦可鑒矣。於戲悲哉！

【二七】既而常潤分司劉子澄力陳毗陵向來多買虚數之弊　「潤」原作「閏」，據稗海本、學津討原本、涵芬樓本改。「向來」，稗海本作「當時」。

【二八】南康江天錫以入奏而罷言職　「康江」，稗海本作「陵洪」。

【二九】太常簿陸逵　「逵」，《宋史》卷四七四《賈似道傳》作「達」。

【三〇】北軍已抵昇潤　「已」原作「以」，據稗海本、學津討原本、涵芬樓本改。

【三一】察院季可奏乞罷公田之籍　「季」原作「既」，據稗海本、學津討原本、涵芬樓本改。

景定彗星

景定五年甲子七月初二日甲戌，御筆作初三日乙亥，彗見東方柳宿，光芒烜赫，昭示天變。太史占云：「彗出柳度，爲兵喪，爲旱，爲亂，爲夷狄，爲大臣貶。」乾象占云：「彗，妖星也。所出形狀各異，其殃一也。」彗，木類，除舊布新之象，主兵疫之災。一曰埽星，小者數寸，長或竟天，兵起、大水，除舊布新。按彗本無光，借日爲光。夕見則東指，晨見則西指，皆隨日光芒所及爲災。丁丑，避殿減膳，下詔責己，求直言，大赦天下。御史朱貔孫，正言朱應元，察官程元岳、饒應龍合臺奏章，乞消彌挽回，皆常談也。

己卯，賈丞相似道，楊參政棟，葉同知夢鼎，姚僉書希得奏事。上曰：「彗出於柳，彰朕不德，夙夜疚心，惟切危懼。」宰臣奏：「陛下勤於求治，有年於兹，庸有闕失。今謫見於天，實臣等輔政無狀所致，上貽聖憂。臣見具疏乞罷免，庶可以上弭天災。」上曰：「正當相與講求闕失，上回天意。」庚辰，賈右相第一疏乞罷免，以塞災咎，五疏皆不允。

班行應詔言事者，秘書郎文及肩首言公田之事云：「君德極珪璋之粹，而玷君德者，莫大於公田，東南民力竭矣。公田創行，將以足軍儲，救楮弊，蠲和糴也。奉行太過，限田之名，一變而爲併户，又變而爲换田。耕夫失業以流離，田主無辜而拘繫，此彗妖之所以示變也。」

大府丞楊巽，殿講趙景緯，吏部侍郎留夢炎，禮部侍郎直院馬廷鸞，皆應詔上封事。給事禮書牟子才疏，援引漢、唐以至本朝彗變災異，極其詳贍。起居郎太子侍讀李伯玉，則援三説云：「咸平，彗出室北，吕端有兵謀不精之言，今日當嚴邊備。熙寧中，彗出東井，富弼、張方平皆言新法不便，今日當先罷浙西換田局。崇寧，彗出西方，則詔除黨籍，且復左降人官。今開慶誤國之人，罪惡滔天，有一時風聞劾逐者，則乞斟酌寬貸施行，以昭聖主寬仁之量。」又云：「今言路既開，中外大小之臣，必將空臆畢陳。惟陛下明聖，大臣忠亮，有以容受，不以爲罪，天下幸甚。」

浙曹主管文字吕撫有上化地書，秘監高斯得奉祠於霅，有應詔疏【三二】，大概以爲：「非朝廷大失人心，何以致天怒如此之烈。庚申、辛酉之間，大小之臣，追勒遷放無虚月【三三】，忠厚之澤幾盡矣。士大夫以仕進爲業，今使刻薄小人，吹毛求疵，動觸新制。公田肆擾，陛下知其非計，有待秋成舉行之旨，而督促者悍然不顧也【三四】。市舶盡利而蕃夷怨，鹽榷太密而商旅怨【三五】。羣臣附下罔上，虚美溢譽，人怨天怒，不至於彗星不止也。且災異策免三公，視爲常事。丙申雷變，陛下一日黜二相，今彗見之與雷發相去，何翅十百千萬哉？」

王端明瑜奉祠里居，亦有疏，言：「戚畹嬖倖，遍居畿輔，借應奉之名，肆誅剥之虐，監司不敢誰何，臺諫不敢論列。民不勝苦，起而弄兵，三衢之寇是也。公田之行，本欲免

【三二】有應詔疏　「疏」原作「既」，據稗海本、學津討原本、涵芬樓本改。

【三三】追勒遷放無虚月　「月」原作「自」，據稗海本、學津討原本、涵芬樓本改。

【三四】而督促者悍然不顧也　「而督促者」，稗海本作「彼則」。

【三五】鹽榷太密而商旅怨　「榷太密」，稗海本作「法太苛」。

和糴，和糴數少，而人已相安，公田數多【三六】，而人爲創見，千弊萬蠹【三七】，田里騷然。天筆載頒，一則曰業已成，一則曰當任怨【三八】。且求言之詔甫頒，而拒言之令已出，皇天監臨，可厚誣哉。」

自是三學京庠，投匭上書者日至。太學生吴綺、許求之等書有云【三九】：「雷霆，天怒也，驟擊而旋收。日蝕，天怒也，俄晦而隨明。暴風飄雨，天怒也，而不能以終日。今彗之示變，已渝旬浹月【四〇】，陛下恐懼修省，靡所不至，而天怒猶未回，非陛下不知省悟也，抑誤陛下者，未有所思也【四一】。」且併及市舶、公田之害云。

又有陳夢斗、陳紹中等書，沈震孫、范鑰、李極等書，宗庠則有胡標與周必綸等書【四二】。立禮齋生謝禹則獨爲一書，大抵皆及公田、市榷等事。又有武學生杜士賢等書，謂：「都司之職，操壟斷之權，以專使之遣，奪番商之利。百姓皆與蹙額廟堂【四三】，歌頌太平，人不可欺，天可欺乎？今之秉鈞軸者，前日之功固偉矣，今日之過未盡掩，閫外之事固優矣，閫内之責未盡塞。以戎虜待庶民不可也，以軍政律士類不可也，以肥家之法經國不可也，盍亦退自省悟，以回天變乎？」

又京庠唐隸【四四】、楊坦等一書謂：「大臣德不足以居功名之高，量不足以展經綸之大，率意紛更，殊駭觀聽。七司條例，悉從更變，世胄延賞，巧摘瑕疵。薪茗搨藏，香椒積壓，與商賈爭微利。强買民田，貽禍浙右，自今天下無稔歲，浙路無富家矣。夾袋不收拾

【三六】公田數多　「多」原作「少」，據稗海本、學津討原本、涵芬樓本改。
【三七】千弊萬蠹　「千」原作「下」，據稗海本、學津討原本、涵芬樓本補。
【三八】一則曰當任怨　「怨」原闕，據稗海本、學津討原本、涵芬樓本補。
【三九】太學生吴綺許求之等書有云　「求」，稗海本作「禾」。
【四〇】已渝旬浹月　「月」原闕，據稗海本、學津討原本、涵芬樓本補。
【四一】未有所思也　「思」，稗海本、學津討原本作「畏」。
【四二】宗庠則有胡標與周必綸等書　「宗庠」原作「中祥」，據稗海本、學津討原本、涵芬樓本改。
【四三】百姓皆與蹙額廟堂　「額」，稗海本、涵芬樓本作「頞」。
【四四】又京庠唐隸　「隸」，稗海本、學津討原本作「棣」。下同。

人才，而遍儲賤妓之姓名；化地不斡旋陶冶，而務行非僻之方術。縱不肖之駃弟【四五】，以卿月而醉風月於花衢；籠博奕之舊徒，以秋壑而壓溪壑之淵藪。踏青泛緑，不思閭巷之蕭條；醉醲飽鮮【四六】，遑恤物價之騰踊。劉良貴賤丈夫也，乃深倚之以揚鷹犬之威；董宋臣巨姦宄也，乃優縱之以出虎兕之柙。人心怨怒，致此彗妖，誰秉國鈞，盍執其咎。方且抗章誣上，文過飾非，借端拱禍敗不應之説以力解，亂而至此，怨而至此。上干天怒，彗星埽之未幾，天火又從而災之，其尚可揚揚入政事堂耶？」一時諸書，獨此與京庠蕭規者言之太訐。

於是左司劉良貴申省，力辨公田任事之謗，且乞敷奏令公卿士庶條具救楮、免糴、罷公田之策，且作勘會，免公田逃亡米三萬餘石。賈相遂入奏云：「近者應詔所言，公論交責，若駕虚辭、報私憾等語，是非自不可掩。獨類部法買公田，同然一辭，以爲犯大不韙，詳敘顛末以聞。欲望聖慈於臣所類部法，則下之吏部長式，詳加參定。或有出己意削舊典之實，則申明而删除之。於臣所買公田，則乞下之公卿大夫，更行博議。必得足軍餉、免和糴、住造楮之策，則采録而施行之。臣當委心以聽，奉身以退，徐請譴責，以戒爲臣之繆於國者。」遂有旨宣諭檢院官：「星變求言，照典故祇及中外大小臣僚，見之詔書可攷。近來諸學士人，不體舊規，以前廊爲首，乃有懷私意動摇大臣者。不知祖宗三百年間，曾有士人上書而去宰相者乎？今後切宜詳審，然後投進。」

【四五】縱不肖之駃弟　「肖」原作「蕭」，據稗海本、學津討原本、涵芬樓本改。
【四六】醉醲飽鮮　「醲」原作「釀」，據稗海本改。

檢院朱濬備坐【四七】，宣諭旨揮申國子監司成吴堅翁，合委胄丞徐宗斗，會學前廊轉諭諸生，而前廊回申，以爲上書以前廊爲首，此出於丙辰方大猷之私意，以爲鉗制之法，非盛時所宜用也。紛紛之議，直至八月之末，彗光稍殺，應詔者方稍止。丁未，宰執拜表，恭請皇帝御正殿復常膳，三表而後從。九月，以京學士人蕭規、唐棣、葉李【四八】、吕宙之、姚必得、陳子美、錢焴、趙從龍、胡友開等，不合謗訕生事，送臨安府追捕勘證，議罪施行各有差，自是中外結舌焉。

孟冬，朝饗如常時。十月乙丑【四九】，忽聞聖躬不豫，降詔求醫。丁卯，遺詔升遐。而金銀關子之令乘時頒行，换易十七界楮券。物價自此騰涌，民生自此惟悴矣。彗變首尾凡四月，妖禍之應，如響斯答。孰謂天道高遠乎？

瓊花

揚州后土祠瓊花，天下無二本，絶類聚八仙，色微黄而有香。仁宗慶曆中，嘗分植禁苑，明年輒枯，遂復載還祠中，敷榮如故。淳熙中，壽皇亦嘗移植南内，逾年，憔悴無花，仍送還之。其後，宦者陳源命園丁取孫枝移接聚八仙根上遂活，然其香色則大減矣，杭之褚家塘瓊花園是也【五〇】。今后土之花已薪，而人間所有者，特當時接本髣髴似之耳。

【四七】檢院朱濬備坐　「朱」，稗海本、學津討原本作「宋」。

【四八】葉李　「李」原作「季」，據學津討原本、《宋史》卷一七三《食貨志上一》、卷四七四《賈似道傳》改。

【四九】十月乙丑　「乙」原作「己」，據稗海本、涵芬樓本改。

【五〇】杭之褚家塘瓊花園是也　「塘」原作「唐」，據稗海本改。

嚼蝨

余負日茅檐【五二】，分漁樵半席。時見山翁野媪，捫身得蝨則致之口中，若將甘心焉，意甚惡之。然揆之於古，亦有説焉。應侯謂秦王曰：「得宛，臨流陽夏，斷河内，臨東陽邯鄲，猶口中蝨。」王莽校尉韓威曰：「以新室之威，而吞胡盧，無異口中蚤蝨。」陳思王著論亦曰：「得虱者，莫不劘之齒牙，爲害身者。」三人者，皆當時貴人，其言乃爾，則野老嚼蝨，蓋亦自有典故，可發一笑。

姓名相戲

前輩有以姓名爲戲者，如陳亞有心、蔡襄無口之類甚多。劉攽嘗戲王覿云：「公何故見賣？」王答曰：「賣公直甚分文。」

近楊平舟棟以樞掾出守莆陽，劉克莊潛夫，弟希仁，俱以史官里居。郡集，寓公王曜軒邁戲之云：「大編修，小編修，同赴編修之會。」後村云：「欲屬對不難，不可見怒。」王願聞之，乃云：「前通判，後通判，但聞通判之名。」蓋王凡五得倅而不上云。王又嘗調後村云：「十兄，二十年前何其壯，二十年後何其不壯。」劉應之曰：「二畫，二十年前何其遇，二十年後何其不遇。」此善謔也。

【五二】余負日茅檐　「檐」，稗海本、學津討原本作「椽」。

朱唐交奏本末

朱晦菴按唐仲友事，或云吕伯恭嘗與仲友同書會，有隙，朱主吕故抑唐，是不然也。蓋唐平時恃才輕晦菴，而陳同父頗爲朱所進，與唐每不相下。同父遊台，嘗狎籍妓，囑唐爲脱籍，許之。偶郡集，唐語妓云：「汝果欲從陳官人邪？」妓謝，唐云：「汝須能忍飢受凍乃可。」妓聞，大恚。自是陳至妓家，無復前之奉承矣。

陳知爲唐所賣，亟往見朱。朱問：「近日小唐云何？」答曰：「唐謂公尚不識字【五二】，如何作監司？」朱銜之，遂以部内有冤獄，乞再巡按。既至台，適唐出迎少稽，朱益以陳言爲信【五三】，立索郡印，付以次官，乃摭唐罪具奏，而唐亦作奏馳上。時唐鄉相王淮當軸，既進呈，上問王，王奏：「此秀才爭閒氣耳。」遂兩平其事，詳見周平園、王季海日記。而朱門諸賢所著《年譜》、《道統録》，乃以季海右唐而並斥之，非公論也。其説聞之陳伯玉式卿，蓋親得之婺之諸吕云。

【五二】唐謂公尚不識字　「謂」原作「魏」，據稗海本、學津討原本、涵芬樓本改。

【五三】朱益以陳言爲信　「益」原作「蓋」，據稗海本、涵芬樓本改。

卷十八

晝寢

「飽食緩行初睡覺，一甌新茗侍兒煎。脱巾斜倚繩牀坐，風送水聲來枕邊。」丁崖州詩也。「細書妨老讀，長簟愜昏眠【一】。取簟且一息，抛書還少年。」半山翁詩也。「相對蒲團睡味長，主人與客兩相忘。須臾客去主人覺，一半西窗無夕陽。」放翁詩也。「讀書已覺眉稜重，就枕方欣骨節和。睡起不知天早晚，西窗殘日已無多。」吴僧有規詩也。「老讀文書興易闌，須知養病不如閒。竹牀瓦枕虚堂上，卧看江南雨後山。」吕滎陽詩也。「紙屏瓦枕竹方牀，手倦抛書午夢長。睡起莞然成獨笑，數聲漁笛在滄浪。」蔡持正詩也。余習嬾成癖，每遇暑晝，必須偃息。客有嘲孝先者，我必以此自解【二】。然每苦枕熱，展轉數四。後見前輩言，荆公嗜睡，夏月常用方枕。或問何意，公云：「睡氣蒸枕熱，則轉一方冷處。」此非真知睡味，未易語此也。杜牧有睡癖，夏侯隱號睡仙，其亦知此乎？

雖然，宰予晝寢，夫子有朽木糞土之語。嘗見侯白所註《論語》，謂「晝」字當作「畫」字，蓋夫子惡其畫寢之侈，是以有朽木糞牆之語。然侯白，隋人，善滑稽，嘗著《啓顔録》，

校勘記

【一】長簟愜昏眠　「簟」原作「簞」，據稗海本、涵芬樓本改。

【二】我必以此自解　「我必以此」，稗海本、學津討原本、涵芬樓本作「必哦此以」。

意必戲語也。及觀昌黎《語解》，亦云「晝寢」當作「畫寢」，字之誤也。宰予，四科十哲，安得有晝寢之責，假或偃息，亦未至深誅。若然，則吾知免矣。

宜興梅冢

嘉熙間，近屬有宰宜興者，縣齋之前，紅梅一樹，極美麗華粲，交陰半畝。花時，命客飲其下。一夕，酒散月明，獨步花影，忽見紅裳女子，輕妙綽約，瞥然過前，躡之數十步而隱。自此恍然若有所遇，或酣歌晤言，或癡坐竟日，其家憂之。

有老卒頗知其事，乘間白曰：「昔聞某知縣之女有殊色，及笄，未適而殂。其家遠在湖湘，因藁葬於此，樹梅以識之。疇昔之夜所見者，豈此乎？」遂命發之，其棺正蟠絡老梅根下，兩相微蝕，一竅如錢，若蛇鼠出入者。啓而視之，顔貌如玉，妝飾衣衾，略不少損，真國色也。趙見，爲之惘然心醉。舁至密室，加以茵藉，而四體亦和柔，非尋常僵尸之比，於是每夕與之接焉。既而氣息惙然，瘢蘚不可治文書【三】。其家乃乘間穴壁取焚之，令遂屬疾而殂，亦云異哉。

嘗見小說中所載，寺僧盜婦人尸置夾壁中私之，後其家知狀，訟於官，每疑無此理。今此乃得之親舊目擊，始知其說不妄。然《通鑑》所載，赤眉發吕后陵，汙辱其尸有致死者，蓋自昔固有此異矣。

【三】瘢蘚不可治文書 「瘢」原作「瘦」，據稗海本、學津討原本改。

莫子及泛海

吴興莫汲子及，始受世澤爲詮試魁，既而解試、省試、廷對，皆居前列，一時名聲籍甚。後爲學官，以語言獲罪，南遷石龍。地並海，子及素負邁往之氣，暇日，具大舟，招一時賓友之豪，泛海以自快。將至北洋，海之尤大處也，舟人畏不敢進。子及大怒，脅之以劍，不得已從之。及至其處，四顧無際。

須臾，風起浪涌，舟掀簸如桔槔。見三魚，皆長十餘丈，浮弄日光。其一若大鮎狀，其二狀類尤異，衆皆戰慄不能出語。子及命大白連酌，賦詩數絶，略無懼意，興盡乃返。其一絶云：「一艑點破碧落界，八面展盡虛無天。梔樓長嘯海波闊【四】，今夕何夕無其仙【五】。」

薰風聯句

唐文宗詩曰：「人皆苦炎熱，我愛夏日長。」柳公權續云：「薰風自南來，殿閣生微涼。」或者惜其不能因詩以諷，是坡翁亦以爲有美而無箴，故爲續之云：「一爲居所移，苦樂永相忘。願言均此施，清陰分四方。」

余謂柳句正所以諷也。蓋薰風之來，惟殿閣穆清高爽之地始知其涼。而征夫耕叟，

【四】梔樓長嘯海波闊　「闊」，稗海本作「涌」。

【五】今夕何夕無其仙　「無」，稗海本、學津討原本、涵芬樓本作「吾」。

方奔馳作勞，低垂喘汗於黃塵赤日之中，雖有此風，安知所謂涼哉？此與宋玉對楚王曰「此謂大王之風耳【六】，庶人安得而共之者」同意。

漢唐二祖少恩

漢高祖與項羽戰於彭城，大敗，勢甚急，蹳魯元公主、惠帝棄之。夏侯嬰爲收載行，高祖怒，欲斬嬰者十餘。借使高祖一時事急，不能存二子而棄之，他人能爲收載，豈不幸甚。方當德之，何至怒而欲斬之乎？

唐高祖起兵汾晉時，建成、元吉、楚哀王智雲，皆留河東獲家。隋購之急，建成、元吉能間道赴太原，而智雲以幼不能逃，爲吏所誅。亦豈不能少緩須臾，以須其至，而後起兵哉。

二祖皆創業之君，而於父子之義，其薄若此，豈圖大事者，不暇顧其家乎？彼唐祖者，直墮世民之計，猶可恕也，若漢祖則杯羹之事，尚忍施之乃翁，何有於兒女哉？

史記無燕昭築臺事

王文公詩云：「功謝蕭規慙漢第，恩從隗使詫燕臺【七】。」然《史記》止云：「爲隗改築宮而師事之。」初無「臺」字。而李白詩有「何人爲築黃金臺」之語，吴虎臣《漫録》以此

【六】此謂大王之風耳　「謂」，稗海本作「獨」。

【七】恩從隗使詫燕臺　「詫」，稗海本、學津討原本作「媿」。

爲據。

按《新序》、《通鑑》亦皆云「築宮」，不言「臺」也。然李白屢慣用黄金臺事，如「誰人更埽黄金臺」、「燕昭延郭隗，遂築黄金臺」、「埽灑黄金臺，招邀廣平客」、「如登黄金臺，遥謁紫霞仙」、「侍筆黄金臺，傳觴青玉案」。杜甫亦有「楊梅結義黄金臺」、「黄金臺貯賢俊多」。柳子厚亦云：「燕有黄金臺，遠致望諸君。」《白氏六帖》有：「燕昭王置千金於臺上，以延天下士，謂之黄金臺。」此語唐人相承用者甚多，不特本於白也。

又按《唐文粹》，有皇甫松《登郭隗臺》詩。又梁任昉《述異記》：「燕昭爲郭隗築臺，今在幽州燕王故城中。土人呼賢士臺，亦爲招賢臺。」然則必有所謂臺矣。後漢孔文舉《論盛孝章書》曰：「昭築臺以延郭隗【八】。」然皆無黄金字。宋鮑照《放歌行》云：「豈伊白屋賜【九】，將起黄金臺。」然則黄金臺之名，始見於此。李善註引王隱《晉書》：「段匹磾討石勒，屯故燕太子丹黄金臺。」又引《上谷郡圖經》曰：「黄金臺在易水東南十八里，昭王置千金臺上，以延天下士。」且燕臺事多以爲昭王，而王隱以爲燕丹，何也？余後見《水經註》云：「固安縣有黄金臺，耆舊言昭王禮賢，廣延方士，故修建下都，館之南陲。燕昭創於前，子丹踵於後。」以此知王隱以爲燕丹者，蓋如此也。

【八】昭築臺以延郭隗　「昭」、「延」，稗海本作「昭王」、「尊」。

【九】豈伊白屋賜　「屋」，稗海本作「壁」。

孟子三宿出書

高郵有老儒黃彥利謂【一〇】：「孟子去齊，三宿而出晝。讀如晝夜之晝，非也。《史記·田單傳》載：『燕初入齊，聞晝邑之人王蠋賢。』劉熙註云：『齊西南近邑，音獲。』故孟子三宿而出，時人以爲濡滯也。」此説甚新而有據。然予觀《説苑》，則以爲蓋邑人王蠋。且齊有蓋大夫王驩，《公孫丑》下。而陳仲子兄食采於蓋，其入萬鍾，《滕文公》下。則齊亦自有蓋邑【一一】，又與晝邑不同矣。《通鑑》晝音，司馬康釋音胡卦切，亦曰西南近邑，復不音獲，何耶？

方大猷獻屋

楊駙馬賜第清湖，巨璫董宋臣領營建之事，遂拓四旁民居以廣之。其間最逼近者，莫如太學生方大猷之居。璫意其必雄據，未易與語。一日，具禮物往訪之。方延入坐，璫未敢有請，方遽云：「今日内轄相訪，得非以小屋近牆欲得之否？」璫愕不復對，方徐曰：「内轄意謂某太學生，必將梗化，所以先蒙見及，某便當首獻作倡。」就案即書契與之。璫以成契奏知，穆陵大喜，視其直數倍酬之。方作表謝，有云：「普天之下，莫非王土；一毫以上，悉出君恩。」上《毛詩》，下東坡《謝表》，並全句。自此擢第登朝，皆由此徑而

【一〇】高郵有老儒黃彥利謂　「利」，稗海本、學津討原本作「知」，涵芬樓本作「和」。

【一一】則齊亦自有蓋邑　「邑」原作「亦」，據稗海本、涵芬樓本改。

梯焉。

長生酒

穆陵晚年苦足弱，一日經筵，宣諭賈師憲曰：「聞卿有長生酒甚好，朕可飲否？」賈退，遂修制具方併進，亦不過用川烏、牛膝等數味耳。内轄李忠輔適在旁，奏曰：「藥性涼燥未可知，容臣先嘗，然後取旨進御。」嫉之者轉聞於賈，賈深銜之，而未有以發也。

先是，北關劉都倉家富無嗣，嘗立二子。劉先死，長省欲逐其後立子，於是託其所親檢詳所吏劉炳百萬緡【一二】，介謝堂節使，轉求聖旨下天府逐之，至是已涉數歲，賈始知之，時咸淳初年也。遂嗾其出子，以爲李忠輔僞作聖旨，訟之於官。詞雖不及謝，而謝甚窘懼，於是以實訴之於賈，賈笑曰：「節度無慮。」越日，則忠輔追毀遷謫之命下，以實非其罪也，蓋師憲借此以報其嘗藥之忿耳。

開運靖康之禍

靖康之禍，大率與開運之事同。一時紀載雜書極多，而最無忌憚者，莫若所謂《南燼紀聞》。其説謂出帝之事，歐公本之王淑之私史。淑本小吏，其家爲出帝所殺，遁入契丹。洎出帝黄龍之遷，淑時爲契丹諸司吏【一三】，於是文移郡縣，故致其飢寒，以逞宿怨，

【一二】於是託其所親檢詳所吏劉炳百萬緡　「詳」，學津討原本作「議」。「百萬緡」，稗海本作「捐百萬緡」。

【一三】淑時爲契丹諸司吏　「吏」原闕，據稗海本補。

且述其幽辱之事，書名《幽懿録》，比之周幽、衛懿。然攷之五代新舊史，初無是説，安知非託子虛以欺世哉，其妄可見矣。

《南燼》言二帝初遷安肅軍，又遷雲州【一四】，又遷西江州，又遷五國城，去燕凡三千八百餘里，去黄龍府二千一百里，其地乃李陵戰敗之所。後又遷西均從州，乃契丹之移州。今以當時他書攷之，其地里遠近，皆大繆不經，其妄亦可知。且謂此書乃阿計替手録所申金國之文，後得之金國貴人者。又云：「阿計替阿本河北棣州民，陷虜。自東都失守，金人即使之隨二帝入燕，又使同至五國城，故首尾備知其詳。」及攷其所載，則無非二帝胸臆不可言之事，不知阿計替何從知之。且金虜之情多疑，所至必易主者守之，亦安肯使南人終始追隨乎？且阿計替於二帝初無一日之恩，何苦毅然歷險阻，犯嫌疑，極力保護而不舍去。且二帝方在危亡哀痛之秋，何暇父子賦詩爲樂，阿計替又何暇筆之書乎？此其繆妄，固不待攷而後見也。

意者，爲此書之人，必宣政間不得志小人，造爲凌辱猥嫚之事而甘心焉。此禽獸之所不忍爲，尚忍言之哉。余懼夫好奇之士，不求端本而輕信其言【一五】，故書以袪後世之惑云。

【一四】又遷雲州　四字原闕，據學津討原本、涵芬樓本補。

【一五】不求端本而輕信其言　「本」，稗海本、學津討原本作「末」。

近世名醫

近世江西有善醫號「嚴三點」者，以三指點間知六脉之受病，世以爲奇，以此得名。余按診脉之法，必均調自己之息，而後可以候他人之息。凡四十五動爲一息，或過或不及，皆爲病脉。故有二敗、三遲、四平、六數、七極、八脱、九死之法。然則察脉固不可以倉卒得之，而況三點指之間哉，此余未敢以爲然者也。或謂其别有觀形察色之術，姑假此以神其術，初不在脉也。

紹興間，王繼先號王醫師，馳名一時。繼而得罪，押往福州居住。族叔祖宫教，時赴長沙倅，素識其人，適邂逅旅舍，小酌以慰薦之【一六】，因求察脉。王忽愀然曰：「某受知既久，不敢不告。脉證頗異，所謂脉病人不病者，其應當在十日之内，宜亟反轅，尚可及也。」因泣以别。時宫教康强無疾，疑其爲妄，然素信其術，於是即日回轅。僅至家數日而殂，亦可謂異矣。

又嘗聞陳體仁端明云：「紹熙間，有醫邢氏，精藝絶異。時韓平原知閤門事，將出使，俾之診脉，曰：『和平無可言，所可憂者，夫人耳。知閤回軺日，恐未必可相見也。』韓妻本無疾，怪其妄誕不倫，然私憂之。洎出疆甫數月，而其妻果殂。又朱丞相勝非子婦偶小疾，命視之，邢曰：『小疾耳，不藥亦愈。然自是不宜孕，孕必死。』其家以爲狂言。後

【一六】小酌以慰薦之「薦」，稗海本、學津討原本作「勞」。

一歲，朱婦得男，其家方有抱孫之喜，未彌月而婦疾作。急遣召之，堅不肯來曰：『去歲已嘗言之，勢無可療之理。』越宿而婦果殂。」余謂古今名醫多矣，未有察夫脉而知妻死，未孕而知産亡者，嗚呼！神矣哉！

前輩知人

前輩名公鉅人，往往有知人之明。如馬尚書亮之於呂許公、陳恭公，曾諫議致堯之於晏元獻，呂許公之於文潞公，夏英公之於龐潁公，皆自布衣小官時，即許以元宰之貴，蓋不可一二數。初非有袁、李之術，特眼力高，閱人多故爾。史傳所載，以爲名談。

近世如史忠獻彌遠、趙忠肅方亦謂易及。忠獻當國日，待族黨加嚴。猶子嵩之子申，初官棗陽户曹，方需遠次，適鄉里有佃客邂逅致死者，官府連逮急甚，欲求援於忠獻，而莫能自通，遂夤緣轉聞，因得一見。留飯終席，不敢發一語。忽問，何不赴棗陽闕？以尚需次對，忠獻曰：「可亟行，當作書與退翁矣。」陳賅，時爲京西閫。子申拜謝，因及前事，公曰：「吾已知之，第之官勿慮也。」公平昔嚴毅少言，遂謝而退。少間，公元姬林夫人因招之【一七】，公曰：「勿輕此子，異日當據我榻也。」其後信然。又趙葵南仲通判廬州日，翟朝宗方守郡，公素不樂之，遂千堂易合入閫【一八】。俟呼召於賓廡候見者數十人，皆謝去，獨召兩都司及趙延入小閤會食。且出兩金盒，貯龍涎、冰腦，俾坐客隨意爇之。次至趙，

【一七】公元姬林夫人因招之　「招」，稗海本、學津討原本作「扣」。

【一八】遂千堂易合入閫　「千」，稗海本作「干」。

即舉二合盡投熾炭中，香霧如雲，左右皆失色。公亟索飲送客【一九】，命大程官俾趙聽命客次，人皆危之。既而出劄知滁州，填見闕命之任，而信公平生功業，實肇於此焉。

又趙忠肅開京西閫日，鄭忠定丞相清之初任夷陵教官，首詣臺參。鄭素癯瘁，若不勝衣，趙一見即異待之。延入中堂，出三子，俾執師弟子禮，跼蹐不自安，旁觀怪之。即日免衙參等禮以行，復命諸子餞之前途，且各出《雲萍録》書之而去。他日，忠肅問諸郎曰：「鄭教如何？」長公答曰：「清固清矣，恐寒薄耳。」公笑曰：「非爾所知。寒薄不失爲太平宰相【二〇】。」後忠肅疾革，諸子侍側，顧其長葵曰：「汝讀書可喜，然不過監司太守。」次語其仲范曰：「汝須開閫，終無結果。」三哥葵甚有福，但不可作宰相耳。」時帳前提舉官趙勝，素與都統制扈再興之子不協，泣而言曰：「萬一相公不諱，趙勝必死於扈再興之手，告相公保全。」時京西施漕上饒人，名未詳。偶在旁，公笑謂施曰：「趙勝會做殿帥，扈再興安能殺之。」其後所言，無一不驗。

趙信國辭相

淳祐甲辰，杜清獻範薨，游清獻似拜右揆【二一】，趙葵南仲樞使、陳韡子華參政，皆一時宿望。明年四月，游相以大觀文奉内祠侍讀。既而趙公出督江淮、荆、襄、湖北軍馬，陳公以知院帥長沙，遂再相。鄭忠定清之、王伯大、吴潛，並爲僉樞。乙巳，趙公兼江東帥、

【一九】公亟索飲送客　「飲」，稗海本、學津討原本作「飯」。

【二〇】寒薄不失爲太平宰相　「寒薄」，稗海本、學津討原本作「縱寒薄」。

【二一】游清獻似拜右揆　「似」原作「以」，據《宋史》卷四三《理宗紀三》、卷四一七《游似傳》改。

知建康、留鑰，趙希塈以禮書督府參贊兼江漕【二二】，淮帥丘山甫岳仍兼參謀，且頒御筆云：「趙葵兼資文武，協輔國家，領使洪樞，視師戒道【二三】，權不可不專。申敕處置，貴合時宜，一應軍行調度，並聽便宜施行。所有恩數，眂儀宰路。」公既威名夙著，邊陲晏然。中間屢乞結局，不允。明年，遣隨軍轉運舒澤民滋，入白廟堂，許令帶職入覲。公力辭召命，且云：「更當支吾一冬【二四】，來春解嚴，容歸田里。」朝廷許之。

明年，北軍大入，因復留行府，措置戰守焉。中書陸德輿載之轉對疏【二五】，以爲「去歲泗州大捷，彼方喪膽落魄。今春淮水漲溢，欲來不可。涉冬而春，邊鎮寧謐。近者駭言寇至，張大其說，或云至儀真之境者，止五六十騎耳」。趙公聞之，大不能堪，封章屢上，力辨此謗。且云：「今年北軍之入，係四大頭項：一曰察罕，河西人。二曰大納，三曰墨點，四曰別出古，並韃。號四萬，實三萬餘；馬，人各三匹，約九萬匹。惟恐有勞聖慮，前後具奏，一則曰寬聖慮，二則曰寬憂顧。臣領舟師往來應敵，未嘗有一語張大。今觀陸德輿奏疏，實駭所聞。伏乞委德輿親至維揚，審是虛實。臣當躬率騎士，護送入城，便見真妄。」於是朝廷以載之之言爲過，遂爲調停，寢其事焉。未幾，工部尚書徐清叟進故事，亦譏其辟屬之濫，趙公愈不自安。

是歲閏二月，鄭忠定拜太師，趙公拜右相，所有督府，日下結局。遂差右司陳夢斗宣赴都堂治事，而陳辭以此貂璫之職不行，遂改差御藥謝昌祖往焉。夕郎趙以大復有不肯

【二二】趙希塈以禮書督府參贊兼江漕　「塈」原作「垩」，據《宋史》卷四三《理宗紀三》改。

【二三】視師戒道　「師」原作「帥」，據學津討原本、涵芬樓本改。

【二四】更當支吾一冬　「支」原作「友」，據稗海本、學津討原本、涵芬樓本改。

【二五】中書陸德輿載之轉對疏　「輿」，稗海本作「興」。下同。

書牘之意【二六】，事雖不行，而公之歸興不可遏矣。屢騰免牘，且引其父忠肅遺言不許入相之説以告，且云：「寧得罪以過嶺，難違訓以入朝。」御筆不允，降宣趣行。時陸載之方居翰苑，以嫌不草詔，遂改命盧壯父武子爲之。

時趙公各通從官書，謂元科降簿内，尚餘新楮四百餘萬，銀絹度牒並不支動，且言決不可來之意。常時從官作宰相書，例有先生之稱，至是皆去之。獨趙汝騰茂實尚書答書云：「大丞相高風立懦，力疏辭榮。昔司馬公固遜密府，近崔清獻苦却宰席，書之史册，並公而三，甚盛休。」而其微意亦可見也。

公歸計既決，遂申朝廷，於三月二十四日散遣將士，取道歸伏田里。所有新除恩命，決不敢祇受。既而與告復召，然公終不來矣。至明年三月，御筆：「趙葵懇辭相位，終始弗渝，使命趣召，亦既屢矣。奏陳確論，殆逾一朞【二七】。朕眷倚雖切，不能强其從也。姑畀内祠，以便咨訪。可除觀文殿大學士、醴泉觀察使兼侍讀。」後以疾丐外祠甚力【二八】，遂以特進判長沙，凡五辭，得請奉祠，徑歸溧陽里第焉。葢一時搢紳，方以文學科名相高【二九】，其視軍旅金穀等，爲俗吏麤官。公能知幾勇退，不激不汙，可謂善保功名者矣。

琴繁聲爲鄭衛

往時，余客紫霞翁之門。翁知音妙天下，而琴尤精詣。自製曲數百解，皆平淡清越，

【二六】夕郎趙以大復有不肯書牘之意　「大」，稗海本、涵芬樓本作「夫」。

【二七】殆逾一朞　「殆」原作「始」，據稗海本、學津討原本、涵芬樓本改。

【二八】後以疾丐外祠甚力　「祠」原作「詞」，據稗海本、學津討原本、涵芬樓本改。

【二九】方以文學科名相高　「文」，稗海本、學津討原本作「理」。

灝然太古之遺音也。復攷正古曲百餘，而異時官譜諸曲，多黜削無餘，曰：「此皆繁聲，所謂鄭、衛之音也。」

余不善此，頗疑其言爲太過。後讀《東漢書》，宋弘薦桓譚，光武令鼓琴，愛其繁聲，弘曰：「薦譚者，望能忠正導主。而令朝廷耽悦鄭聲，臣之罪也。」是蓋以繁聲爲鄭聲矣。又《唐國史補》，于頔令客彈琴，其嫂知音，曰：「三分中，一分箏聲，二分琵琶，全無琴韻。」則新繁皆非古也【三〇】。始知紫霞翁之説爲信然。

翁往矣！回思著唐衣，坐紫霞樓，調手製閒素琴，第一作新。製《瓊林》、《玉樹》二曲【三一】，供客以玻瓈瓶洛花【三二】，飲客以玉缸春酒，翁家釀名。笑語竟夕不休，猶昨日事。而人琴俱亡，冢上之木已拱矣，悲哉！

章氏玉杯

嘉泰間，文莊章公以右史直禁林。時宇文紹節挺臣爲司諫，指公爲謝深甫子肅丞相之黨，出知温陵。既而公入爲言官，遍歷三院，爲中執法。時挺臣以京湖宣撫使知江陵府，入覲，除端明學士，徑躋宥府。而挺臣懷前日之疑，次且不敢拜。文莊識其意，乃抗疏言：「公論出一時之見，豈敢以報私憾，乞趣紹節就職。」未幾，公亦登政地，相得甚驩。一日，宴聚，公出所藏玉杯侑酒，色如截虹，真于闐産也，坐客皆誇賞之。挺臣忽旁睨

【三〇】則新繁皆非古也　「則新繁」，稗海本作「然則繁聲」。

【三一】第一作新製瓊林玉樹二曲　「一作新」，涵芬樓本作正文大字。

【三二】供客以玻瓈瓶洛花　「洛」，稗海本、學津討原本作「插」。

微笑曰：「異哉！先肅愍公虚中使金日，嘗於燕山獲玉盤，徑七寸餘，瑩潔無纖瑕，或以爲宣和殿故物，平日未嘗示人，今觀此色澤殊近似之。」於是坐客咸願快覩，趣使取之。既至，則玉色製作無毫髮異，真合璧也。蓋元爲一物，中分爲二耳。衆客驚詫，以爲干鄉之合不足多也【三三】。公因舉杯以贈挺臣【三四】，而挺臣復欲以盤奉公，相與遜讓者久之，不決。時李璧季章在坐，起曰：「以盤足杯者，於事爲順，僉書不得辭也。」公遂謝而藏之，以他物爲報。余髫侍二親，常於元毖舅氏膝下聞此事，惜不一見之。其後聞爲有力者負之而去，莫知所終。

二　張援襄

襄、樊自咸淳丁卯被圍以來【三五】，生兵日增。既築鹿門之後，水陸之防日密。又築白河【三六】、虎頭及鬼關於中，以梗出入之道。自是孤城困守者凡四五歲，往往扼關隘不克進，皆束手視爲棄物。所幸城中有宿儲可堅忍，然所乏鹽、薪、布帛爲急。時張漢英守樊城，募善泅者，置蠟書髻中，藏積草下，浮水而出。謂鹿門既築，勢須自荆、郢進援。既至隘口，守者見積草頗多，鈎致欲爲焚爨用，遂爲所獲，於是郢、鄧之道復絶矣。

既而荆閫移屯舊郢州，而諸帥重兵皆駐新郢及均州河口以扼要津。又重賞募死士，得三千人，皆襄、郢、西山民兵之驍悍善戰者。求將久之，得民兵部官張順、張貴，軍中號張

【三三】以爲干鄉之合不足多也　「干」原作「千」，據稗海本、學津討原本、涵芬樓本改。

【三四】公因舉杯以贈挺臣　「公」原闕，據稗海本、學津討原本補。

【三五】襄樊自咸淳丁卯被圍以來　「來」原作「水」，據稗海本、學津討原本、涵芬樓本改。

【三六】又築白河　「白」原作「曰」，據稗海本、學津討原本、涵芬樓本改。

貴爲矮張。所謂大張都統、小張都統者，其智勇素爲諸軍所服。先於均州上流名中水峪立硬寨，造水哨，輕舟百艘，每艘三十人【三七】，鹽一袋，布二百。且令之曰：「此行有死而已，或非本心，亟去，毋敗吾事。」人人感激思奮。是歲五月，漢水方生，於二十二日，稍進團山下，越二日，又進高頭港口結方陣。各船置火鎗、火炮、熾炭、巨斧、勁弩。夜漏下三刻，起矴出江，以紅燈爲號。貴先登，順爲殿，乘風破浪，徑犯重圍。至磨洪灘以上，敵舟布滿江面，無罅可入。鼓勇乘鋭，凡斷鐵絙、攢杙數百【三八】，屯兵雖衆者，皆披靡避其鋒。轉戰一日二十餘里，二十五日黎明，乃抵襄城。城中久絶援，聞救至，人人踊躍，氣百倍。及收軍點視，則獨失張順，軍中爲之短氣。越數日，有浮尸逆流而上，被介冑，執弓矢，直抵浮梁，視之，順也。身中四鎗六箭，怒氣勃勃如生，軍中驚以爲神，結冢斂葬，立廟祀之。然自此圍益密，水道連鎖數十里，以大木下撒星樁，雖魚鼈不得度矣。

外勢既蹙，貴乃募壯士至夏節使軍求援。得二人，能伏水中數日不食，使持書以出。至椿若柵，則腰鋸斷之。徑達夏軍，得報而還。許以軍五千駐龍尾洲以助夾擊。刻日既定，貴提所部軍點視登舟，失帳前親隨一人，乃宿來有過遭撻者。貴驚歎曰：「吾事泄矣！然急出，或未及知耳。」乃乘夜鼓譟，衝突斷絙【三九】，破圍前進，衆皆辟易。既度險要之地，時夜半天黑，至小新城，敵方覺，遂以兵數萬邀擊之。貴又爲無底船百餘艘，中立旗幟，各立軍士於兩舷以誘之，敵皆競躍以入，溺死者萬餘，亦昔人未出之奇也。至鈎林

【三七】每艘三十人　「每艘」原闕，據稗海本、學津討原本、涵芬樓本補。

【三八】攢杙數百　「杙」原作「栈」，據《宋史》卷四五〇《張順傳》改。

【三九】衝突斷絙　「斷」原作「新」，據《宋史》卷四五〇《張順傳》改。

灘，將近龍尾洲，遠望軍船櫛櫛，旗幟紛紜。貴軍皆喜躍，舉流星火以示之。軍船見火【四〇】，皆前相迎，逮勢近欲合，則來舟北軍也。蓋夏軍前二日，以風雨驚疑，退屯三十里矣。北軍蓋得逃卒之報，遂據洲上，以逸待勞。至是，既不爲備，殺傷殆盡。貴身被數十創，力不支，遂爲生得，至死不屈，此是歲十一月十七日夜也。北軍以四降卒舁尸至襄，以示援絶，且諭之降。呂帥文焕盡斬四卒，以貴附葬順冢，爲立雙廟，尸而祝之，以比巡、遠。明年正月十三日樊城破，三月十八日襄陽降，此天意，非人力也。

同時有武功大夫范大順者，與順、貴同入襄。及襄城降，仰天大呼曰：「好漢誰肯降？便死也做忠義鬼。」就所守地分自縊而死。又有右武大夫、馬軍統制牛富，樊城守御，立功尤多。城降之際，傷重不能步，乃就戰樓，觸柱數四，投身火中而死。

此事親得之襄州、順化老卒，參之衆説，雖有微異，而大意則同。不敢以文害辭没其實，因直書之，以備異時之傳忠義者云。

【四〇】軍船見火　「火」原作「人」，據《宋史》卷四五〇《張順傳》改。

卷十九

嘉定寶璽

賈涉爲淮東制閫日，嘗遣都統司計議官趙拱往河北蒙古軍前議事【一】。久之，拱歸，得其大將撲鹿花所獻「皇帝恭膺天命之寶」玉璽一座，并元符三年寶樣一册，及鎮江府諸軍副都統制翟朝宗所獻寶檢一座【二】，並繳進于朝。詔下禮部太常寺討論受寶典禮【三】，此嘉定十四年七月也。是歲十一月詔曰：「乃者，山東、河北連城慕義，殊方效順，肅奉玉寶來獻于京。質理温純，篆刻精古。文曰『皇帝恭膺天命之寶』，曁厥圖册，登載燦然，實惟我祖宗之舊。繼獲玉檢，其文亦同云云。天其申命用休，朕曷敢不承。其以來年元日，受寶于大慶殿【四】。」遂命奉安玉寶于天章閣，且奏告天地、宗廟、社稷。明年正月庚戌朔，御大慶殿受寶，大赦天下。應監司帥守，並許上表進貢稱賀。推恩文武官，各進一秩，大犒諸軍，三學士人並推恩有差。具命禮官裒集受寶本末【五】，藏之秘閣。能文之士如朱中美、錢樌、謝耘等數十人，作爲頌詩，以鋪張盛美。四方士子，駢肩累足而至，學舍至無所容。蓋當國者，方粉飾太平，故一時恩賞，實爲冒濫。

校勘記

【一】嘗遣都統司計議官趙拱往河北蒙古軍前議事　「拱」原作「珙」，據《宋史》卷四〇三《賈涉傳》、卷四七六《李全傳》改。下同。

【二】及鎮江府諸軍副都統制翟朝宗所獻寶檢一座　「檢」原作「俭」，據稗海本、學津討原本、涵芬樓本改。

【三】詔下禮部太常寺討論受寶典禮　「寶」原闕，據稗海本、學津討原本、涵芬樓本補。

【四】受寶于大慶殿　「殿」原闕，據稗海本、學津討原本補。

【五】具命禮官裒集受寶本末　「裒」原作「東」，據稗海本、學津討原本、涵芬樓本改。

有士子作書貽葛司成云：「竊惟國學，天子儲養卿相之地。中興以來，冠帶雲集，英俊日盛，可以培植國家無疆之基。自開禧之初，迄更化之後，天下公論，不歸于上之人，多歸于兩學之士【六】。凡政令施行之舛，除拜黜陟之偏，禁庭私謁之過，涉于國家盛衰之計，公論一鳴，兩學雷動。天子虚已以聽之，宰相俯首而信之，天下傾心而是之。由是四方萬里，或聞兩學建議，父告其子，兄告其弟，師告其徒，必得其説，互相歆豔，謂不負所學，豈不取重于當世哉。邇來竇璽上進，皇上以先皇舊物，聖子神孫膺此天命之寶，慰荅在天之靈，不得不侈烈祖之珍符，爲今日之榮觀也。草茅之士，興起于山林寂寞之濵，形容于篇章歌頌之末，其或可念【七】。若兩學之士，榮進素定，固當自信其所學，自勉其所守，安于義命可也。紛紛而來，不恤道路風霜之慘，喁喁相告，昧昧相呼。僥倖恩賞之蕃庶，冀望非常之盛典。甚至千數百人，饕餮廩粟，枕籍齋舍，廉恥俱喪，了無靦顔。或挺身獻頌，或走謁朝貴，小小利害，其趨若市。公論將何以賴，天下將何以望哉？傳之三輔，豈不貽笑于識字之程大卿乎？傳之遠方，豈不貽笑于任子之胡尚書兄弟乎？傳之邊陲，豈不貽笑于異類之趙拱乎？傳之地下，豈不貽笑于舊尹之趙尚書乎？三十年忠讜之論，一日埽地，三十年流傳之藁，一焚可盡矣。假使聖朝頒曠蕩之恩，一視天下之士，通行免舉，諉有可説。苟惟兩學之士，獨霑免舉之渥，則非特柄國者，欲鉗天下公論之口，而三學之士，適自鉗其口耳，豈不惜哉！恭惟大司成天下英俊之師表，願以公論所在，誨之

【六】多歸于兩學之士　「歸」原作「滿」，據稗海本、學津討原本、涵芬樓本改。

【七】其或可念　「或」，稗海本、學津討原本作「誠」。

以安義命而知進退，勉之以崇名節而黜浮競。爵禄，天下之公器也，豈頑鈍亡恥者可擢也【八】。《傳》曰：『士之致遠先器識。』器識卑下，則它日立朝，必無可觀者矣。捨其所重，就其所輕，瘖其所長，鳴其所短，三尺之童，亦羞爲之。昔陳東以直言而死，今李成之以守誠而死【九】，二公皆學校之士也，足以爲萬世之名節。以今日一免解之輕，遽失吾萬世公論之重，必無有如陳之直言、李之忠節者矣。元氣能有幾邪？願大司成續而授之【一〇】。」

既而宗室猶以推賞太輕，至揭榜朝天門云：「寶璽，國之重器也，興衰繫焉；同姓，國之至親也，休戚生焉【一一】。靖康之際，國步多難。我祖我父，一心王室，不死于兵，則死于虜，不死于虜，則死于盜賊。若子若孫，呼天號地，此恨難磨。苟存喘息于東南，期雪我祖我父萬古之痛而後已。仰惟今日，故疆復矣，寶鎮歸矣，此正釃酒弔魂、慰生勞死之秋，其爲踊躍，曷啻三百。聖恩汪濊，周遍寰宇。監司郡守，奉表推恩，文武兩學，通籍免舉【一二】，侍班選人，特與趲放。不惟文武百僚轉官，而未銓任子，亦與轉官，不惟特科無及者出官，而三十年特科五等人亦出官。加恩異姓，悉踰覃霈。即彼驗此，凡同姓一請者，便可援以補官，再請者，亦可援以廷對。今散恩誕布宗子，已請者各免本等解一次，四舉者補下州文學，五舉者補廸功郎。由是而觀，不惟親疏無別，而異姓反優于同姓，天子之子孫，反不若公卿大夫之子孫。痛念昔者，是璽之亡，宗室與之俱亡，而異姓自若也。

【八】豈頑鈍亡恥者可擢也　「擢」，稗海本、學津討原本作「攫」。

【九】今李成之以守誠而死　「成」、「誠」，稗海本、學津討原本、涵芬樓本作「誠」、「城」。

【一〇】願大司成續而授之　「續」原闕，據稗海本、學津討原本、涵芬樓本補。「授」，稗海本、學津討原本、涵芬樓本作「壽」。

【一一】休戚生焉　「生」，稗海本、學津討原本作「先」。

【一二】通籍免舉　「舉」，稗海本、學津討原本作「解」。

今日是璽之得，推恩異姓，種種優渥，而同姓則反薄其恩。憂則與之同憂，喜則不與之同喜，人情豈如是乎？況比年科甲，已非若祖宗之優，今日恩霈，又非若祖宗之厚。凡我國家，有一毫恩及同姓者，日以朘削，王家枝葉，翦伐弗卹，是皆權要之私憾耳。投鼠忌器，何忍于斯，興言及此，涕淚交垂，識者旁觀，寧不感動。中興以來，推恩同姓，止有一舉兩舉之分，初無四舉五舉之别，止有將仕免省之異，初無文學廸功之名。累朝是守，按爲典章。經今百年，未嘗輒變【一三】。今來五舉與廸功郎，四舉與文學，其視免省，何啻倍蓰。而省試僅以六十五名爲額，來歲以免解到省者，其數甚多。是雖當免舉，實殿舉也，殆與其他免解受實惠者，萬萬不侔。我輩當念祖父淪亡之痛，協心戮力，仰扣廟堂，體念同姓，舉行舊典。勿以事已定而沮其志，勿以天聽高而泯其説。使我輩得以慰祖父九地之靈，而子孫得蒙國家無窮之福，宗英其念之。」是時不轉官賞者，朝中士惟陳貴謙、陳宓。在學不願推恩者，茅彙征一人而已。

按「恭膺天命之寶」，真宗初即位所製，其後每朝效之，易世則藏之【一四】。靖康之變，金人取玉寶十有四以去，此寶居其二焉。其一則哲宗元符三年所製，其一則欽宗靖康元年所製也。及金人内亂南遷，寶玉多爲蒙古所取。當時識者，謂此物不宜鋪張。是以參政鄭昭先有可弔不可賀之論。時學士院權直盧祖皋草詔，乃徑用元符故事，殊不知哲宗以元符元年進寶，至三年崩，識者憂之。今以嘉定十五年受寶，至十七年閏八月而寧宗

【一三】未嘗輒變　「嘗」，稗海本、學津討原本作「敢」。

【一四】易世則藏之　「之」，涵芬樓本作「去」。

崩。事有適相符者，敢併紀于此云。

鬼車鳥

鬼車，俗稱九頭鳥，陸長源《辨疑志》又名渠逸鳥。世傳此鳥昔有十首，爲犬噬其一，至今血滴人家，能爲灾咎。故聞之者，必叱犬滅燈，以速其過。澤國風雨之夕，往往聞之。六一翁有詩，曲盡其悲哀之聲，然鮮有覩其形者。

淳熙間，李壽翁守長沙日，嘗募人捕得之。身圓如箕，十脰環簇。其九有頭，其一獨無，而鮮血點滴，如世所傳。每脛各生兩翅【一五】，當飛時，十八翼霍霍競進，不相爲用，至有爭拗折傷者。

景定間，周漢國公主下降，賜第嘉會門之左，飛樓複道，近接禁籞。貴主嘗得疾，一日正晝，忽有九頭鳥踞主第擣衣石上，其狀大抵類野梟而大如箕。哀鳴啾啾，略不見憚，命弓射之，不中而去。是夕主薨，信乎其爲不祥也，此余親聞之副騑云。

蘭亭詩

永和蘭亭禊飲集者四十二人，人各賦詩，自右軍而下十一人，各成兩篇，郄曇、王豐而下十五人，各成一篇，然亦不過四言兩韻，或五言兩韻耳。詩不成而罰觥者十有六人，然

【一五】每脛各生兩翅　「脛」，稗海本、學津討原本作「脰」。

其間如王獻之輩，皆一世知名之士，豈終日不能措一辭者。黄徹謂古人持重自惜，不輕率爾，恐貽久遠之譏，故不如不賦之爲愈耳。

余則以爲不然，蓋古人意趣真率，是日適無興不作，非若後世喋喋然，强聒於杯酒間以爲能也。史載獻之嘗與兄徽之、操之俱詣謝安，二兄多言，獻之寒温而已。既出，客問優劣，安曰：「小者佳。吉人之辭寡，以其少言，故云。」今王氏父子羣從咸集，而獻之詩獨不成，豈不平日静退之故邪！

著書之難

著書之難尚矣。近世諸公多作攷異、證誤。糾繆等書，以雌黄前輩，該贍可喜，而亦互有得失，亦安知無議其後者。程文簡著《演繁露》初成，高文虎炳如嘗假觀，稱其博贍。虎子似孫續古，時年尚少，因竊窺之。越日，程索回元書，續古因出一帙曰《繁露詰》，其間多文簡所未載，而辨證尤詳。文簡雖盛賞之，而心實不能堪。或議其該洽有餘，而輕薄亦太過也。

雖温公著《通鑑》，亦不能免此。若漢景帝四年内，日食皆誤書於秋夏之交，甚至重復書楊彪賜之子於一年之間。至朱文公修《綱目》，亦承其誤而不自覺，而《綱目》之誤尤甚。唐肅宗朝，直脱二年之事。又自武德八年以後，至天祐之季，甲子並差。蓋紀載編摩，條目浩博，勢所必至，無足怪者。

劉義仲【一六】，道原之子也。道原以史學自名，羲仲世其家學，摘歐公《五代史》之訛說，爲《糾謬》一書，以示坡公，公曰：「往歲，歐公著此書初成，荆公謂余曰：『歐公修《五代史》而不修《三國志》，非也，子盍爲之乎？』余因辭不敢當。夫爲史者，網羅數千百載之事，以成一書，其間豈無小得失邪？余所以不敢當荆公之託者，正畏如公之徒，掇拾於先後耳。」

《揮麈録》云：「蜀人吴縝初登第，請於文忠，願預官屬，公不許，因作《糾誤》。」豈別一書邪？

安南國王

安南國王陳日煚者【一七】，本福州長樂邑人，姓名爲謝升卿。少有大志，不屑爲舉子業。間爲歌詩，有云：「池魚便作鵾鵬化，燕雀安知鴻鵠心。」類多不羈語。好與博徒豪俠游，屢竊其家所有，以資妄用，遂失愛於父。其叔乃特異之，每加回護。會兄家有姻集，羅列器皿頗盛，至夜，悉席卷而去，往依族人之仕於湘者【一八】。至半途，呼渡，舟子所須未滿，毆之，中其要害。舟遽離岸，謝立津頭以俟。聞人言舟子殂，因變姓名逃去。至衡，爲人所捕。適主者亦閩人，遂陰縱之。至永州，久而無聊，授受生徒自給。

【一六】劉義仲　「義」原作「羲」，據稗海本、《宋史》卷四四四《劉恕傳》改。

【一七】安南國王陳日煚者　「煚」原作「照」，據《宋史》卷四二《理宗紀二》、卷四八八《交阯傳》改。

【一八】往依族人之仕於湘者　「湘」，稗海本、學津討原本作「湖」。

永守林岊，亦同里，頗善里人【一九】。居無何，有邕州永平寨巡檢過永【二〇】，一見奇之，遂挾以南。寨居邕、宜間，與交趾鄰近。境有棄地數百里，每博易，則其國貴人皆出爲市。國相乃王之壻，有女亦從而來，見謝美少年，悦之，因請以歸。令試舉人，謝居首選，因納爲壻。其王無子，以國事授相。相又昬老，遂以屬壻，以此得國焉。自後，屢遣人至閩訪其家，家以爲事不可料，不與之通，竟以歲久難以訪問返命焉。其事得之陳合惟善僉樞云。

賈氏前兆

賈師憲柄國日，嘗夢金紫人相迎逢，旁一客謂之曰：「此人姓鄭，是能制公之死命。」時大璫鄭師望方用事，意疑其人，且姓與夢合，於是竟以他故擯逐之。及魯卷失律，遠謫南荒，就紹興差官押送，則本州推官沈士圭【二一】，攝山陰尉鄭虎臣也。鄭，武弁，嘗爲賈所惡，適有是役，遂甘心焉。

賈臨行，置酒招二人，歷言前夢，且祈哀徼芘云：「向在維揚日，襄、鄧間有人善相。一日來，值其跣卧，因歎惜再三。私謂客曰：『相公貴極人臣，而足心肉陷，是名候形【二二】，恐異時不免有萬里行耳。』是知今日竄逐之事，雖滿盈招咎，葢亦有數存焉。」及抵清漳之次日，泣謂押行官曰：「某夜來夢大不祥，纔離此地，必死無疑，幸保全之。」遂

【一九】頗善里人　「里人」，稗海本、學津討原本作「遇之」。

【二〇】有邕州永平寨巡檢過永　「平」原作「年」，據稗海本、學津討原本改。

【二一】則本州推官沈士圭　「圭」，稗海本、學津討原本作「珪」。

【二二】是名候形　「候」，稗海本、學津討原本作「猴」。

連三日，逗遛不行，而官吏追促之。離城五里許，小泊木綿菴，竟以疾殂，或謂虎臣有力焉。

先是，林僉樞存孺父爲賈所擯，謫之南州，道死於漳。漳有富民，蓄油杉甚佳。林氏子弟欲求，而價穹不可得，因撫其木曰：「收取，收取，待留與賈丞相自用。」蓋一時憤恨之語耳。至是，郡守與之經營，竟得此物以斂，可謂異矣。死生禍福，皆有定數，不可幸免也如此。事親聞之沈士圭云。

明堂不乘輅

度宗咸淳壬子歲，有事於明堂。先一夕，上宿太廟。至晚，將登輅，雨忽驟至【一三】。大禮使賈似道欲少俟，而攝行宮使帶御器械胡顯祖請用開禧之例，却輅乘輦，上性躁急，遽從之。閤民吏曹垓竟引攝禮部侍郎陳伯大、張志立奏中嚴外辦，請上服通天冠，絳紗袍，乘逍遥輦入和寧門。似道以爲既令百官常服從駕，而上乃盛服，不可。顯祖謂泥路水深，決難乘輅。既而雨霽，則上已乘輦而歸矣。既肆赦，似道即上疏出關，再疏言：「嘉定間，三日皆雨，亦復登輅。用嘉定例尚放淳熙，用開禧之例，則是韓侂胄之所爲。深恐萬世之下，以臣與侂胄等。」於是必欲求去，而伯大、志立亦待罪，顯祖竟從追削，送饒州居住，曹垓黥斷，其子大中爲閤職，亦降謫江陰。顯祖本太常寺禮直官，以女爲美人，故驟

【一三】雨忽驟至　「雨」原作「南」，據稗海本、學津討原本、涵芬樓本改。

遷至此云。未幾，有旨，美人胡氏追毁内命婦告，送妙淨寺削髮爲尼。然踐蜀忌器，或以爲過。似道凡七疏辭位，竟出居湖曲賜第，用吕公著、喬行簡典故焉。

按淳熙乙亥，明堂致齋太廟，而大雨終日。夜有旨："來早更不乘輅，止用逍遥子詣文德殿致齋。應儀仗排立並放免，從駕官常服以從。"大禮使趙雄密令勿放散，上聞之曰："若不霽，何施面目。"雄語人曰："不過罪罷出北關耳。"黄昏後雨止，中夜，内侍思恭傳旨御史臺、閤門、太常寺，仍舊乘輅，應有合行排辦事件，疾速施行。十五日拂明雨止，乘輅而歸。葢自有典故，清切如此。而顯祖不知出此，乃妄援開禧韓侂胄當國時故事，故時相怒之尤甚也。

賈氏園池

景定三年正月，詔以魏國公賈似道有再造功，命有司建第宅家廟，賈固辭，遂以集芳園及緡錢百萬賜之。園故思陵舊物，古木壽藤，多南渡以前所植者。積翠回抱，仰不見日，架廊疊磴，幽眇逶迤，極其營度之巧。猶以爲未也，則隧地通道，抗以石梁。旁透湖濵，架百餘楹。飛樓層臺，涼亭燠館，華邃精妙。前揖孤山，後據葛嶺，兩橋映帶，一水横穿，各隨地勢以構築焉。堂榭有名者曰蟠翠、古松。雪香、古梅。翠岩、奇石。倚繡、雜花。挹露、海棠。玉蘂、瓊花荼蘼。清勝，假山。已上集芳舊物。高宗御扁「西湖一曲」、「奇勳」。理宗御書「秋壑」、「遂初客堂【二四】」。度宗御書「初陽精舍」、「熙然臺」、「砌臺」。山之椒曰「無邊風月」、「見天地心」。水之濱曰「琳琅步」、「歸舟」、「早船」。通名之曰「後樂園」。四世家廟，則居第之左焉。廟有記，一時名士擬作者數十，獨取平舟楊公棟者刊之石。又以爲未足，則於第之左數百步瞰湖作別墅，曰光禄閣【二五】、春雨觀、養樂堂、嘉生堂。千頭木奴，生意瀟然，生物之府，通名之曰「養樂園」。其旁則廖羣玉之香月鄰在焉。又於西陵之外，樹竹千挺，架樓臨之，曰秋水觀、第一春、梅思【二六】、判船亭側【二七】，通謂之水竹院落焉。後復葺南山水樂洞，賜園有聲在堂、介堂、愛此、留照、獨喜、玉淵、漱石、宜晚，上下四方之宇諸亭，據勝專奇，殆無遺策矣。

其後，志之郡乘，從而爲之辭曰：「園囿一也，有藏歌貯舞，流連光景者；有曠志怡神，蜉蝣塵外者；有澄想遐觀，運量宇宙，而游特其寄焉者。嘻！使園囿常興而無廢，天下常治而無亂，非後天下之樂而樂者其誰能？」嗚呼！當時爲此語者，亦安知俯仰之間，遽有荒田野草之悲哉！昔陸務觀作《南園記》於中原極盛之時，當時勉之以仰畏退休【二八】。今賈氏當國十有六年，諛之者惟恐不極其至，況敢幾微及此意乎？近世以詩弔之者甚衆，吴人湯益一詩，頗爲人所稱云：「檀板歌殘陌上花，過牆荆棘刺檐牙。指揮已失鐵如意，賜予寧存玉辟邪。敗屋春歸無主燕，廢池雨産在宮蛙。木綿菴外尤愁絶，月黑夜深聞鬼車。」李彭老一絶云：「瑶房錦榭曲相通，能幾番春事已空。惆悵舊時吹笛

【二四】遂初客堂　「客」，稗海本、學津討原本、涵芬樓本作「容」。

【二五】曰光禄閣　「禄」，稗海本、學津討原本作「漾」。

【二六】梅思　「思」，稗海本、學津討原本作「塢」。

【二七】判船亭側　「判」，稗海本、學津討原本、涵芬樓本作「剡」。

【二八】當時勉之以仰畏退休　「當時」，稗海本作「尚能」。「仰」，稗海本、學津討原本作「抑」。

處，隔窗風雨剥青紅。」

子固類元章

諸王孫趙孟堅字子固，號彝齋，居嘉禾之廣陳。脩雅博識，善筆札，工詩文，酷嗜法書。多藏三代以來金石名蹟，遇其會意時，雖傾囊易之不靳也。又善作梅竹，往往得逃禪、石室之妙，於山水爲尤奇，時人珍之。襟度瀟爽，有六朝諸賢風氣，時比之米南宫，而子固亦自以爲不歉也【二九】。東西薄遊，必挾所有以自隨。一舟横陳，僅留一席爲偃息之地，隨意左右取之，撫摩吟諷，至忘寢食。所至，識不識望之，而知爲米家書畫船也。

庚申歲，客輦下，會菖蒲節，余偕一時好事者邀子固，各携所藏，買舟湖上，相與評賞。飲酣，子固脱帽，以酒晞髮，箕踞歌《離騷》，旁若無人。薄暮，入西泠，掠孤山，艤櫂茂樹間。指林麓最幽處瞪目絶叫曰：「此真洪谷子、董北苑得意筆也。」鄰舟數十，皆驚駭絶歎，以爲真謫仙人。

異時，蕭千岩之姪滚【三〇】，得白石舊藏五字不損本《禊敍》，後歸之俞壽翁家。子固復從壽翁善價得之，喜甚，乘舟夜汎而歸。至霅之弁山【三一】，風作舟覆，幸值支港，行李衣衾，皆渰溺無餘。子固方被濕衣立淺水中，手持《禊帖》示人曰：「《蘭亭》在此，餘不足介意也。」因題八言於卷首云：「性命可輕，至寶是保。」蓋其酷嗜雅尚，出於天性如此。

【二九】而子固亦自以爲不歉　「歉」原作「嫌」，據稗海本、學津討原本、涵芬樓本改。

【三〇】蕭千岩之姪滚　「姪」原作「妖」，據學津討原本、涵芬樓本改。

【三一】至霅之弁山　「弁」原作「昇」，據稗海本改。

後終於提轄左帑，身後有嚴陵之命。其帖後歸之悦生堂，今復出人間矣。噫！近世求好事博雅如子固者，豈可得哉！

陳用賓夢放翁詩

陳觀國字用賓【三二】，永嘉勝士也。丙戌之夏，寓越，夢訪余於杭。壁間有古畫數幅，巖壑聳峭，竹樹茂密，瀑飛絶巘，匯爲大池。池中菡萏方盛開，一翁曳杖坐巨石上，仰瞻飛鶴翔舞。煙雲空濛中，髣髴有字數行，體雜章草。其詞曰：「水聲兮激激，雲容兮茸茸。千松拱緑，萬荷奏紅【三三】。爰宅兹巖，以逸放翁。屹萬仞與世隔，峻一極而天通。予乃控野鶴，追冥鴻，往來乎蓬萊之宫。披海氛而一笑，以觀九州之同。」旁一人指云：「此放翁詩也。」用賓驚寤【三四】，亟書以見寄。詩語清古，非思想之所及，異哉！

漢以前驚蟄爲正月節

余嘗讀班史《歷》，至周三月二日庚申驚蟄，而有疑焉。蓋周建子爲歲首，則三月爲寅，今之正月也。雖今歷法亦有因置閏而驚蟄在寅之時，然多在既望之後，不應在月初而言二日庚申也。及攷《月令章句》，孟春以立春爲節，驚蟄爲中。又自危十度至壁八度【三五】，謂之豕韋之次，立春、驚蟄居之，衛之分野。自壁八度至胃一度，謂之降婁之次，

【三二】陳觀國字用賓　「字」原作「子」，據稗海本、學津討原本、涵芬樓本改。

【三三】萬荷奏紅　「奏」，稗海本、學津討原本作「凑」。

【三四】用賓驚寤　「用」原闕，據稗海本、學津討原本、涵芬樓本補。

【三五】又自危十度至壁八度　「壁」原作「璧」，據稗海本改。

雨水、春分居之，魯之分野。然後知漢以前，皆以立春爲正月節，驚蟄爲中，雨水爲二月節，春分爲中也。至後漢始以立春【三六】、雨水、驚蟄、春分爲序。《爾雅》，師古於驚蟄註云：「今日雨水，於夏爲正月，周爲三月。」於雨水註云：「今日驚蟄，夏爲二月，周爲四月。」蓋可見矣。《史記·曆書》，亦爲孟春冰泮啓蟄。《左傳》桓公五年，啓蟄而郊。杜氏註以爲夏正建寅之月，疏引《夏小正》曰正月啓蟄。故漢初啓蟄爲正月中，雨水爲二月節。及太初以後【三七】，更改氣名，以雨水爲正月中，驚蟄爲二月節，以至於今。由是觀之，自三代以至漢初，皆以驚蟄爲正月中矣。又漢以前，穀雨爲三月節，清明爲三月中，亦與今不同。並見《前志》。

后夫人進御

梁國子博士清河崔靈恩撰《三禮義宗》，其説博覈。其中有后、夫人進御之説甚詳，謾摭於此，以助多聞云。

凡夫人進御之義，從后而下十五日徧【三八】。其法自下而上，象月初生，漸進至甚【三九】，法陰道也。然亦不必以月生日爲始，但法象其義所知。其如此者，凡婦人陰道，晦明是其所忌。故古之君人者，不以月晦及望御於内。晦者陰滅，望者爭明【四〇】，故人君尤慎之。《春秋傳》曰：「晦淫惑疾，明淫心疾，以辟六氣。」故不從月之始，但放月之生

【三六】至後漢始以立春　「至後漢」原作「後漢至」，據稗海本、學津討原本、涵芬樓本改。

【三七】及太初以後　「太」原作「天」，據學津討原本、涵芬樓本改。

【三八】從后而下十五日徧　「后」原作「後」，「徧」原作「偏」，據稗海本、學津討原本、涵芬樓本改。

【三九】漸進至甚　「甚」，稗海本、學津討原本、涵芬樓本作「盛」。

【四〇】望者爭明　「明」原作「名」，據稗海本、涵芬樓本改。

耳。其九嬪已下，皆九人而御，八十一人爲九夕。世婦二十七人爲三夕，九嬪九人爲一夕【四一】，夫人三人爲一夕，凡十四夕。后當一夕，爲十五夕。明十五日則后御，十六日則后復御，而下亦放月以下漸就於微也。諸侯之御，則五日一偏【四二】。亦從下始，漸至於盛，亦放月之義。其御則從姪娣而迭爲之御，凡姪娣六人當三夕，二媵當一夕，凡四夕。夫人專一夕爲五夕【四三】，故五日而偏，至六日則還從夫人，如后之法。孤卿大夫有妾者，二妾共一夕，内子專一夕。士有妾者，但不得專夕而已，妻則專夕。凡九嬪已下，女御已上，未滿五十者，悉皆進御，五十則止。后及夫人不入此例，五十猶御。故《内則》云：「妾年未滿五十者，必與五日之御。」則知五十之妾，不得進御矣。卿、大夫、士妻進御之法，亦如此也。

有喪不舉茶託

凡居喪者，舉茶不用託，雖曰俗體，然莫曉其義。或謂昔人託必有朱，故有所嫌而然，要必有所據。宋景文《雜記》云：「夏侍中薨於京師，子安期他日至館中，同舍謁見，舉茶託如平日，衆頗訝之。」又平園《思陵記》載，阜陵居高宗喪，宣坐、賜茶，亦不用託。始知此事流傳已久矣。

【四一】九嬪九人爲一夕　「夕」原闕，據稗海本、學津討原本、涵芬樓本補。

【四二】則五日一偏　「偏」原作「徧」，據稗海本、學津討原本、涵芬樓本改。下同。

【四三】夫人專一夕爲五夕　「五夕」原作「五」，據稗海本、學津討原本、涵芬樓本改。

清涼居士詞

韓忠武王以元樞就第，絕口不言兵，自號清涼居士。時乘小騾，放浪西湖泉石間。一日，至香林園，蘇仲虎尚書方宴客，王徑造之，賓主歡甚，盡醉而歸。明日，王餉以羊羔，且手書二詞以遺之。《臨江仙》云：「冬日青山瀟灑靜，春來山暖花濃，少年衰老與花同。世間名利客，富貴與貧窮。　榮華不是長生藥，清閑不是死門風，勸君識取主人公。單方只一味，盡在不言中。」《南鄉子》云：「人有幾何般，富貴榮華總是閒。自古英雄都是夢，爲官，寶玉妻兒宿業纏。　年事已衰殘，鬢鬢蒼蒼骨髓乾。不道山林多好處，貪歡，只恐癡迷悞了賢。」

王生長兵間，未能知書【四四】。晚歲忽若有悟，能作字及小詞。詩詞皆有見趣，信乎非常之才也。

【四四】未能知書　稗海本、學津討原本、涵芬樓本作「初不能書」。

卷二十

岳武穆御軍

岳鵬舉征羣盜，過廬陵，託宿廛市。質明，爲主人汛埽門宇，洗滌盆盎而去。郡守供帳，餞别于郊。師行將絶，謁未得通。問大將軍何在，殿者曰：「已雜偏裨去矣。」其嚴肅如此，真可謂中興諸將第一。周洪道爲追復制詞有云：「事上以忠，至不嫌于辰告；行師有律，幾不犯于秋毫。」蓋實録也。辰告者，謂岳嘗上疏請建儲云。

莫氏别室子

吴興富翁莫氏者，暮年忽有婢作娠。翁懼其嫗妬，且以年邁慙其子婦若孫，亟遣嫁之。已而得男，翁時歲給錢米繒絮不絶。其夫以鬻粉羹爲業，子稍長，詅羹于市。且十餘歲，莫翁告殂，里巷羣不逞遂指爲奇貨，悉造婢家唁之。婢方哭，則謂之曰：「汝富貴至矣，何以哭爲？」問其説，乃曰：「汝之子，莫氏也。其家田園屋業，汝子皆有分，盍歸取之，不聽，則訟之可也。」其夫婦皆曰：「吾固知之，奈貧無資何？」曰：「我輩當貸汝。」

即爲作數百千文約，且曰：「我爲汝經營，事濟則歸我。」然實無一錢，止爲作衰服被其子，使往，且戒曰：「汝至靈幃，則大慟且拜，拜訖可亟出。人問汝，謹勿應，我輩當伺汝于屋左其家，即當告官可也。」其子謹受教。

既入其家，哭且拜，一家駭然辟易。嫗駡，欲毆逐之。莫氏長子亟前曰：「不可，是將破吾家。」遂抱持之曰：「汝非花樓橋賣羹之子乎？」曰：「然。」遂引拜其母曰：「此，母也，吾乃汝長兄也，汝當拜。」又遍指其家人曰：「此爲汝長嫂，此爲次兄若嫂，汝皆當拜。」又指云：「此爲汝長姪，此爲次姪，汝當受拜。」既畢，告去，曰：「汝，吾弟，當在此撫喪【一】，安得去。」即命櫛濯，盡去故衣，便與諸兄弟同寢處【二】。已，又呼其所生，喻之以月廩歲衣如翁在日，且戒以非時毋輒至，亦欣然而退。

羣小方聚委巷茶肆俟之，久不至。既而物色之，乃知已納，相視大沮，計略不得施。他日，投牒持券，訴其子負貸錢。郡逮莫嫗及其子問之，遂備陳首尾。太守唐少劉掾歎服曰【三】：「其子可謂有高識矣【四】。」於是盡以羣小具獄，杖脊編置焉。詅，力丁切，衒聲也。

耆英諸會

前輩耆年碩德，閒居里舍【五】，放從詩酒之樂【六】，風流雅韻，一時歆羡。後世想慕，繪而爲圖，傳之好事，蓋不可一二數也。今姑據其表表者于此【七】，致景行仰止之意云。

【一】當在此撫喪　「撫」，稗海本作「執」。
【二】便與諸兄弟同寢處　「便」，稗海本作「易新衣使」。
【三】太守唐少劉掾歎服曰　「劉」，稗海本、學津討原本作「尉」。「掾」，稗海本、學津討原本作注文小字「象」。
【四】其子可謂有高識矣　「有高識」，稗海本作「孝義」。
【五】閒居里舍　「舍」，稗海本、學津討原本作「社」。
【六】放從詩酒之樂　「放」，稗海本、學津討原本作「游」。
【七】今姑據其表表者于此　「據」，稗海本、學津討原本作「摭」。

唐香山九老，則集于洛陽，樂天序之。胡杲、懷州司馬，年八十九。吉文【八】、衛尉卿致仕，八十八【九】。劉真、滋州刺史，八十七【一〇】。鄭據、龍武長史，八十五【一一】。盧真【一二】、侍御史內供奉，八十三【一三】。張潭【一四】、永州刺史，八十七【一五】。白居易，邢部尚書致仕，七十四。所謂七人五百八十四者是也。又續會者二人，李元爽、洛中遺老，百三十六歲【一六】。僧如滿，九十五。或又云狄兼謨、秘書監。盧真河南尹。二人【一七】。以年未七十，雖與會而不及列云。

宋至道九老，則集于京師。張好問、太子中允，八十五。李運、太常少卿，八十。宋祺、丞相，七十九。武允成【一八】、廬州節度副使，七十九【一九】。吴僧贊寧、七十八。魏丕【二〇】、郢州刺史，七十六。楊嶶之、諫議大夫，七十五。朱昂、水部郎中，七十一【二一】。李昉，故相，七十。然此集竟不成。至和五老則杜衍、丞相，祁國公，八十。王渙、禮部侍郎，九十。畢世長，司農卿，九十四【二二】。朱貫，兵部郎中，八十八。馮平。駕部郎中，八十八。時錢明逸留鑰睢陽，爲之圖象而序之。

元豐洛陽耆英會凡十有二人。富弼、丞相，韓國公，七十九【二三】。文彦博、丞相，潞國公，七十七。席汝言、司封郎中，七十七。王尚恭、朝議大夫，七十六。趙丙、太常少卿，七十五。劉凡【二四】、秘書監，七十五。馮行己、衛州防御使，七十五。楚建中、天章待制，七十三【二五】。王謹言、司農卿，七十三【二六】。王拱辰、檢校太尉，判大名府，以家居洛，願寓名會中，七十一。張問、大中大夫，龍圖直閣，七十。司馬光。端明學士，兼翰林侍讀學士【二七】，六十四。用唐狄兼謨故事預焉【二八】，温公序之，圖形妙覺僧舍，其後又改爲真率會云。

【八】吉文　「文」，稗海本作「皎空」，學津討原本作「旼」，涵芬樓本作「皎」。

【九】八十八　學津討原本、涵芬樓本作「八十六」。

【一〇】滋州刺史八十七　「滋」，稗海本、學津討原本、涵芬樓本作「磁」。「七」，學津討原本、涵芬樓本作「二」。

【一一】龍武長史八十五　「龍武」，稗海本作「龍武軍」。「五」，學津討原本、涵芬樓本作「四」。

【一二】盧真　「真」，稗海本作「貞」，學津討原本作「慎」。

【一三】八十三　「三」，學津討原本、涵芬樓本作「二」。

【一四】張潭　「潭」，涵芬樓本作「渾」。

吴興六老之會，則慶曆六年集于南園。郎簡、工部侍郎，七十九【二九】。范説【三〇】、司封員外，八十六【三一】。張維、衛尉寺丞，九十一【三二】，都官張先之父。劉餘慶、殿中丞，九十二，述仲之父【三三】。周守中、大理寺丞，九十【三四】，頌之父。吴琰。大理寺丞，七十二，知幾之父。時太守馬尋主之，胡安定教授湖學，爲之序焉。

吴中則元豐有十老之集，爲盧革、大中大夫，八十二。黄挺、奉議郎，八十二。程師孟、正議大夫，集賢修撰，七十七。鄭方平、朝散大夫，七十二。閭丘孝終、朝議大夫，七十三。章岵、蘇州太守，七十三。徐九思、朝請大夫，七十三。徐師閔、朝議大夫，七十三【三五】。崇大年、承議郎，七十一。張詵。龍圖直學，七十。米芾元章爲之序焉。

紇石烈子仁詞

開禧用兵，金人元帥紇石烈子仁領兵據濠梁，大書一詞於濠之倅廳壁間。詞名《上平南》，即《上西平》之調，云：「蠆鋒摇，螳臂振，舊盟寒。恃洞庭彭蠡狂瀾。天兵小試，百蹄一飲楚江乾【三六】。捷書飛上九重天，春滿長安。舜山川，周禮樂，唐日月，漢衣冠。洗五州妖氣關山。已平全蜀，風行何用一泥丸。有人傳喜日邊，都護先還。」子仁，蓋女真之能文者，故敢肆言無憚如此。

【一五】八十七　「八」，稗海本作「七」。

【一六】百三十六歲　「百」原作「九」，據稗海本、學津討原本、涵芬樓本改。

【一七】盧真二人　「真」，稗海本、學津討原本、涵芬樓本作「貞」。

【一八】武永成　「永成」，稗海本作「成允」，學津討原本作「允成」。

【一九】七十九　「十」原作「上」，據稗海本、學津討原本、涵芬樓本改。

【二〇】魏丕　「丕」原作「石」，據《宋史》卷二六五《李昉傳》改。

【二一】七十一　「一」原作「七」，據稗海本、學津討原本、《宋史》卷二六五《李昉傳》改。

讀書聲

昔有以詩投東坡者，朗誦之而請曰：「此詩有分數否？」坡曰：「十分。」其人大喜。坡徐曰：「三分詩，七分讀耳。」此雖一時戲語，然涪翁所謂「南窗讀書吾伊聲」，蓋善讀書者，其聲正自可聽耳。

王沔字楚望，端拱初，參大政。上每試舉人，多令沔讀試卷。沔素善讀，縱文格下者，能抑揚高下，迎其辭而讀之，聽者忘厭。凡經讀者，每在高選。舉子凡納卷者，必祝之曰：「得王楚望讀之，幸也。」若然，則善於讀者，不爲無助焉。

劉長卿詞

劉震孫長卿號朔齋。知宛陵日，吴毅夫潛丞相方閒居，劉日陪五橋之游【三七】，奉之亦甚至。嘗携具開宴，自撰樂語一聯云：「入則孔明，出則元亮，副平生自許之心【三八】，兄爲東坡，弟爲欒城，無晚歲相違之恨。」毅夫大爲擊節。

劉後以召還，吴餞之郊外，劉賦《摸魚兒》一詞爲别，末云：「怕緑野堂邊，劉郎去後，誰伴老裴度。」毅夫爲之揮淚。繼遣一价，追和此詞，併以小匳侑之，送數十里外。啓之，精金百星也。前輩憐才賞音如此，近世所無。

【二二】九十四　「十」原作「上」，據稗海本、學津討原本、涵芬樓本改。

【二三】七十九　「九」原作「五」，據稗海本、學津討原本、涵芬樓本改。

【二四】劉凡　「凡」原本「几」，據《温國文正司馬公文集》卷六五《洛陽耆英會序》改。

【二五】七十三　「三」原闕，據稗海本、學津討原本、涵芬樓本補。

【二六】司農卿七十三　「卿」，稗海本作「少卿」。「三」，稗海本、學津討原本作「二」。

【二七】兼翰林侍讀學士　「侍讀」原闕，據稗海本、《宋史》卷三三六《司馬光傳》補。

【二八】用唐狄兼謨故事預焉　「預焉」原闕，據稗海本補。

【二九】七十九　「九」原作「七」，據稗海本、本書卷一五《張氏十咏圖》改。

【三〇】范説　「説」原作「鋭」，據稗海本、本書卷一五《張氏十咏圖》改。

【三一】八十六　「八」原作「六」，據稗海本、本書卷一五《張氏十咏圖》改。

【三二】九十一　「一」原作「七」，據稗海本、本書卷一五《張氏十咏圖》改。

【三三】述仲之父　「述仲之」，涵芬樓本作「述之仲」。

【三四】九十　本書卷一五《張氏十咏圖》作「九十五」。

【三五】七十三　「三」，稗海本作「二」。

【三六】百蹄一飲楚江乾　「百」，稗海本、學津討原本作「萬」。

慶元開慶六士【三九】

慶元間，趙忠定去國，太學生周端朝、張衜、徐範、蔣傳、林仲麟、楊宏中，以上書屏斥，遂得六君子之名。開慶間，丁大全用事，以法繩多士，陳宜中與權、劉黼聲伯、黄鏞器之、林則祖興周、曾唯師孔、陳宗正學，亦以上書得譴，號六君子。

至景定初，時相欲收士譽，悉上春官，并擢高第，時議或有異論。既而林則祖、陳宗先死，曾屢遭黜。三公者，相繼召試，居言路，出藩入從。咸淳癸酉間，聲伯自海閫召爲從官翰苑，與權自閩帥擢秋官居鎖闥，器之起家知廬陵兼倉部【四〇】。是歲六月，正言郭閶劾器之云：「虚名多足以誤世，實德乃可以服人。」又云：「黄鏞偶儕六士，遂得虚名，昨守吴門，怪狀百出。愧士不敢謁學，畏軍不敢閲武。暨綰郡符，復兼庾節，怪誕仍不可枚數矣。」

越宿，陳與權入奏曰：「朝廷建官，本欲兼收實用；臣子事上，豈容徒竊虚名。倘公議有及於斯，雖頃刻難安於位。比觀諫坡造膝之抨彈【四一】，斥去廬陵治郡之無狀，一皆公論，何預孤蹤。但首發虚名之誤世，上係國家；而明指六士以修言，已行辭色【四二】。蓋亦謂忝論思之數，將使自知進退之謀，欲乞特畀閑廩【四三】，以穆師言。」詔不允云：「虚名誤世，辭氣若過於抑揚；實德服人，指意則有所歸重。援是求去【四四】，非朕攸聞。」劉聲伯亦一再上疏求去，不允。

郭不自安，乞罷言職者亦再，云：「直言無忌者諫之職，何敢容私；轉喉觸諱者語之窮，安能逆料。惟茲吉守，舊有直聲，惜其預六士之稱，不能終譽如此。今指其兩郡之政，謂之非虛名可乎？二臣何見，相繼引嫌。實自實，虛自虛，人品固難於概論；聞所聞，見所見，事理委無以相干。」亦不允其請。而陳疏至四五，且引書牘之嫌【四五】。御批云：「卿以不必疑之言，而申必欲去之請，如國體何？前詔謂虛名實德，各有所指，蓋盡之矣。書牘引嫌，勿書可也，何以去爲。」於是侍御陳堅節夫、豸官陳過聖觀共爲一疏，乞申諭三臣，各安職守。而黄户書萬石、陳兵書存、常户侍楙、曹禮侍孝慶、倪刑侍曹、高工侍斯得、李右史珏、文左史復之共爲一疏調停之，久而方定。知大體者，殊不然之。事久論定，虛名實德於人，亦可概見矣。

文臣帶左右

紹興以來，文散階皆帶左右字，以別有無出身，惟嘗犯贓者則去之。劉岑季高得罪秦氏【四六】，坐贓廢。後復官，去其左字，季高署銜，不以爲愧也。孫覿仲益亦以贓罪去左字，但自稱晉陵孫某而已。至紹興末，復朝奉郎，乃始署銜。淳熙中，因趙善俊奏，又例去之。

【三七】劉日陪五橋之游　「五」，稗海本、學津討原本、涵芬樓本作「午」。

【三八】副平生自計之心　「計」，稗海本、學津討原本、涵芬樓本作「許」。

【三九】慶元開慶六士　「開慶」原作「開元」，據《宋史》卷四七四《丁大全傳》改。下同。

【四〇】器之起家知廬陵兼倉部　「部」，稗海本作「節」。

【四一】比觀諫坡造膝之抨彈　「比」，稗海本作「頃」。

【四二】已行辭色　「行」，稗海本、學津討原本、涵芬樓本作「形」。

【四三】欲乞特畀閑廩　「畀」，稗海本、學津討原本、涵芬樓本作「界」。

【四四】援是求去　「援」，稗海本作「爰」。

吴興有王孝嚴行先居城西，俗稱爲王團練宅，蓋將種也。以鶡冠登壬辰科，沾沾自喜，以帶左字爲榮。時施士衡得求因忤魏道弼，坐贓失官。素負氣，殊以不帶左字爲恥，而有詔盡出之【四七】。鄉人嘲之曰：「快殺施得求，愁殺王行先。」

馬梁家姬

會稽有富人馬生，以入粟得官，號馬殿幹。喜賓客，有姬美豔能歌，時出佐酒。客有梁縣丞者頗黠，因與之目成。一旦馬生殂，姬出，梁捐金得之。它日，置酒觴客，陳無損益之在坐。酒酣，舉杯屬梁曰：「有儷語奉上。」梁諦聽之，即琅然高唱曰：「昔居殿幹之家，爰喪其馬；今入縣丞之室，毋逝我梁。」一坐大呼笑，而主人憮然不樂。無幾，梁亦死焉。人尤無損之謔戲，然聞者亦可以警也。

山獺治箭毒

世傳補助奇僻之品，有所謂山獺者，不知出於何時。謂以少許磨酒飲之，立驗，然《本草》、《醫方》皆所不載。止見《桂海虞衡志》云：「出宜州溪峒。」峒人云：「獺性淫毒，山中有此物，凡牝獸悉避去。獺無偶，抱木而枯。」峒獠尤貴重之。能解箭毒，中箭者，研其骨少許傅之，立消。一枚直金一兩。或得殺死者，功力劣。抱木枯死者，土人自

【四五】且引書牘之嫌　「牘」原作「讀」，據學津討原本改。下同。

【四六】劉岑季高得罪秦氏　「季」原作「李」，據稗海本、學津討原本、涵芬樓本改。下同。

【四七】而有詔盡出之　「出」，稗海本、學津討原本、涵芬樓本作「去」。

稀得之。然今方術之士，售僞以愚世人者，類以鼠璞、猴胎爲之，雖殺死者，亦未之見也。

周子功嘗使大理，經南丹州，即此物所産之地，其土人號之曰插翹。極爲貴重，一枚直黄金數兩。私貨出界者，罪至死。

方春時，猺女數千【四八】，歌嘯山谷，以尋藥挑菜爲事。獺性淫【四九】，或聞婦人氣，必躍升其身，刺骨而入，牢不可脱，因扼殺而藏之。

土人驗之之法，每令婦人摩手極熱，取置掌心，以氣呵之，即趯然而動，蓋爲陰氣所感故耳。然其地亦不常有，或累數歲得其一，則其人立可致富，宜中州之多僞也。

月忌

俗以每月初五、十四、二十三日爲月忌，凡事必避之【五〇】，其説不經。後見衛道夫云：「聞前輩之説【五一】，謂此三日即《河圖數》之中宫五數耳【五二】，五爲君象，故民庶不可用。」此説頗有理，因圖於此。

四初四，十三，二十二日。　三初三，十二，二十一日。　八初八日，十七日。　九初九日，十八日。　五初五，十四，二十三日。　一初一，初十，十九日。　二初二，十一，二十日。　七初七日，十六日。　六初六日，十五日。

【四八】猺女數千　「千」，稗海本作「十」。

【四九】以尋藥挑菜爲事獺性淫　「爲事獺」原作「獺爲事」，據稗海本、學津討原本、涵芬樓本乙。

【五〇】凡事必避之　「凡事」，稗海本作「出行」。

【五一】聞前輩之説　「聞」原作「問」，「之説」原作「云」，據稗海本改。

【五二】謂此三日即河圖數之中宫五數耳　「謂」，據稗海本補。

張功甫豪侈

張鎡功甫，號約齋，循忠烈王諸孫，能詩，一時名士大夫莫不交游，其園池聲妓服玩之麗甲天下。嘗於南湖園作駕霄亭於四古松間，以巨鐵絙懸之空半而羈之松身。當風月清夜，與客梯登之，飄摇雲表，真有挾飛仙、遡紫清之意。

王簡卿侍郎嘗赴其牡丹會云：「衆賓既集，坐一虛堂，寂無所有。俄問左右云：『香已發未？』答云：『已發。』命捲簾，則異香自内出，郁然滿坐。羣妓以酒肴絲竹，次第而至。别有名姬十輩皆衣白，凡首飾衣領皆牡丹，首帶照殿紅一枝，執板奏歌侑觴，歌罷樂作乃退。復垂簾談論自如，良久，香起，捲簾如前。别十姬，易服與花而出。大抵簪白花則衣紫，紫花則衣鵞黄，黄花則衣紅，如是十杯，衣與花凡十易。所謳者皆前輩牡丹名詞。酒竟，歌者、樂者，無慮數百十人，列行送客。燭光香霧，歌吹雜作，客皆恍然如仙遊也。」

功甫於誅韓有力，賞不滿意。又欲以故智去史，事泄，謫象臺而殂。

台妓嚴蘂

天台營妓嚴蘂字幼芳，善琴奕歌舞、絲竹書畫，色藝冠一時。間作詩詞有新語，頗通古今。善逢迎，四方聞其名，有不遠千里而登門者。

唐與正守台日，酒邊，嘗命賦紅白桃花，即成《如夢令》云：「道是梨花不是，道是杏花不是，白白與紅紅，別是東風情味。曾記、曾記，人在武陵微醉。」與正賞之雙縑。

又七夕，郡齋開宴，坐有謝元卿者，豪士也，夙聞其名，因命之賦詞，以己之姓爲韻。酒方行，而已成《鵲橋仙》云：「碧梧初出【五三】，桂花纔吐，池上水花微謝。穿針人在合歡樓，正月露、玉盤高瀉。　蛛忙鵲嬾，耕慵織倦，空做古今佳話。人間剛道隔年期，指天上【五四】、方纔隔夜。」元卿爲之心醉，留其家半載，盡客囊橐饋贈之而歸【五五】。

其後朱晦菴以使節行部至台，欲摭與正之罪，遂指其嘗與蘂爲濫。繫獄月餘，蘂雖備受箠楚【五六】，而一語不及唐，然猶不免受杖。移籍紹興，且復就越置獄，鞫之，久不得其情。獄吏因好言誘之曰：「汝何不早認，亦不過杖罪。況已經斷，罪不重科，何爲受此辛苦邪？」蘂答云：「身爲賤妓，縱是與太守有濫，科亦不至死罪。然是非真僞，豈可妄言以汙士大夫，雖死不可誣也。」其辭既堅，於是再痛杖之，仍繫於獄。兩月之間，一再受杖，委頓幾死，然聲價愈騰，至徹阜陵之聽。

未幾，朱公改除，而岳霖商卿爲憲【五七】，因賀朔之際，憐其病瘁【五八】，命之作詞自陳。蘂略不搆思，即口占《卜算子》云：「不是愛風塵，似被前緣誤。花落花開自有時，總賴東君主。　去也終須去，住也如何住。若得山花插滿頭，莫問奴歸處。」即日判令從良。繼而宗室近屬，納爲小婦以終身焉。《夷堅志》亦嘗略載其事而不能詳，余蓋得之天台故家云。

【五三】碧梧初出　「出」，稗海本作「墜」。

【五四】指天上　「指」，稗海本、學津討原本作「在」。

【五五】盡客囊橐饋贈之而歸　「橐」原作「臺」，據稗海本、學津討原本、涵芬樓本改。

【五六】蘂雖備受箠楚　「受」原闕，據稗海本、學津討原本、涵芬樓本補。

【五七】而岳霖商卿爲憲　「岳」，稗海本作「丘」。

【五八】憐其病瘁　「病」原作「無病」，「瘁」原作「卒」，據稗海本、學津討原本、涵芬樓本刪改。

閒字義

閒隙之閒，讀若艱，謂有容可入也。閒隔之閒，讀若諫，謂入其閒而隔之也。閒暇之閒，讀若閑，謂其閒有容暇也。閑有防義，故借作閒【五九】，非正字也。《季布傳》：「侍閒，果言如朱家指。」師古曰：「侍，謂侍於天子。閒，謂事務之隙也。」《劉賈傳》：「使人閒招楚大司馬周殷。」顏註：「閒，謂私求閒隙而招之。《漢書》無音。」《史記》閒作去聲。《張良傳》：「嘗閒從容步遊圯上。《漢書》無音。」《索隱》：「閒，閑字也。」《陳平傳》：「身閒行杖劒亡【六〇】，渡河。」《音義》：「閒，紀間反【六一】。」

舟人稱謂有據

余生長澤國，每聞舟子呼造帆曰歡，以牽船之索曰彈平聲。子，稱使風之帆爲去聲，意謂吴諺耳【六二】。及觀唐《樂府》有詩云：「蒲帆猶未織，爭得一歡成【六三】。」而鍾會呼捉船索爲百丈。趙氏註云：「百丈者，牽船篾，内地謂之笪【六四】。音彈。」韓昌黎詩云：「無因帆江水。」而《韻書》去聲内，亦有扶帆切者，是知方言俗語，皆有所據。陸放翁入蜀，聞舟人祠神，方悟杜詩長年三老攤錢之語，亦此類也。

【五九】故借作閒　「故」，稗海本、涵芬樓本作「或」。

【六〇】身閒行杖劒亡　「身閒」原作「聲身閒」，據稗海本、學津討原本、涵芬樓本删改。

【六一】紀間反　「紀」原作「絶」，據稗海本、學津討原本、涵芬樓本改。

【六二】意謂吴諺耳　「吴」原作「吾」，據稗海本、學津討原本、涵芬樓本改。

【六三】爭得一歡成　「歡」原作「般」，據稗海本、學津討原本、涵芬樓本改。

【六四】内地謂之笪　「笪」原作「宣」，據稗海本、學津詩原本、涵芬樓本改。

張仲孚

完顏亮敗盟寇蜀，主將合喜孛堇，張仲孚副之。先是，吴氏守蜀時，專用神臂弓保險。孛堇曰：「昔我軍皆漠北人，故短於弩射。今軍士多河南北人，何不習閱以分而人之長。」遂擇五千人，晝夜習之。一日，設射，於石岩下張宴，以第其中否，岩皆如粉飛墜。酒酣，問仲孚曰：「果何如？」仲孚實秦相陰遣，雖吴氏兄弟，亦不知其謀，每欲勦其族，故金人信之不疑。仲孚欲散其謀，於是繆謂孛堇曰：「用中國人集長丘固善【六五】，第慮一旦反噬，則恐無以制之耳。且我每僉中原兵，常制以女真，正慮此也。」孛堇聞其説甚恐，乃漸散之。自後，和好既成，蜀備久弛，有以吴璘無備告堇，請勁騎數千，先事長驅而入者。仲孚爲蜀危之，又謂孛堇曰：「自四太子時，猶不得蜀，設不如意，出危道也。」堇又爲之止。

其後，璘下秦州，取德勝，所至降附，其力爲多。時王瞻叔駐綿州，總餉事，王剛中爲制帥，治成都。瞻叔請遣重臣鎮蜀，時虞雍公方奏采石功，遂以兵書開宣幙。虞知仲孚不忠本朝，欲顯招之，乃以王爵告命使持與之，仲孚乃徑自屯所歸於虞。

既而雍公捨險，出兵平地，一戰而敗，喪將校七十二人。凡吴璘所下州郡，不能撫有。及致金人責免敵錢，故所在皆叛。而仲孚屢爲畫策，亦不見用。中原之民，以爲誤己，大

【六五】用中國人集長丘固善　「集」，稗海本作「習」。

怒，因不復信之，以至於敗云。

隱語

古之所謂廋詞，即今之隱語，而俗所謂謎。《玉篇》謎字，釋云隱也。人皆知其始於黄絹幼婦，而不知自漢伍舉、曼倩時已有之矣。至《鮑照集》，則有井字謎。自此雜説所載，間有可喜。今擇其佳者著數篇於此，以資酒邊雅談云。

用字謎云：「一月復一月，兩月共半邊。上有可耕之田，下有長流之川。六口共一室，兩口不團圓。」又云：「重山復重山，重山向下懸。明月復明月，明月兩相連。」木玷云：「我本無名，因汝有名。汝有不平，吾與汝平。」日謎云：「晝時圓，寫時方，寒時短，熱時長。」又云：「東海有一魚，無頭亦無尾。除去脊梁骨，便是這箇謎。」染物霞頭云：「身居色界中，不染色界塵。一朝解塵縛【六六】，見姓自分明。」持棊云：「彼亦不敢先，此亦不敢先，惟其不敢先，是以無所爭，是以能入於不死不生。」字點云：「寒則重重疊疊，熱則四散分流。四箇在縣，三箇在州。村裏不見在村裏，市頭不見在市頭。」印章云：「方圓大小隨人，腹裏文章儒雅。有時滿面紅妝，常在風前月下。」金剛云：「立不中門，行不履閾。儼然人望而畏之，斯亦不足畏也矣。」蜘蛛云：「上不在天，下不在田。中心藏之，玄之又玄。」又云：「自東自西，自南自北，無思不服。」

【六六】一朝解塵縛　「塵」，稗海本、學津討原本作「繩」，涵芬樓本作「纏」。

拄仗云：「用之則行，舍之則藏，惟我與爾。危而不持，顛而不扶，則焉用彼。」木屐云：「可以託六尺之孤，可以寄百里之命。遇剛則鏗爾有聲，遇柔則没齒無怨。」蹴踘云：「瞻之在前，忽焉在後。樂然後笑，人不厭其笑。」墨斗云：「我有一張琴，絲絃長在腹。時時馬上彈，彈盡天下曲。」打稻耞云：「天下有道則見，無道則隱。瞻之在前，忽焉在後。」夾註書云：「大底不曾説小底，小底常是説大底，若要知得大底事，須去仔細問小底。」元夕燈球云【六七】：「我有紅圓子，治赤白帶下，每服三五九，臨夜茶酒下。」日曆云：「都來一尺長，上面都是節。兩頭非常冷，中間非常熱。」手指云：「大者兩文，小者三文，十枚共計二十八文。」水中石云：「小時大，大時小。漸漸大，不見了。」或以爲小兒顖門。手巾云：「八尺一片，四角兩面。所識是人面，不識畜生面。」接果云：「斫頭便斫頭，却不教汝死。拋却親生男，却愛過房子。」

又有以今人名藏古人名者云：「人人皆戴子瞻帽，仲長統。君實新來轉一官，司馬遷。門狀送還王介甫，謝安石。潞公身上不曾寒。温彦博。」又有以古詩賦敗弓云：「爭帝圖王勢已傾，無靶。八千兵散楚歌聲，無絃。烏江不是無船渡，無弰。羞向東吴再起兵。無面。」然此近俗矣。若今書會所謂謎者，尤無謂也。

【六七】元夕燈球云　「夕」，學津討原本、涵芬樓本作「宵」。

趙涯

理宗初郊，行事之次，適天雷電以風，黄壇燈燭皆滅無餘，百執事顛沛離次。已而風雨少止，惟子階一陪祠官，雖朝衣被雨淋漓，而儼然不動，理宗甚異之。亟遣近侍問姓名，則趙涯也。時爲京局官，未幾，除監察御史。

書種文種

裴度常訓其子云：「凡吾輩但可令文種無絶。然其間有成功，能致身萬乘之相，則天也。」山谷云：「四民皆坐世業，士大夫子弟能知忠、信、孝、友，斯可矣？然不可令讀書種子斷絶。有才氣者出，便當名世矣。」似祖裴語，特易文種爲書種耳。練兼善嘗對書太息曰【六八】：「吾老矣，非求聞者，姑下後世種子耳。」余家有書種堂，蓋兼取二公之説云。

温公重望

坡公《獨樂園》詩云：「兒童誦君實，走卒知司馬。」京師之貪汙不才者，人皆指笑之曰：「你好箇司馬家。」文潞公留守北京日，嘗遣人入遼偵事回，見遼主大宴羣臣，伶人劇

【六八】練兼善嘗對書太息曰　「嘗」原作「云」，據稗海本、學津討原本、涵芬樓本改。

戲作衣冠者，見物必攫取懷之，有從其後以物朴之【六九】，云：「汝司馬端明邪？」是雖夷狄亦知之，豈止兒童走卒哉！

宣和間，徽宗與蔡攸輩在禁中自爲優戲，上作參軍趨出，攸戲上曰：「陛下好箇神宗皇帝。」上以杖鞭之云：「你也好箇司馬丞相。」是知公論在人心，有不容泯者如此。

陳孝女

陳孝女，錢塘人也。父業儒，嘗受勇爵。漫游江淮間，居胭脂嶺下，家粗給。乙亥，兵火，挈家永嘉山中，悉爲盜所掠，僅留一女十歲，携之丐食以歸。故居蕩不復存，因寄五里塘舊僕家。聞殊勝寺設粥供，日携女子就寺丐食。凡數月，僧扣所以，頗憐之，俾留衆寮供榜疏職。時孫元帥下李知事者，東平人也，頗知書，亦寓寺旁。暇日至寺，必從容與僧談，欲謀一士爲友。僧以陳爲薦，一見投合如久要，館穀加厚，其女亦得其家歡心【七〇】。

居數月，當丁丑仲春【七一】，女子忽謂其父云：「吾母墓在故居側，數年不至矣【七二】。聞主人禁煙將爲湖山遊【七三】，能乘此機，一往拜埽否【七四】？」父以告，李欣然與俱【七五】。既至墓所，拜奠罷，李偕携酒飲旁舍。女悲泣不已，久之【七六】勉之還，則泣告曰：「比聞李氏今將北歸，吾父子必將從之。父老子幼，南北萬里，何日可再至吾母墓下，此所以痛也。」言與淚俱下，父亦感痛。而女躃踊呼號，聲振林木，久而仆地，視之，死

【六九】有從其後以物朴之　「朴」，涵芬樓本作「扑」。

【七〇】其女亦得其家歡心　全句，稗海本作「其女亦得其室之撫誨洞達孝敬」。

【七一】居數月當丁丑仲春　全句，稗海本作「時届仲春。」

【七二】數年不至矣　全句，稗海本作「久不拜埽矣」。

【七三】聞主人禁煙將爲湖山遊　全句，稗海本作「今值禁煙聞主人將爲湖山遊」。

【七四】一往拜埽否　「拜埽」，稗海本作「祭奠」。

【七五】父以告李欣然與俱　全句，稗海本作「父即備牲醴以與俱」。

【七六】久之　兩字，稗海本作「父」。

矣！李義之，因與墓鄰歛而祔於母冢之旁云。嗚呼！古有曹、饒二娥，焜燿史册，著爲美談。今陳氏女，年甫十四，而天性至孝，抱冢泣死，視前修爲無愧矣。因詳著，以俟傳忠孝者。

校勘記

序跋

毛跋

公謹因曾大父扈蹕南渡，僑居癸辛里，遂作《癸辛雜識》。其先居齊之華不注山，因其大人云：「身雖居吴，心未嘗一飯不在齊也。」又作《齊東埜語》，大概皆據其内外兩大父私記有裨文獻者，損益彙粹，積二十卷。其自序云：「國史凡幾修，是非凡幾易，而吾家乘不可删。」三言蔽之矣。向見坊本混二書爲一，十失其半，余故各各全梓，以質賞鑒家。蓟其是非，庶幾公謹一段反本藥俗之懷，犂然于弁陽、歷山兩地云。琴川毛晉識。

胡序

愛憎出乎一時之見，是非定於千載之下，紀事之難，尚矣。宋周公謹《齊東野語》一編，多載南渡以後時事，據其耳目聞見，與實録互有同異。予得而細閲之，中間可喜可愕，可慨可懲處殊甚。即欲壽梓，與遠識者評之。

客有見而言曰：「是編文辭辯博甚善，顧所書符離、富平等役，頗涉南軒之父，若唐、陳之隙，生母之服，則晦菴、致堂有嫌焉。書似不必刻，刻則請去數事何如？」予爲之憮然。夫一時之見未定，固也。千載之下，猶有所顧忌而弗之承，是非於何而始定哉！瞽瞍頑嚚，鯀以殛死，述典謨者，略不爲堯、舜諱。假令今作周、孔傳，則於命管、蔡，評魯昭諸篇，悉削除不録矣。自非聖人，誰能無過？昔人不以一眚掩大德，據事直書，善惡自見，觀過知仁是已。嘗怪實録，一朝臣相列傳，多就其家取行狀、碑銘，贈記、贊述，稍加粉飾，即爲直筆。夫即文字之褒揚，儘士夫之稱述，則其人品制行，皆古聖賢之所不能爲者而獨爲之。而聖賢光明俊偉事業，獨不見於後世，豈非紀事之不足憑哉。客不能難，爰命工刊成，掇其語廁之末簡。

正德十年孟夏月吉旦，賜進士出身、中憲大夫、直隸鳳陽府知府、耒陽胡文璧書。

盛序

士君子之述作，不關於世教無益也。杲嘗觀宋周公謹《齊東野語》所録，首之以淳熙之政，見阜陵足以有爲，而忠臣孝子之心，庶幾其牣也。次歷富平、淮西、符離諸篇，則當時事勢，誠有可爲流涕長太息者矣。大抵宋季士夫議論多而成效少，小有得失，彼此相軋若聚訟然。是知國勢之不競，不當專責之秦、史、賈、韓輩也。故是書正以補史傳之缺，不溢美，不隱惡。國家之盛衰，人才之進退，斯文之興喪，議論之是非，種種可辨。闡幽微於既往，示懲勸於將來，其有裨於世教也，豈小小哉！ 嗚呼！ 公謹之用心可知矣。下至詞章技藝之屬，靡不具載。譬若俞緩藥籠中物，無一不切中膏肓，殆非皮膚孟浪語也。顧傳寫既久，魚魯滋多。我郡伯石亭胡公懼夫愈久而愈失其真也，命杲姑鋟諸梓，將與有志於世教者共訂焉。 嗚呼！ 我公之用心，又可知矣。僭述諸後，以志歲月。

正德乙亥歲孟夏之吉，直隸鳳陽府臨淮縣知縣、臨安盛杲書。

圖書在版編目(CIP)數據

全宋筆記. 第7編. 10／上海師範大學古籍整理研究所編.— 鄭州：大象出版社，2015. 12
ISBN 978-7-5347-8735-5

Ⅰ. ①全… Ⅱ. ①上… Ⅲ. ①中國歷史—史料—宋代
Ⅳ. ①K244. 066

中國版本圖書館 CIP 數據核字(2015)第 314090 號

全宋筆記 第七編 十

出版人 王劉純
特約編輯 陳新
責任編輯 郭一凡
整體設計 張勝
出版發行 大象出版社
鄭州市開元路16號(450044)
製版 上海杰申電腦排版有限公司
印刷 鄭州瑞光印務有限公司
版次 2016年2月第1版第1次印刷
開本 640mm×960mm 1/16 22印張
字數 266千字
印數 850冊
定價 75.00元